Bibliografische Information der Deutschen Nationalbibliothek
Die Deutsche Nationalbibliothek verzeichnet diese Publikation in der Deutschen Nationalbibliografie; detaillierte bibliografische Daten sind im Internet über http://d-nb.de abrufbar.

Für Fragen und Anregungen:
info@finanzbuchverlag.de

1. Auflage 2021

Türkenstraße 89
80799 München
Tel.: 089 651285-0
Fax: 089 652096

Die englische Originalausgabe erschien zuerst 1961 bei Playboy Press. 1983 erschien eine Ausgabe bei Jove Books in der Berkley Publishing Group, einem Imprint der Penguin Publishing Group, ein Teil von Penguin Random House LLC unter dem Titel *How to Be Rich*.

Übersetzung: Thomas Gilbert
Redaktion: Rainer Weber
Korrektorat: Hella Neukötter
Umschlaggestaltung: Marc-Torben Fischer
Satz: inpunkt[w]o, Haiger (www.inpunktwo.de)
Druck: GGP Media GmbH, Pößneck
Printed in Germany

ISBN Print 978-3-95972-466-1
ISBN E-Book (PDF) 978-3-96092-889-8
ISBN E-Book (EPUB, Mobi) 978-3-96092-885-0

»Der reichste Mann der Welt.«
FORTUNE

J. PAU
ETTY

REICH SEIN

Die ewigen Erfolgsprinzipien des reichsten Mannes der Welt

FBV

INHALT

VORBEMERKUNG

Die vorliegende Übersetzung von J. Paul Gettys *How To Be Rich* folgt der amerikanischen Erstveröffentlichung von 1961.

Der FinanzBuch Verlag ist sich bewusst, dass einige Bemerkungen und Bezugnahmen des Autors sehr zeitbezogen sind, hat sich aber entschlossen, diesen historischen Text nicht durch Modernisierungen zu verändern.

VORWORT

Im Jahr 1960 traten die Herausgeber des *Playboy* mit der Bitte an mich heran, eine Artikelserie zum Thema »Männer, Geld und Werte in der heutigen Gesellschaft« zu verfassen.

Zugegeben, ich fand den Vorschlag schmeichelhaft – wer würde das nicht? Andererseits zweifelte ich ernsthaft an meiner Qualifikation für diese Aufgabe. Ich hatte mein ganzes Leben dem Aufbau und der Führung von Wirtschaftsunternehmen gewidmet. Ich bezweifelte, dass diese Erfahrung mich dazu befähigte, mich vor einem Millionenpublikum zu den verschiedensten Themen auszulassen.

Außerdem war ich – und bin es übrigens immer noch – beruflich sehr stark eingespannt. Ich war alles andere als sicher, dass ich die nötige Zeit zum Schreiben finden würde. Und schließlich war ich auch nicht davon überzeugt, dass die Leser des Magazins an dem, was ich zu sagen hatte, sehr interessiert sein würden.

Aber meine Zweifel und Vorbehalte wurden durch, wie mir schien, triftige und überzeugende Argumente und Gründe ausgeräumt.

Erstens war ich mir seit Langem dessen bewusst, dass amerikanische Unternehmen und Geschäftsleute und das gesamte System der freien Marktwirtschaft sehr oft Zielscheibe heftiger Kritik – und auch derben Spotts – gewesen sind. Allerdings hat es bislang nur wenige fundierte Reaktionen und Gegendarstellungen gegeben, die auch an die Öffentlichkeit gedrungen sind.

Zudem habe ich – und viele andere erfolgreiche Geschäftsleute in meinem Bekanntenkreis – schon häufig festgestellt, dass viele junge

Menschen heute ohne ausreichende Grundlage und Vorbereitung in ihre Business-Karriere starten. Damit meine ich nicht, dass es ihnen an fachlicher Ausbildung mangelt. Vielmehr geht es darum, dass sie das große Ganze, das Gesamtbild, nicht erfassen. Sie verstehen und erkennen nicht das universell gültige Basiswissen, die grundlegenden Philosophien, die endlosen Implikationen und Verzweigungen – und vor allem die zahllosen Verantwortlichkeiten –, die das absolute A und O des Geschäftslebens in diesem komplexen Zeitalter sind.

Darüber hinaus – und das war bei Weitem nicht die geringste der Überlegungen, die für mich ausschlaggebend waren – hatte ich das Gefühl, dass in unserer heutigen Gesellschaft viel zu viel Wert darauf gelegt wird, reich *zu werden*, Vermögen anzuhäufen. Wenig oder gar keine Aufmerksamkeit wird der sehr wichtigen Frage gewidmet, wie man mit Reichtum *umgeht*, wie man der Verantwortung gerecht wird, die der Reichtum mit sich bringt, während man gleichzeitig die damit einhergehenden Privilegien und Vorrechte in sinnvoller Weise genießt.

Schließlich ist »Reichtum« mindestens ebenso sehr eine Frage des Charakters, der Philosophie, der Einstellung und der Haltung wie eine Frage des Geldes. Die »Mentalität« eines Millionärs ist nicht – und kann es in der heutigen Zeit auch nicht sein – lediglich eine Mentalität der Vermögensbildung. Der fähige, ehrgeizige und nach Erfolg strebende Mensch muss verstehen, dass der Begriff »reich« unendlich viele Nuancen in seiner Bedeutung hat. Um sich und seinen Reichtum zu rechtfertigen, muss er wissen, wie er reich *ist*, wie er also diesen Reichtum lebt, und zwar in praktisch jedem positiven Sinne des Wortes.

Diese Faktoren – und einige andere – haben zu meiner endgültigen Entscheidung beigetragen, der Bitte der Herausgeber nachzukommen.

Ich möchte hinzufügen, dass der Herausgeber und Verleger des *Playboy*, Hugh M. Hefner, und der Chefredakteur des Magazins,

A. C. Spectorsky, mir versprachen, dass ich freie Hand haben würde, zu schreiben, was ich wollte, unabhängig davon, wie unkonventionell, unangepasst oder kontrovers meine Ansichten sein würden. Sie haben dieses Versprechen in den darauffolgenden Jahren treu gehalten – aber ich greife mir selbst vor.

»Ich werde den ersten Beitrag vorbereiten, und dann sehen wir weiter«, sagte ich sinngemäß.

Die Reaktionen haben mich, gelinde gesagt, überrascht. Obwohl das, was ich schrieb, unkonventionell, ja sogar rebellisch war, ist die Resonanz überwältigend positiv gewesen. Offensichtlich teilten viele Menschen meine Ansichten oder hatten darauf gewartet, dass jemand Meinungen äußert, die ihre eigenen tiefsitzenden Zweifel und ihr Unbehagen gegenüber weithin anerkannten Doktrinen und Theorien bestätigen.

Es war für mich eine unschätzbare Genugtuung, dass mein Artikel für den *Playboy* gut aufgenommen, weithin zitiert wurde und Tausende von wohlwollenden Kommentaren und Zuschriften von Presse und Lesern inspiriert hat. Dieses Buch ist das Ergebnis dieser Reaktionen.

In den Jahren, die seit der Veröffentlichung des ersten Artikels vergangen sind, wurden mir immer wieder drei grundlegende Fragen gestellt – Fragen, die ich hier so einfach und direkt wie möglich beantworten möchte.

1. *Warum habe ich mich in Anbetracht der großen Anzahl von Zeitschriften, die heute in Amerika erscheinen, für den* Playboy *als das Medium entschieden, in dem ich meine Ansichten zum Ausdruck bringen wollte?*
   Die Antwort ist einfach: Der *Playboy* erfreut sich einer sehr großen Leserschaft unter jungen Führungskräften und College-Stu-

denten. Das sind die Unternehmer und Wirtschaftsbosse der Zukunft. Das sind genau die Menschen, die von den Informationen, die ich aufgrund meiner eigenen Erfahrungen in der Geschäftswelt vermitteln kann, profitieren werden. Das sind die jungen Männer und Frauen, deren Denkprozesse durch Ideen und Meinungen angeregt werden können – und sollten –, die nicht unbedingt in Lehrbüchern oder nüchternen, allzu konservativen Publikationen stehen. Ob sie die Ideen annehmen oder ablehnen, ist unerheblich; sie sind imstande zu denken, und sie denken konstruktiv, wenn sie Denkanstöße erhalten. Sie sind, kurz gesagt, genau diejenigen, an die ich jede »Botschaft«, die ich anzubieten habe, richten möchte.

2. *Warum wollte ich überhaupt meine Ansichten zum Ausdruck bringen?* Ich habe dies bereits angesprochen, aber ich denke, dass eine Ergänzung angebracht wäre. Ich habe gesagt, dass die Wirtschaft zwar oft öffentlich attackiert wird, dass sie aber nicht sehr oft öffentlich in Schutz genommen wird. Der durchschnittliche Geschäftsmann spricht in der Regel auf Vorstands- oder Aktionärsversammlungen oder bei Mittag- und Abendessen von Handelsverbänden, Handelskammern oder Dienstleistungsunternehmen. Wenn er schreibt, dann meist für Hausorgane oder Fachzeitschriften. Obwohl er eine wesentliche und sehr wichtige Botschaft für die breite Öffentlichkeit hat, erhält oder nutzt er selten die Gelegenheit, sie zu übermitteln. Einfach ausgedrückt, habe ich versucht, eine andere Art der Kommunikation ins Rollen zu bringen – und ich hoffe, dass ich dadurch weitere erfolgreiche Geschäftsleute ermutigt habe, ihre Ansichten gegenüber der breiten Öffentlichkeit zu äußern.

3. *Was hoffe ich, mit meinen Artikeln zu erreichen?*
Neben dem, was ich bereits erwähnt habe, habe ich mehrere Hoffnungen und Ziele. Ich möchte junge Geschäftsleute davon überzeugen, dass es keine todsicheren, schnellen und einfachen Formeln für den Erfolg im Geschäftsleben gibt, dass es keine Wege gibt, auf denen man automatisch zum Millionär in seinem Business avancieren kann.
Es gibt keine Tricks, keine magischen Beschwörungsformeln oder Zaubertränke, mit denen ein Unternehmen oder ein Geschäftsmann über Nacht erfolgreich werden kann. Viele Qualitäten und viel harte Arbeit sind nötig, ebenso wie unzählige andere Aspekte, bevor ein Geschäftsmann oder eine Geschäftsfrau Erfolg haben und zum Millionär aufsteigen kann. Die diversen Qualitäten, Aspekte und Faktoren, die andere erfolgreiche Geschäftsleute und ich als wesentlich oder hilfreich empfunden haben, sind Gegenstand dieses Buches.
Ich bin fest davon überzeugt, dass die Zukunft der amerikanischen Wirtschaft, des amerikanischen Volkes – und in der Tat der gesamten freien Welt – in der Bewahrung eines fortschrittlichen und weitsichtigen freien Unternehmertums liegt, das von fortschrittlichen und weitsichtigen Geschäftsleuten geführt wird, die ihre Früchte aus der Verbesserung des Lebensstandards aller ernten werden. Wenn ich durch das Schreiben dieses Buches diese Botschaft weitergegeben habe – und sei es auch nur an einige wenige Aufmerksame –, dann habe ich mein Ziel erreicht und werde reichlich belohnt in Form von persönlicher Genugtuung darüber, dass ich in einem kleinen Maß dazu beigetragen habe, die Prinzipien, an die ich glaube, zu verbreiten und zu stärken.

J. Paul Getty

TEIL 1

WIE MAN MILLIONÄR WIRD

KAPITEL 1
WIE ICH MEINE ERSTE MILLIARDE VERDIENTE

Dieses Buch ist zwar keine Autobiografie, aber die Ansichten, die ich darin zum Ausdruck bringe, sind meine eigenen und sie basieren auf meiner Lebenserfahrung. Ich denke daher, dass eine kurze Beschreibung meines Werdegangs für den Leser von Interesse sein könnte. Wenn ich so etwas wie eine »Business-Philosophie« habe, dann wurde sie auf den Ölfeldern und anderswo in der Ölindustrie geformt.

Nach vielen vergeblichen Monaten der Ölsuche in Oklahoma führte ich schließlich Anfang Januar 1916 meine erste Probebohrung unweit von Stone Bluff durch, einem winzigen Örtchen in Muskogee County.

Am 2. Februar förderte der Bailer – ein Gerät, das das Gestein aus dem Bohrloch entfernt – eine Menge Ölsand zutage. Dies deutete darauf hin, dass wir uns den letzten Phasen der Bohrung näherten; die nächsten 24 Stunden würden zeigen, ob die Bohrung ein Förder- oder eher ein Trockenloch war.

Ich war noch sehr jung und ziemlich unerfahren. Meine Nervosität und Aufregung stiegen in geradezu unerträglicher Weise an. Ich wurde für die Männer meiner Bohrmannschaft mehr zum Hindernis als zur Hilfe. Um ihnen aus dem Weg zu gehen und meine eigene Anspannung zu lindern, trat ich einen strategischen Rückzug nach Tulsa an, der nächstgelegenen größeren Stadt. Ich beschloss, dort zu warten, bis die Bohrung abgeschlossen war und die Ergebnisse feststanden. In Tulsa machte mir mein lieber Freund J. Carl Smith, der wesentlich reifer war als ich und nicht so schnell aus der Ruhe geriet, das Angebot, zur Bohrstelle zu fahren und die Arbeiten dort für mich zu beaufsichtigen.

In dem abgelegenen Gebiet, in dem meine Bohrungen durchgeführt wurden, gab es keine Telefone. Die einzige Leitung zwischen Stone Bluff und Tulsa funktionierte nur selten. Daher versprach J. Carl Smith, am nächsten Tag mit dem letzten Zug aus Stone Bluff nach Tulsa zurückzukehren und mich über die neuesten Entwicklungen zu informieren.

Am nächsten Tag ging ich zum Bahnhof von Tulsa und lief unruhig auf dem Bahnsteig hin und her, obwohl ein starker Wind pfiff und ich mehr als eine Stunde zu früh war. Endlich fuhr der Zug in den Bahnhof ein. Endlose Sekunden später stieg die vertraute Gestalt von J. Carl Smith aus einem der Waggons aus. Sein Gesicht strahlte, und meine Hoffnungen stiegen ins Unermessliche.

»Glückwunsch, Paul!«, dröhnte er, als er mich auf dem Bahnsteig sah. »Wir haben deine Quelle heute Nachmittag in Betrieb genommen. Sie fördert 30 Barrel!«

Ich nahm unwillkürlich an, dass er 30 Barrel pro Tag meinte, und meine Freude verflog augenblicklich. 30 Barrel pro Tag – das war doch nur ein Rinnsal im Vergleich zu dem, was die Quellen anderer Ölfirmen zu jener Zeit einbrachten.

»Jawoll«, grinste J. Carl. »Wir holen 30 Barrel pro Stunde hoch ...«

30 Barrel *pro Stunde!*

Das war ein Unterschied, ein gewaltiger Unterschied. Das bedeutete, dass die Quelle täglich 720 Barrel Rohöl produzierte. Es bedeutete auch, dass ich im Ölgeschäft war – und bleiben würde.

Als Sohn eines erfolgreichen Ölmagnaten war ich seit meiner Kindheit von dem Virus des Ölfiebers befallen. Meine Eltern, George F. und Sarah Getty, und ich besuchten das damalige Gebiet von Oklahoma zum ersten Mal im Jahr 1903, als ich zehn Jahre alt war. Dort konnte mein Vater, ein wohlhabender Rechtsanwalt aus Minneapolis, der Verlockung des Oklahoma-Ölrausches, der damals in vollem Gange war, nicht widerstehen. Er gründete die Minnehoma Oil Company und begann, nach Ölvorkommen zu suchen.

Mein Vater, ein Selfmademan, der in seiner Kindheit extreme Armut erlebt hatte, scheute keine harte Arbeit, nein, er hatte sich nahezu unermüdlich der Arbeit verschrieben, und er hatte auch ein fast unheimliches Talent, Öl zu finden. Nachdem er Minnehoma Oil gegründet hatte, kontrollierte er persönlich die Bohrung von 43 Ölquellen, von denen sich 42 als ergiebig erwiesen!

In den Jahren 1910 und 1911 absolvierte ich eine harte, aber wertvolle Lehre als Bohrarbeiter auf den Ölfeldern, aber erst im September 1914 stieg ich selbst in das Ölgeschäft ein. Ich war erst kurz zuvor in die Vereinigten Staaten zurückgekehrt, nachdem ich zwei Jahre lang an der Universität Oxford in England studiert hatte. Ursprünglich wollte ich in den diplomatischen Dienst der USA eintreten, aber ich verwarf diesen Plan, um mein Glück als unabhängiger Ölsucher und Unternehmer – als sogenannter Wildcatter – in Oklahoma zu versuchen.

Die Voraussetzungen waren damals sehr günstig. Es war eine Blütezeit für die aufkeimende amerikanische Erdölindustrie. Auf den Ölfeldern herrschte noch immer ein reger, kämpferischer Pioniergeist. The Great Oil Rush, der große Ölrausch, setzte sich mit unverminderter Kraft fort und wurde durch den Krieg, der in jenem Jahr in Europa ausgebrochen war, noch zusätzlich beflügelt. Überall in Oklahoma schossen primitive kleine Siedlungen wie Pilze aus dem

Boden. Viele von ihnen trugen Namen wie aus der Anfangszeit des Wilden Westens, wie die der vier »Right«-Städte: Drumright, Dropright, Allright und Damnright.

Straßen und Wege waren nicht gepflastert – im Frühjahr und Winter bestanden sie aus matschigem Lehm und Schlamm, im Sommer aus sonnenverbrannten, zerfurchten Pisten, auf denen ständig Wolken aus rotem oder gelbem Staub aufgewirbelt wurden. Die hölzernen Gehsteige vor den besseren Geschäftslokalen und Spielhallen galten als das Nonplusultra an städtischer Verschönerung.

Die Atmosphäre war vergleichbar mit der, wie sie Historikern zufolge während des Goldrauschs von 1849 in den kalifornischen Schürffeldern vorherrschte. In Oklahoma wurde das Fieber von der Suche nach Öl, nicht nach Gold ausgelöst, und es war eine wahre Epidemie. Es gab in der Tat nur wenige Menschen, die gegen die Ansteckung immun waren. Täglich wurden Vermögen gemacht – und verloren. Es war nicht ungewöhnlich, dass ein mittelloser Wildcatter, der bis auf die Knochen abgemagert war und weder Bargeld noch einen Kredit hatte, noch ein letztes Mal 100 Fuß tief bohrte und plötzlich auf eine Quelle stieß, die ihn zu einem reichen Mann machte. Eine Pacht, die an einem Nachmittag für ein paar Hundert Dollar verkauft worden war, stieg manchmal bis zum nächsten Morgen auf das Hundertfache oder sogar Tausendfache ihres Werts an.

Auf der anderen Seite gab es aber auch Männer, die alles, was sie besaßen, in Pachtverträge und Bohrungen investierten, nur um dann feststellen zu müssen, dass sie für ihr Geld und ihre Mühen nichts vorzuweisen hatten außer ein paar trockene Bohrlöcher. Pachtverträge, die an einem Tag zu Höchstpreisen gekauft wurden, erwiesen sich am nächsten Tag als völlig wertlos. Es war alles ein Nervenkitzel, ein spannendes Glücksspiel mit schwindelerregenden Einsätzen, und ich stürzte mich hoffnungsvoll ins Getümmel. Ich hatte kein eigenes Kapital; mein persönliches Budget betrug 100 Dollar pro Monat. Mein erstes Jahr war alles andere als profitabel. Regelmäßig wurden große Ölfunde gemeldet, und andere Wildcatter stießen auf gute Quellen und hohe Fördermengen, aber das Glück schien nicht auf meiner Seite zu sein.

Dann, im Spätherbst des Jahres 1915, wurde ein halber Anteil an einer Ölpacht in der Nähe von Stone Bluff in Muskogee County – das Nancy Taylor Allotment – in einer öffentlichen Auktion zum Verkauf angeboten. Ich besichtigte das Grundstück und fand es sehr vielversprechend. Ich wusste, dass andere unabhängige Unternehmer daran interessiert waren, die Pacht zu erwerben, und das beunruhigte mich. Ich hatte nicht viel Geld zur Verfügung – sicherlich nicht genug, um mit den Preisen, die ältere, etablierte Ölsucher bieten konnten, mitzuhalten. Aus diesem Grund bat ich meine Bank, einen ihrer Vertreter für mich beim Verkauf mitbieten zu lassen, ohne meine Identität als wahrer Bieter preiszugeben.

Überraschenderweise erfüllte diese eigentlich recht einfach zu durchschauende Taktik den von mir beabsichtigten Zweck. Bei der Auktion in Muskogee – der Kreisstadt – waren mehrere unabhängige Ölunternehmer anwesend, die den Pachtvertrag erwerben wollten. Das unerwartete Erscheinen des bekannten Bankmanagers, der für mich bot, verunsicherte die Wildcatters. Sie nahmen an, dass die Anwesenheit eines Bankers bei der Auktion nur bedeuten konnte, dass eine große Ölgesellschaft ebenfalls an dem Grundstück interessiert sein müsse und bereit war, jedes Angebot zu überbieten. Die Unabhängigen beschlossen also, dass es zwecklos sei, ein Gebot abzugeben, und so kam es, dass ich mir schließlich die Pacht für 500 Dollar sichern konnte – ein Schnäppchen!

Bald darauf wurde eine Gesellschaft gegründet, um die Durchführung einer Probebohrung auf dem Grundstück zu finanzieren. Ich, als Wildcatter ohne eigenes Kapital, erhielt einen bescheidenen 15-prozentigen Anteil an der Gesellschaft. Ich stellte eine schlagkräftige Bohrmannschaft zusammen, und meine Männer und ich arbeiteten daran, den notwendigen hölzernen Bohrturm zu errichten und die eigentlichen Bohrarbeiten voranzutreiben. Ich blieb Tag und Nacht auf der Baustelle, bis die Bohrung in die Endphase eintrat. Dann hielt ich, wie gesagt, die nervliche Belastung nicht mehr aus und floh nach Tulsa, wo mir mein Freund J. Carl Smith schließlich die Nachricht überbrachte, dass die Bohrung erfolgreich verlaufen war.

Die Pacht des Grundstücks wurde zwei Wochen später an eine Erdölgesellschaft verkauft, und ich erhielt 12 000 Dollar als Gewinnbeteiligung. Der Betrag war nicht sehr beeindruckend, wenn man ihn mit den riesigen Summen vergleicht, die andere verdienten, aber er reichte aus, um mich davon zu überzeugen, dass ich als Wildcatter im Ölgeschäft bleiben sollte – und dies tat ich auch.

Mein Vater und ich hatten zuvor eine Partnerschaft geschlossen. Er sollte alle Erschließungen und Bohrungen finanzieren, die ich für die Partnerschaft durchführte und beaufsichtigte. Im Gegenzug sollte er 70 Prozent des Gewinns erhalten, während ich die restlichen 30 Prozent bekam. Nach meinem ersten Erfolg trugen wir die Partnerschaft offiziell und gründeten im Mai 1916 die Getty Oil Company, an der ich einen 30-prozentigen Aktienanteil erhielt.

Viele fantasievolle – und völlig falsche – Berichte über die Geschäftsbeziehung zwischen uns sind in der Presse veröffentlicht worden. Anders als in einigen dieser Artikel dargestellt, hat mein Vater mir nicht mit Geldgeschenken ermöglicht, in der Geschäftswelt Fuß zu fassen. George F. Getty lehnte den Gedanken grundsätzlich ab, dass ein erfolgreicher Mann seinen Sohn verwöhnen oder ihm Geld schenken solle, nachdem dieser alt genug ist, seinen Lebensunterhalt selbst zu verdienen. Mein Vater finanzierte zwar einige meiner frühen Unternehmungen – aber nur auf einer 70/30-Prozent-Basis. Soweit es sich um Pachtkäufe und Bohrungen oder andere Aktivitäten handelte, die ich auf eigene Rechnung durchführte, habe ich diese immer selbst finanziert. Mein Vater stellte weder das Geld für meine privaten Unternehmungen zur Verfügung noch war er an den Gewinnen beteiligt, die ich daraus erzielte.

Bei der Gelegenheit möchte ich noch ein weiteres gängiges Missverständnis ein für alle Mal ausräumen: Angeblich hat mein Vater mir ein riesiges Vermögen vermacht, als er 1930 verstarb. Tatsächlich hinterließ er mir in seinem Testament 500 000 Dollar – eine beträchtliche Summe, das gebe ich zu, aber nichtsdestotrotz nur ein sehr kleiner Teil seines Vermögens. Es war ein symbolisches Vermächtnis. Mein Vater wusste sehr wohl, dass ich bereits mehrere Millionen Dollar selbst verdient hatte, und er hinterließ den größten Teil seines Vermögens meiner Mutter.

Nachdem mein Vater und ich 1916 unsere Partnerschaft offiziell eingetragen hatten, begann ich sofort mit der Prospektion und dem Bohren nach Öl. Mein Enthusiasmus wurde auch dann nicht getrübt, als sich meine zweite Bohrung als ein trockenes Loch erwies. Von da an lag mir das Schürfen im Blut und ich fuhr fort, Pachtverträge zu kaufen und zu verkaufen und Bohrungen durchzuführen. In der Regel fungierte ich als mein eigener Geologe, Rechtsberater, Bohrmeister, Sprengstoffexperte und sogar gelegentlich als Handlanger und Hilfsarbeiter. In den folgenden Monaten hatte ich sehr großes Glück, denn in den meisten Fällen konnten die Pachtverträge, die ich kaufte, mit Gewinn wieder verkauft werden, und wenn ich auf einem Grundstück bohrte, wurde ich meistens fündig.

Es gab keine Geheimnisse, keine mystischen Formeln hinter diesen Erfolgen. Ich arbeitete so, wie fast alle Ölsucher es taten – mit einer entscheidenden Ausnahme. Damals war die Wissenschaft der

Erdölgeologie auf den Ölfeldern noch nicht sehr anerkannt. Viele Ölsucher spotteten offen über die Idee, dass ein »verdammter Bücherwurm« ihnen helfen könnte, Öl zu finden. Die große Mehrheit der Ölsucher stand der Geologie als praktischer Wissenschaft bestenfalls skeptisch gegenüber und schenkte Berichten von Geologen wenig Glauben. Ich gehörte zu den wenigen, die an die Geologie glaubten. Ich studierte das Thema bei jeder Gelegenheit eifrig und wandte das Gelernte auf meine Arbeit an.

Als unabhängiger Unternehmer musste ich über ein gewisses Maß an Grundkenntnissen und Fertigkeiten verfügen. Außerdem brauchte ich zuverlässige, loyale und erfahrene Männer in meinen Explorations- und Bohrmannschaften. Aber abgesehen von diesen Dingen glaube ich, dass der wichtigste Faktor, der über Erfolg oder Misserfolg eines Wildcatters entschied, also darüber, ob er eine ertragreiche Bohrung einbrachte oder vor einem trockenen Loch endete, einfach nur Glück war.

Es gab einige, die es nicht für Glück hielten. Einer davon war T. N. Barnsdall, einer der großen Ölpioniere von Oklahoma. Der Multimillionär Barnsdall erläuterte oft seine Lieblingstheorie dessen, was seiner Meinung nach den Unterschied ausmachte.

»Es ist nicht Glück«, behauptete er steif und fest. »Ein Mann hat entweder eine Nase für Öl oder nicht. Wenn er eine hat, dann riecht er das Zeug auch noch in 1000 Metern Tiefe!«

Vielleicht. Aber ich selbst bezweifle es eher. Ich persönlich war nie in der Lage, das Vorhandensein einer unterirdischen Ölquelle zu erschnüffeln. Ich kann mich auch nicht daran erinnern, dass ich jemals mit den übersinnlichen Fähigkeiten eines Wünschelrutengängers ausgestattet war, während ich über eine potenzielle Bohrstelle stapfte. Ich glaube immer noch, dass meine frühen Erfolge hauptsächlich auf pures Glück zurückzuführen sind.

Damit aber keiner auf die Idee kommt, dass Wildcatter nichts anderes zu tun hatten, als darauf zu warten, dass sich das Glücksrad drehte, und dann ihre Gewinne zu ernten, lassen Sie mich sagen, dass das Ölgeschäft nie einfach war. Es war immer mit Arbeit verbunden – harter Arbeit – und es war immer mit unzähligen finanziellen Fallstricken behaftet, besonders in den Anfangszeiten. Manchmal explodierten Bohrlöcher, und die Gewinne – und oft auch das investierte Kapital – wurden mit erschreckender Geschwindigkeit von den kostspieligen Bemühungen aufgefressen, die entstandenen Brände zu löschen.

Trockene Bohrlöcher, technische Pannen und Maschinenausfälle in entscheidenden Phasen, Zank und Rechtsstreitigkeiten um Pacht- und Wegerechte – das waren nur einige der unzähligen Probleme und Rückschläge, die die finanziellen Ressourcen des unabhängigen Betreibers häufig bis weit unter die Gefahrengrenze sinken ließen.

Hinzu kam, dass wir alle, die wir unabhängig arbeiteten, oft der starken Konkurrenz und dem Widerstand der großen Ölfirmen ausgesetzt waren. Einige dieser riesigen Firmen hielten sich – im übertragenen Sinne – nicht immer an die Queensberry-Regeln des Boxsports, wenn sie juristische oder finanzielle Machtkämpfe führten, um einen Unabhängigen abzuwürgen, der zu groß zu werden oder zu schnell zu wachsen drohte.

Wildcatters entwickelten Eigenschaften und Techniken, die es ihnen ermöglichten, im Geschäft zu bleiben und mehr zu tun, als sich nur gegen die Giganten der Erdölindustrie zu stemmen. Wir wurden flexibler, anpassungsfähiger und vielseitiger – fähig zur Improvisation und Innovation –, und zwar aus keinem anderen Grund als dem, dass wir es *mussten*, um zu überleben. Die großen Unternehmen beschäftigten zum Beispiel Unmengen von Spezialisten und Beratern, Verwaltungspersonal und Büroangestellten und boten diesen Leuten große und teure Büros. Wir, die Unabhängigen, fanden unsere Experten unter den hartgesottenen, altgedienten Ölfeldarbeitern, die unsere Prospektions- und Bohrmannschaften bildeten, oder wir verließen uns auf unser eigenes Urteilsvermögen und unsere Erfahrung, um unsere Probleme dann zu lösen, wenn sie auftauchten. Wir erledigten unsere Verwaltungs- und Papierarbeit selbst – und hielten beides auf einem Minimum. Was unsere Büros anbelangte, so reisten diese meistens mit uns in den schlammverschmierten Autos, mit denen wir von einer Bohrstelle zur nächsten fuhren.

Wie ich schon sagte: Ich hatte Glück – großes Glück. In den Monaten, nach denen ich auf dem Gelände des Nancy Taylor Allotment zum ersten Mal auf Öl gestoßen war, machte ich viele profitable Geschäfte und brachte mehrere Förderbohrungen zustande. Die Getty Oil Company florierte. Ich wurde Mitglied im Board of Directors des Unternehmens und zum Schriftführer gewählt, aber das bedeutete nicht, dass ich meine Arbeitskleidung gegen einen schicken Anzug tauschte. Trotz meiner hochtrabenden neuen Titel war meine Arbeit immer noch auf den Ölfeldern – und auf den Bohrtürmen. Meine Rolle in den Angelegenheiten der Firma blieb dieselbe wie zuvor. Ich kaufte und verkaufte Ölpachtverträge, prospektierte und bohrte nach Öl.

Mit dem wachsenden Vermögen der Getty Oil Company wuchs auch mein eigener Reichtum proportional zu meinem 30-prozentigen Anteil an der Firma. All diese Dinge hielten mich sehr beschäftigt – zu beschäftigt, um mehr als nur flüchtig darauf zu achten, wie viel Geld ich tatsächlich verdiente. Dann, eines Tages, hielt ich inne und machte eine detaillierte Bestandsaufnahme meiner finanziellen Situation. Plötzlich wurde mir klar, dass ich einen sehr langen Weg zurückgelegt hatte, um das zu erreichen, was ich mir im September 1914 vorgenommen hatte. Ich hatte den Grundstein für ein eigenes Unternehmen in der amerikanischen Ölindustrie gelegt. Ich war noch nicht ganz 24 Jahre alt, aber ich war ein erfolgreicher unabhängiger Ölunternehmer geworden. Und ich hatte meine erste Million Dollar verdient. Ich war ein Millionär!

Bis dahin hatte sich mein Leben vor allem darum gedreht, erwachsen zu werden, eine Ausbildung zu erhalten und ein Geschäft aufzubauen. Nun stellte ich fest, dass ich genug Geld verdient hatte, um alle persönlichen Bedürfnisse zu befriedigen, die ich in absehbarer Zeit haben könnte. Ich fasste den eigenwilligen Entschluss, die Arbeit zu vergessen und mich auf meine Freizeit zu konzentrieren, auf die Freude am Leben.

Meine Entscheidung wurde – zumindest teilweise – von der Tatsache beeinflusst, dass in Europa ein Krieg tobte. Obwohl die Vereinigten Staaten noch nicht in den Ersten Weltkrieg eingetreten waren, war ich mir sicher, dass eine amerikanische Beteiligung an diesem Konflikt unvermeidlich war. Ich hatte bereits offizielle Bewerbungen eingereicht, um entweder bei der Air Force – meiner ersten Wahl – oder bei den Bodentruppen, in der Field Artillery zu dienen, wenn die USA dem Krieg beitreten sollten. Ich war mir sicher, dass es nur eine Frage der Zeit sein würde, bis ich meine Einberufung erhielt, und ich wollte mich entspannen und etwas Spaß haben, bevor sie eintraf.

Meine Mutter, mein Vater und ich hatten seit 1906 unseren ständigen Wohnsitz in Los Angeles, Kalifornien. Ich hatte die Schule und das College in Kalifornien besucht, bevor ich nach Oxford ging und später meine Geschäftskarriere auf den Ölfeldern von Oklahoma begann. Ich liebte Kalifornien und das einfache, ungezwungene und äußerst angenehme Leben, das damals dort herrschte. So war es nur natürlich, dass ich Los Angeles als Ort wählte, um das Geld, das ich auf den Ölfeldern verdient hatte, zu genießen.

»Ich habe ein Vermögen verdient – und ich werde mich zur Ruhe setzen«, verkündete ich meinen verblüfften Eltern lapidar.

Weder Mutter noch Vater waren mit meiner Entscheidung sehr glücklich. Beide hatten in ihrer eigenen Jugend sehr hart gearbeitet. Als sie heirateten, hatte meine Mutter weiter als Lehrerin gearbeitet, um meinem Vater zu helfen, das Geld für sein Jurastudium aufzubringen. Beide glaubten fest daran, dass ein Mensch arbeiten muss, um seine Existenz zu rechtfertigen, und dass ein reicher Mensch sein Geld arbeiten lassen muss, um dessen Existenz zu rechtfertigen. Mein Vater versuchte mir zu vermitteln, dass das Geld eines Geschäftsmannes schlichtweg Kapital ist, das investiert und reinvestiert werden muss.

»Du musst dein Geld einsetzen, um Unternehmen zu gründen, zu führen und auszubauen«, argumentierte er. »Dein Vermögen bietet potenzielle Arbeitsplätze für zahllose andere – und es kann Wohlstand und ein besseres Leben für sehr viele Menschen und auch für dich selbst bedeuten.«

Ich fürchte, ich habe ihm damals nicht viel Aufmerksamkeit geschenkt. Später begriff ich die Wahrheit, die in dem lag, was er sagte, aber zuerst musste ich die Dinge auf meine eigene Weise versuchen. Ich besaß einen nagelneuen Cadillac Roadster, schicke Klamotten und hatte alles Geld, das ich benötigte. Ich hatte mich entschieden, dass ich mich vergnügen wollte, und mit diesen Voraussetzungen hatte ich keine Schwierigkeiten, mich Hals über Kopf in den Strudel aus Spaß und Unterhaltung zu stürzen, den Südkalifornien, Los Angeles und Hollywood boten. Obwohl die Vereinigten Staaten in den Krieg eintraten, wurde meine Einberufung erst verzögert, dann durch bürokratische Verwicklungen verschoben, und schließlich wurde mir mitgeteilt, dass meine »Dienste nicht benötigt« würden. So verbrachte ich die Jahre des Ersten Weltkriegs mit jeder Menge Vergnügungen.

Es dauerte eine Weile, bis mir klar wurde, dass ich nur Zeit vergeudete und mich langweilte. Ende 1918 hatte ich die Nase gestrichen voll. Anfang 1919 war ich zurück im Ölgeschäft – nicht wenig beschämt über das »Ich hab's dir ja gesagt«-Lächeln meines Vaters, als ich ihm mitteilte, dass ich zwar mit 24 Jahren in den Ruhestand gegangen war, aber nun, mit 26 Jahren, den Ruhestand beenden würde!

Bereits 1919 verlagerte sich das Interesse der Ölsucher von Oklahoma nach Südkalifornien, wo neue Fördergebiete entdeckt und erschlossen wurden. Ein großer neuer Ölrausch bahnte sich an, und ich gehörte zu denjenigen, die von Anfang an dabei sein wollten. Mein erster Versuch, in Südkalifornien Öl zu finden, war ein Fiasko: Ich führte meine erste Bohrung in Kalifornien auf der Didier Ranch in der Nähe von Puente durch, aber die Bohrung erwies sich als ein trockenes Loch.

Das Glück, das mir in Oklahoma konstant treu geblieben war, nahm eine kurze Auszeit, aber es ließ mich nicht im Stich. Weitere Versuche erwiesen sich als wesentlich erfolgreicher. Ich führte mehrere Bohrungen in der Gegend von Santa Fe Springs, Torrance, Long Beach und anderen Gebieten im Süden Kaliforniens durch, und die meisten davon erwiesen sich als produktiv, einige davon sogar als sensationell produktiv.

Ich verbrachte die meiste Zeit vor Ort und arbeitete mit meinen Männern auf den Bohrtürmen, eine Angewohnheit, die mir viele schöne und unverhoffte Belohnungen bescherte. Besonders hervorzuheben ist, wie positiv es sich auf die Reaktionen der Bohrmannschaften auswirkte, dass ein arbeitender Chef bei der Arbeit anwesend war. Die Männer fühlten sich als Partner des Chefs bei einem gemeinsamen Projekt und nicht nur als Angestellte eines Unternehmens, das von Managern geführt wurde, die sie noch nie gesehen hatten und die wahrscheinlich noch nie in ihrem Leben einen Fuß auf eine Bohrstelle gesetzt hatten. Das Ergebnis: Die Arbeitsmoral – und die Produktion – stiegen.

Das war wichtig. Weil in ganz Südkalifornien zu Hunderten neue Bohrlöcher entstanden, herrschte ein akuter Mangel an erfahrenen Arbeitern auf den Ölfeldern. Die Personalchefs der meisten großen Unternehmen lieferten sich ein wildes Gerangel, um die notwendigen Arbeitskräfte für ihre Betriebe zu finden. Sie überboten sich gegenseitig auf dem Arbeitsmarkt und versprachen jedem, der jemals auf einer Bohranlage gearbeitet hatte, besondere Anreize und Vergünstigungen. Die meisten Veteranen ärgerten sich über die Unterstellung, dass sie mit irgendwelchen Annehmlichkeiten bestochen werden müssten, um ehrliche Arbeit zu leisten. Sie zogen es vor, bei unabhängigen Betreibern anzuheuern, die keine ausgefallenen Extras boten, aber ihre Sprache sprachen und Seite an Seite mit ihnen auf den Bohrstellen arbeiteten.

Ich werde nie vergessen, wie ich auf einem Landstück anfing zu bohren, das nicht weit von der Stelle entfernt lag, an der eine große Ölgesellschaft eine Bohrung durchführte. Die Firma hatte ihr Mitarbeiterförderungsprogramm auf die Spitze getrieben und etwas gebaut, das ihre Pressevertreter überschwänglich als den letzten Schrei in Sachen vollintegrierter Bohranlagen bezeichneten. Die gesamte Anlage war bis hinauf zum Turmrollenlager dampfbeheizt. Eine fein säuberlich geharkte Kiesauffahrt führte zur Bohrstelle. Es gab heiße Duschen für die Männer und sogar eine Wäscherei, die ihre Arbeitskleidung wusch, während sie warteten!

Eines frühen Nachmittags, nicht lange nachdem ich meinen Schacht gebohrt hatte, erschien ein griesgrämiger Haudegen auf meinem Grundstück und verkündete, er wolle den Chef sprechen. Als er auf mich verwiesen wurde, kam er herüber und fackelte nicht lange, um mich nach einem Job zu fragen.

»Haben Sie denn gerade Arbeit?«, fragte ich.

»Ja«, kam die säuerliche Antwort.

»Wo?«

»Da drüben«, antwortete das Raubein und nickte mit dem Kopf in Richtung der luxuriösen Bohranlage. Es gab keine gemütlichen Unterkünfte für meine Mannschaft, und das sagte ich dem Mann auch. Und ich fügte hinzu, dass ich nicht verstehen könne, warum er einen Job, der solchen Luxus biete, für einen auf meiner relativ primitiven Anlage aufgeben wolle.

»Ich bin seit vier Monaten auf diesem Bohrturm«, knurrte der kräftige Kerl missmutig. »Und wir sind erst 1200 Meter tief gekommen!« Ich lachte. 1200 Meter in vier Monaten war ein lächerlich langsames Tempo für Bohrungen durch die Art von Bodenformationen, die in diesem speziellen Gebiet zu finden waren.

»Was glauben Sie, wie lange ich brauchen werde, um so tief zu kommen?«, fragte ich.

»So wie Sie aussehen – etwa zehn Tage!«, antwortete der Veteran mit einem breiten Grinsen. »Deshalb arbeite ich auch lieber für Sie als für die abgehobenen Weichlinge da drüben ...!«

Er bekam den Job und blieb für viele Jahre auf meiner Gehaltsliste. Als Fußnote zu dieser Geschichte möchte ich hinzufügen, dass mein Bohrloch in Rekordzeit gebohrt wurde und sich als sehr ergiebig erwies. Der »letzte Schrei« in Sachen Bohranlagen entpuppte sich als Trockenbohrung und wurde schließlich aufgegeben.

Ein weiteres gutes Beispiel dafür, was gute Teamarbeit und gegenseitiges Vertrauen zwischen dem Boss und der Mannschaft bewirken können, findet sich in der Geschichte, wie meine Männer und ich das »unlösbare« Problem einer bestimmten Ölpacht in den Griff bekamen.

Die Pacht befand sich auf einem winzigen Stück Land inmitten eines Waldes von Ölquellen auf dem reichen Feld von Seal Beach, Kalifornien. Durch einen Zufall war die Pacht von den Firmen, die dort tätig waren, übersehen worden. Eine Firma, an der ich einen beträchtlichen Anteil hielt, erwarb die Pacht, war aber im Begriff, sie als Totalverlust abzuschreiben. Alle waren sich einig, dass mit dem Objekt nichts mehr anzufangen war. Erstens war es ein Grundstück, das kaum größer war als die Grundfläche eines kleinen Hauses. Zweitens verlief das einzige Wegerecht, das den Zugang zu einer Straße ermöglichte, über einen einige Hundert Meter langen, aber nur etwas mehr als einen Meter breiten Streifen Boden. Es war unmöglich, über diesen schmalen Weg Nachschub und Ausrüstung mit dem LKW auf das Grundstück zu bringen. Selbst wenn es möglich gewesen wäre, hätte das winzige Grundstück keinen Platz für einen Bohrturm und eine Bohranlage von normaler Größe geboten. Die Unternehmen, die die angrenzenden Grundstücke gepachtet hatten, weigerten sich, ein Wegerecht über ihre Grundstücke zu gewähren, denn wenn eine Förderbohrung in Betrieb genommen würde, könnte dies die Produktion ihrer eigenen Bohrungen beeinträchtigen, da das Öl aus demselben Vorkommen gepumpt werden würde.

»Vergessen Sie die Pacht«, rieten mir Geschäftspartner, mit denen ich die Angelegenheit diskutierte. »Sie werden dort niemals eine Bohrung hinbekommen – nicht in einer Million Jahren.«

Hartnäckig blieb ich dabei: Es musste einen Weg geben! Ich besprach das Problem mit den Männern, in die ich das größte Vertrauen hatte – den Mitgliedern einer meiner Bohrmannschaften. Sie hörten mir zu, und ihre Reaktion war die gleiche wie meine. Für sie war das Problem eine unwiderstehliche Herausforderung.

»Gehen wir doch mal hin und sehen uns die Sache an, Chef«, brummte ein hartgesottener Bohrmeister. »Wir werden schon einen Weg finden – keine Sorge.« Mehrere Männer und ich machten uns auf den Weg, um die Situation aus der Nähe zu begutachten, und wir stellten fest, dass es tatsächlich ziemlich hoffnungslos aussah.

»Ich denke, wir könnten mit einer verkleinerten Anlage bohren«, überlegte der Bohrmeister, nachdem er die Sache durchdacht hatte. »Wenn man jemanden finden könnte, der sie entwirft und baut, könnten wir sie einrichten – aber ich kann mir nicht vorstellen, wie wir alles, was wir brauchen, über diesen Weg heranschaffen wollen ...«

Das Hindernis der engen Wegstrecke schien unüberwindbar, bis mir der Vorschlag des Bohrmeisters, eine Miniaturbohranlage zu errichten, noch einmal durch den Kopf ging. Wenn wir mit einem Miniaturbohrturm arbeiten konnten, warum konnten wir dann unser Transportproblem nicht mit einer Miniatureisenbahn lösen? Es war die perfekte Lösung: eine Schmalspurbahn und ein oder zwei Waggons, auf denen der zerlegte »Baby«-Bohrturm sowie Material und Ausrüstung von der Straße zur Bohrstelle gebracht werden könnten.

Reine Sturheit? Der Wunsch zu beweisen, dass wir in der Lage waren, das zu schaffen, was alle anderen für unmöglich hielten? Möglicherweise – sogar wahrscheinlich. Aber sowohl der Miniaturbohrturm als auch die Miniatureisenbahn wurden beschafft. Ersterer wurde abschnittsweise über Letztere transportiert und in Handarbeit auf dem mikroskopisch kleinen Grundstück montiert. Die Bohrung wurde durchgeführt – und am Ende wurde mit der ungewöhnlichen Aktion ein ordentlicher Gewinn erzielt.

Ich erinnere mich an weitere denkwürdige Einsätze in den 1920er-Jahren. Darunter auch der, den ich auf dem sogenannten Athens Field in den Vororten südlich von Los Angeles durchführte. Ich erwarb das betreffende Grundstück für etwas mehr als 12 000 Dollar. Da ich vollständig auf eigene Rechnung arbeitete und wusste, dass ich meine verfügbaren Barmittel bis zur Fertigstellung der ersten Bohrung ausreizen würde, entschied ich mich, selbst als Bohrmeister zu fungieren. Unter den Männern, die ich für meine Mannschaft anstellte, waren drei der besten Bohrarbeiter in der Ölindustrie: Walter

Phillips, Oscar Prowell und »Spot« McMurdo. Wir stellten die erste Bohrung am 16. Februar 1925 in einer Tiefe von 4350 Fuß mit einer anfänglichen Tagesausbeute von 1500 Barrel fertig. Kurze Zeit später brachte ich die zweite Bohrung auf dem Gelände für eine anfängliche Produktion von 2 000 Barrel pro Tag in Betrieb. In den nächsten neun Jahren sollten die beiden Bohrungen auf dem Athens-Grundstück einen Überschuss von mehr als 400 000 Dollar erwirtschaften – ein klarer Gewinn, der alle Kosten und Ausgaben weit überstieg.

Noch spektakulärer ist die Geschichte der Cleaver-Pacht in Alamitos Heights, die ich im Oktober 1926 mit einem Scheck über 8 000 Dollar von einem Mann kaufte, der sie nur wenige Tage zuvor für 4 000 Dollar erworben hatte und einen schnellen Gewinn machen wollte.

Am 21. Februar 1927 legte ich Bohrloch Nummer eins an und bohrte anschließend drei weitere Löcher auf dem Grundstück. Alle erwiesen sich als hervorragende Förderquellen und erbrachten insgesamt mehr als 17 000 Barrel pro Tag. Zwischen 1927 und 1939 betrug der Gewinn aus den Bohrungen der Cleaver-Pacht fast 800 000 Dollar – ein 10 000-prozentiger Gewinn auf meine ursprüngliche Investition. Doch innerhalb weniger Wochen nach der ersten Bohrung war ich nicht nur kurz davor, ein Vermögen zu verlieren, sondern auch kurz davor, die Pacht selbst zu verlieren. Hinter diesem scheinbaren Paradoxon verbergen sich zwei Geschichten. Die eine veranschaulicht, womit der durchschnittliche Wildcatter konfrontiert wurde, wenn er sich mit bestimmten großen Ölfirmen anlegte. Die andere beweist, dass einige große Firmen keine Bedenken hatten, einen unabhängigen Betreiber ins Aus zu drängen, während andere bereit und willens waren, ihm eine Chance zu geben – und sogar zu helfen.

Sobald ich in Cleaver das Bohrloch Nummer eins in Betrieb genommen hatte – das beeindruckende 5100 Barrel pro Tag produzierte –, machte ich mich auf die Suche nach einem Käufer für meine Rohölproduktion. Zu meiner Bestürzung weigerten sich die Firmen, die ich ansprach, mit mir zu verhandeln. Die Motive hinter diesem offensichtlichen Boykott wurden innerhalb weniger Tage auf ärgerliche Weise klar, als ich mehrere Anrufe von Händlern erhielt, die mir anboten, die Cleaver-Pacht zu einem sehr niedrigen Preis zu kaufen. Die Händler weigerten sich jedoch, die von ihnen vertretenen Auftraggeber zu nennen.

Zu diesem Zeitpunkt war ich ein alter Hase in der Erdölindustrie. Ich erkannte alle klassischen Anzeichen, die auf ein gut organisiertes Spiel hindeuteten, bei dem jemand mit den geeigneten Druckmitteln ausgebootet werden soll. Bestimmte Interessenten wollten meine Pacht. Entweder verkaufte ich zu einem lächerlich niedrigen Preis oder ich würde ohne Käufer für das Öl dastehen, das von den Bohrungen auf dem Grundstück gefördert wurde.

Da ich mein Öl nicht verkaufen konnte, musste ich einen Weg finden, es zu lagern. Die einzigen verfügbaren Lagermöglichkeiten in der Gegend von Los Angeles befanden sich in einer stillgelegten Raffinerie – zwei Lagertanks mit einem Fassungsvermögen von insgesamt 155000 Barrel, die ich sofort mietete. In der Zwischenzeit, noch während ich vergeblich nach einem Käufer für die 5100 Barrel Rohöl suchte, die mein Bohrloch Nummer eins alle 24 Stunden produzierte, kam Bohrloch Nummer zwei mit einer Tagesproduktion von 5000 Barrel hinzu. Kurz darauf folgte Nummer drei mit einer Tagesproduktion von 5100 Barrel und dann Nummer vier, das Schlusslicht, das täglich 2100 Barrel förderte. Mit dieser Produktionsrate füllten sich die beiden Lagertanks schnell – aber ich hatte immer noch keinen Absatz für das Öl gefunden. Ich wusste, wenn die Tanks voll waren, würde ich keine andere Wahl haben, als meinen Betrieb einzustellen.

Offensichtlich erzielte ich keine Einnahmen aus den vier Bohrungen. Meine flüssigen Barmittel – die ohnehin schon durch die Bohrkosten belastet waren – schwanden schnell, da ich für die Miete der Tanks und den Transport des Rohöls mehrere Meilen von den Bohrlöchern bis zur Lagerungsstätte bezahlen musste. Die Situation hätte leicht zu einem finanziellen Desaster werden können. Ich beschloss, einen Frontalangriff auf einen der größten aller großen Ölkonzerne zu unternehmen: Shell Oil. Ein glücklicher Zufall wollte es, dass Sir George Legh-Jones, der damalige Präsident der Shell Company, gerade zu Besuch in Los Angeles war. In meiner Verzweiflung setzte ich alles auf eine Karte, bat um einen Termin für ein persönliches Gespräch mit ihm und bekam die Zusage, dass er sich freuen würde, mich während seines Aufenthalts zu empfangen.

Sir George, ein warmherziger, freundlicher Mann, hörte sich aufmerksam an, was ich zu sagen hatte. Der sich vertiefende finstere Blick, der sich über sein Gesicht zog, als er mir zuhörte, war der einzige Beweis, den ich brauchte, um zu erkennen, dass seine Firma nicht an dem Boykott beteiligt war und dass er solche Taktiken aus ganzem Herzen missbilligte. Als ich zu Ende gesprochen hatte, lächelte er mir beruhigend zu.

»Entspannen Sie sich«, grinste er. »Wir werden Ihnen helfen.«

Als Einstieg würde seine Firma die nächsten 1750 000 Barrel Rohöl kaufen, die von meinen Ölquellen auf der Cleaver-Pacht gefördert wurden, sagte Sir George. Außerdem würde eine Pipeline gebaut werden, um meine Bohrlöcher mit dem Pipelinenetz der Shell Oil Company zu verbinden – und die Bauarbeiten sollten schon am nächsten Tag beginnen.

Sir George und die Shell Oil Company hielten ihr Wort. Shells Arbeitstrupps trafen am nächsten Morgen in aller Frühe auf meinem Cleaver-Gelände ein und begannen mit der Verlegung der Pipeline.

Der Boykott war gebrochen – und die Cleaver-Pacht konnte sicher und profitabel abgeschöpft werden!

Als sich die 1920er-Jahre dem Ende zuneigten, vollzog sich in der amerikanischen Erdölindustrie ein radikaler Wandel. Sie wurde immer komplexer, die Kosten für die Suche und Förderung von Öl stiegen immer weiter an. Für den Erwerb von Pachtverträgen, Maschinen und Anlagen sowie für die Finanzierung von Explorationen und Bohrungen waren wesentlich höhere Investitionen erforderlich. Die meisten oberflächennahen Ölvorkommen in bekannten Ölgürteln waren gefunden und wurden ausgebeutet. Um Öl zu finden, war es notwendig, in immer entfernteren Gebieten zu suchen und immer tiefer zu bohren.

In dieser Zeit kam es zu vielen Fusionen und Zusammenschlüssen von Ölgesellschaften. Einige unabhängige Betreiber blieben auf der Strecke. Andere verkauften sich an große Ölkonzerne. Es herrschte zudem eine seltsame, unheilvolle Stimmung, die sich durch die gesamte US-Wirtschaft zog. Der Aktienmarkt verzeichnete fantastische Höchststände, doch es gab auch Warnungen und Vorahnungen über bevorstehende wirtschaftliche Turbulenzen.

Es war eine schwierige Zeit für alle Wildcatters und eine besonders schwierige für mich. Ich musste mich um meine eigenen wie Pilze aus dem Boden schießenden Geschäftsinteressen kümmern – meine Pachtverträge, Förderstätten und Unternehmen. Im Laufe der Jahre hatte ich auch große Aktienpakete an den Unternehmen meines Vaters gekauft. Nun begann seine Gesundheit zu schwinden, und ich sah mich zunehmend gezwungen, mich aktiv in die Leitung dieser Unternehmen einzubringen.

Im Jahr 1929 kam es zu einem schweren Börsencrash. Im folgenden Jahr erlitt mein Vater einen Schlaganfall. Obwohl er über 75 Jahre alt war, kämpfte er mehrere Wochen lang tapfer und verbissen gegen den Tod an, aber der Kampf ging schließlich am 31. Mai 1930 verloren. Meiner Mutter und mir blieb nur wenig Zeit zum Trauern. Wir mussten sein Geschäft am Laufen halten und seine Firmen weiterführen. Die Regierung drängte auf eine schnelle Begleichung der Erbschaftssteuern auf den Nachlass. Diese und viele andere Angelegenheiten verlangten meine sofortige Aufmerksamkeit und alles wurde durch den wirtschaftlichen Faktor der ausufernden Rezession erschwert. Viele rieten mir, alles zu liquidieren – nicht nur den Besitz meines verstorbenen Vaters zu verkaufen, sondern auch meine eigenen Firmen und Beteiligungen.

»Die Geschäftslage kann nur noch schlimmer werden«, prophezeiten sie. »Die Wirtschaft wird völlig zusammenbrechen!«

Ich sah die Situation ganz und gar nicht so. Die Wirtschaft der Nation, davon war ich überzeugt, war im Wesentlichen solide – auch wenn sie in naher Zukunft nachgeben könnte, würde sie sich schließlich wieder erholen, und zwar stärker als je zuvor. Ich war der Meinung, dass es an der Zeit war, zu kaufen – nicht zu verkaufen.

Viele Ölaktien wurden zu historischen Tiefstpreisen verkauft; sie waren spektakuläre Schnäppchen. Ich begann, mir die Organisation eines vollständig integrierten und eigenständigen Ölgeschäfts vorzustellen, das nicht nur die Exploration und Produktion umfasste – mit denen ich mich bis dahin ausschließlich beschäftigt hatte –, sondern auch den Transport, die Raffination und sogar das Handelsmarketing.

In der Wirtschaft wie auch in der Politik ist es nie einfach, sich gegen die Überzeugungen und Einstellungen der Mehrheit zu stellen. Der Geschäftsmann, der sich gegen die vorherrschende Meinung stellt, muss damit rechnen, dass er blockiert, verhöhnt und verteufelt wird. So war es auch bei mir, als ich in den Tiefen der US-Wirtschaftsflaute der 1930er-Jahre beschloss, in großem Stil Aktien zu kaufen und ein eigenständiges Ölgeschäft aufzubauen. Meine Freunde und

Bekannten – ganz zu schweigen von meinen Konkurrenten – hielten meinen Kaufrausch für einen fatalen Fehler. Als ich dann meine Absicht bekundete, mich in eine der sieben großen Ölgesellschaften Kaliforniens einzukaufen, begannen selbst diejenigen, die mich in der Vergangenheit unterstützt hatten, zu glauben, ich sei von allen guten Geistern verlassen.

Große Ölgesellschaften konnten die Firmen unabhängiger Betreiber aufkaufen und taten dies auch oft. Aber dass ein unabhängiger Betreiber eine große Ölgesellschaft kauft? Das war Ketzerei – ein Versuch, die etablierte Ordnung auf den Kopf zu stellen!

Nichtsdestotrotz verfolgte ich meine Pläne weiter, denn ich hatte die Zukunft im Blick. Die Ölgesellschaften, die ich kontrollierte oder an denen ich maßgeblich beteiligt war, beschäftigten sich ausschließlich damit, Öl zu finden und aus dem Boden zu holen. Um die Märkte für dieses Öl und für das Öl, das durch neue Bohrungen in der Zukunft gefördert werden sollte, zu sichern, schien es ein kluger Schachzug zu sein, in ein Unternehmen zu investieren, das Rohöl benötigte und das auch über die entsprechenden Raffinerie- und Vermarktungseinrichtungen verfügte. In Kalifornien gab es nur sieben solcher Unternehmen – alles Großkonzerne.

Angeführt wurde die Liste von der Standard Oil Company of California – offensichtlich ein viel zu großer Brocken für jeden Unabhängigen –, den konnte man nicht schlucken und verdauen. Das Gleiche galt für die Shell Oil Company. Die nächste Möglichkeit war die Union Oil Company, aber diese Firma hatte ihre eigenen Rohölquellen. Dies traf auch auf die General Petroleum Company zu, die in der Tat praktisch eine geschlossene Körperschaft war und deren Aktien nicht zum Kauf angeboten wurden. Damit blieben drei Firmen übrig: Richfield Oil – damals unter Konkursverwaltung und daher keine sehr verlockende Aussicht; die Texas Oil Company, die reichlich mit eigenem Rohöl versorgt war; und schließlich die Tide Water Associated Oil Company.

Tide Water Associated schien die logische Wahl zu sein. Das Unternehmen deckte nur die Hälfte des Rohölbedarfs seiner Raffinerien aus eigenen Reserven, den Rest kaufte es von anderen Produzenten. Außerdem verfügte Tide Water über eine gute Marketingorganisation und seine Produkte genossen bei den Verbrauchern einen guten Ruf.

Ich sah große Vorteile darin, mich mit Tide Water zu verbinden – Vorteile, die allen Beteiligten zugutekommen würden, vor allem den 34 668 Einzelaktionären von Tide Water und den Verbrauchern, die die Produkte des Unternehmens kauften.

Ich begann meine Tide-Water-Kampagne im März 1932, indem ich 1200 Stammaktien zu einem Preis von 2,50 Dollar pro Aktie kaufte. Innerhalb der nächsten sechs Wochen hatte ich meinen Bestand auf 41 000 Aktien erhöht. Es sollten fast 20 Jahre vergehen, bis ich die eindeutige Kontrolle über das Unternehmen erlangte. In dieser Zeit kauften meine Produktionsfirmen und ich Millionen von Anteilen an Tide Water. Ich lag nicht falsch, als ich zu den gesunkenen Preisen von 1932 zu kaufen begann. In den nächsten fünf Jahren stiegen die Stammaktien von Tide Water auf mehr als 16 Dollar – und schließlich war jede Aktie ein Vielfaches dieses Betrags wert.

Es war nicht einfach, die Kontrolle über die Tide Water Associated Oil Company zu erlangen. Ich musste viele Risiken in Kauf nehmen, es gab zahlreiche Widerstände und ich hatte viele unerbittliche Stellvertreterkämpfe und juristische Streitigkeiten auszufechten. Unzählige Male befand ich mich in einer äußerst kritischen Situation, deren Ausgang oft ungewiss war.

Mein erster Versuch, ein Mitspracherecht in der Geschäftsführung von Tide Water zu erhalten, fand im Mai 1932 statt. Ich ging zur jährlichen Aktionärsversammlung, bewaffnet mit meinen eigenen 41 000 Aktien und einer Vollmacht für 126 000 weitere Aktien. Doch diese Vollmacht wurde im letzten Moment widerrufen. Meine Bemühungen waren gescheitert. Doch ich kaufte weitere Aktien und versuchte, den Direktoren im Vorstand von Tide Water meine Ideen schmackhaft zu machen. Sie sahen die Dinge jedoch nicht so wie ich und stellten sich auf einen langen, harten Kampf ein. Und warum? Nun, ich vermute, es gab mehrere Gründe. Zunächst einmal war ich ein Außenseiter. Ich hatte wenig oder gar keine Erfahrung damit, wie hitzig es in Vorstandsetagen zugehen konnte.

»Paul Getty sollte dort bleiben, wo er hingehört – auf einem Bohrturm«, soll ein Direktor von Tide Water geschnaubt haben, als er erfuhr, dass ich in großen Mengen Aktien des Unternehmens kaufte. Ich fürchte, es gab andere im Vorstand, die mir und meinen Ambitionen noch weniger wohlgesonnen waren.

Ich hatte die Organisation und den Betrieb von Tide Water sorgfältig studiert und dem Unternehmen empfohlen, bestimmte Änderungen vorzunehmen und bestimmte Einsparungen zu veranlassen. Diese Empfehlungen, die den konservativen Vorständen offenbar zu radikal waren, sorgten für erheblichen Unmut.

Ich war auch zu dem Schluss gekommen, dass ein Großteil der Raffinerieanlagen von Tide Water veraltet war und bald nicht mehr funktionsfähig sein würde. Ich war der Meinung, dass das Unternehmen Vorkehrungen für die Modernisierung und Erneuerung der Anlagen treffen sollte, aber das Management tat sich schwer damit, während des wirtschaftlichen Abschwungs Investitionen zu tätigen. Die Direktoren bezeichneten dies als »notwendige Vorsicht«. Ich betrachtete es als kurzsichtige und gefährliche Pfennigfuchserei.

Im Jahr 1933 betrugen die Anteile von Getty fast 260 000 Aktien von Tide Water – ein Paket, das zu groß war, um ignoriert zu werden. Ich wurde also in den Vorstand des Unternehmens gewählt, aber es war ein schaler Sieg. Ich war nur einer unter vielen, und die anderen Direktoren waren immer noch entschieden gegen mich und meine Vorschläge. Ich kaufte weiterhin Tide-Water-Aktien. Es folgten Stimmrechtskämpfe, Klagen und Gegenklagen. Unterlassungsklagen, einstweilige Verfügungen und Schriftsätze flatterten pausenlos ins Haus.

Ende 1937 verfügte Getty über genügend Aktien, um ein Mitspracherecht im Management zu erhalten. Drei Jahre später besaßen wir 1734577 Aktien – etwas mehr als ein Viertel der stimmberechtigten Aktien, und viele von mir vorgeschlagene Änderungen wurden endlich umgesetzt. 1951 besaß ich genug Tidewater-Aktien, um die numerische Mehrheit zu haben. (Zu diesem Zeitpunkt war das »Associated« aus dem Firmennamen gestrichen und »Tide Water« zu einem einzigen Wort zusammengezogen worden.) Zwei Jahre später, als alle Direktoren bis auf einen von Interessenvertretern von Getty gewählt waren, war meine Kampagne endlich vorbei. Heute beträgt das Vermögen von Tidewater mehr als 800 Millionen Dollar.

1938 wandte ich mich kurzzeitig vom Ölgeschäft ab und kaufte das Hotel Pierre in New York City für 2350000 Dollar, weniger als ein Viertel des ursprünglichen Preises von 1929/1930. Später kaufte ich mehrere Hundert Hektar Land in Acapulco, Mexiko, wo ich schließlich das Pierre Marques Hotel am Revolcadero Beach baute. Es gibt zwar Berichte, nach denen ich eine ganze Reihe von Hotels besitze, tatsächlich sind dies aber die einzigen, die mir gehören.

Im Jahr 1937, als Teil der Tide-Water-Kampagne, erhielt ich die Kontrolle über eine Firma, die unter dem Namen Mission Corporation firmierte. Zu den Besitztümern von Mission gehörte ein 57-prozentiger Anteil an der Skelly Oil Company, einer großen Ölfirma mit Hauptsitz in Tulsa, Oklahoma. Auf diese Weise erwarb ich fast zufällig die Mehrheitsbeteiligung an einem Unternehmen, das 1937 einen

Reingewinn von 6 400 000 Dollar erzielte und heute über ein Vermögen von über 330 Millionen Dollar verfügt.

Aber das ist nicht die ganze Geschichte. Zu den Tochtergesellschaften von Skelly Oil gehörte die Spartan Aircraft Corporation, ein Unternehmen in Tulsa, das seit 1928 Flugzeuge baut und Piloten und Navigatoren ausbildete. Meinen ersten Besuch im Spartan-Werk machte ich am 7. Dezember 1939. Der Flugzeugbau war eher begrenzt; es waren nur etwa 60 Arbeiter in der Fabrik beschäftigt. Die Pilotenschule war viel aktiver. Sie war sogar die größte private Flugschule in den USA.

Ich war gerade von einer Reise nach Europa zurückgekehrt, das sich bereits im Krieg befand. Ich war davon überzeugt, dass die Vereinigten Staaten sich irgendwann an dem Krieg gegen die Achsenmächte würden beteiligen müssen. Folglich spürte ich, dass Spartan Aircraft eine immer wichtigere Rolle im Verteidigungsprogramm des Landes spielen würde – aber ich konnte damals nicht ahnen, wie wichtig die Firma werden würde.

Auf den Tag genau zwei Jahre nach meinem ersten Besuch bei Spartan griffen die Japaner Pearl Harbor an und die Vereinigten Staaten waren damit im Krieg. Im selben Monat starb auch meine geliebte Mutter. Das war ein schwerer Schlag. Obwohl ich zu diesem Zeitpunkt schon fast 50 Jahre alt war, spürte ich den Verlust so stark, als ob ich noch ein Kind gewesen wäre.

Der Krieg beherrschte nun alle Schlagzeilen. Im Ersten Weltkrieg hatte ich nicht dienen dürfen, und nun hoffte ich auf die Chance, im Zweiten Weltkrieg dienen zu können. Ich hatte mich mit Astronomischer Navigation auseinandergesetzt und besaß – zu verschiedenen Zeiten in meinem Leben – drei Yachten, die größte 260 Fuß, 1500 Tonnen mit einer 45-köpfigen Besatzung. Auf dieser Grundlage meldete ich mich freiwillig zum Dienst in der United States Navy. Zu meinem Leidwesen wurde mir höflich, aber bestimmt mitgeteilt, dass die Navy keine große Verwendung für einen Geschäftsmann mittleren Alters habe, es sei denn, er sei bereit, einen routinemäßigen Verwaltungsjob an Land zu übernehmen. Nachdem ich alle anderen Möglichkeiten ausgeschöpft hatte, bemühte ich mich um ein Gespräch mit dem Marineminister, Frank Knox, und legte ihm meinen Fall dar. Ich sagte ihm, ich wolle einen Einsatz bei der Navy und zur See gehen.

»Sie eignen sich für einen Einsatz als Verwaltungs- oder Versorgungsoffizier«, erklärte Minister Knox. »Aber der Seedienst kommt nicht infrage.« Er hielt inne und musterte mich etwas genauer. »Ich habe gehört, dass Sie einen großen Anteil an der Spartan Aircraft Corporation halten«, sagte er nach einem Moment. Ich bejahte dies.

»Für die Streitkräfte ist es wichtig, dass jede Flugzeugfabrik so schnell wie möglich im großen Stil zu produzieren beginnt«, sagte er mir. »Der wichtigste Dienst, den Sie für die Kriegsbemühungen leisten können, ist der, dass Sie alle Ihre anderen Geschäftsinteressen fallen lassen und die Leitung von Spartan persönlich übernehmen.«

So kam ich im Februar 1942 als Geschäftsführer von Spartan in Tulsa an. Es gab enorm viel zu tun und sehr wenig Zeit, um es zu bewerkstelligen. Die Produktionsanlagen – einschließlich der Fabrikflächen – mussten erweitert, Maschinen und Werkzeuge beschafft, Ingenieure und Techniker rekrutiert und Tausende von Arbeitern eingestellt und geschult werden. Trotz Engpässen, fehlender Kapazitäten und Rückschlägen wurde die maximale Produktion binnen weniger als 18 Monaten erreicht.

Ich blieb während des gesamten Krieges in aktiver und direkter Verantwortung für den Betrieb von Spartan. Vor Kriegsende bildete die Spartan-Flugschule bis zu 1700 angehende Piloten aus. Bis zur Kapitulation Japans im August 1945 stellte die Spartan-Fabrik, die auf dem Höhepunkt mehr als 5500 Arbeiter beschäftigte, eine Vielzahl von Flugzeugteilen und -komponenten im Unterauftrag von großen Flugzeugfirmen her. Dazu gehörten: 5800 Sätze von Höhen-, Quer- und Seitenrudern für B-24-Bomber; 2500 Sätze von Triebwerksaufhängungen für P-47-Jagdflugzeuge; Hunderte von Curtiss-Sturzkampfbomber-Verkleidungen; Tausende von Douglas-Sturzkampfbomber-Steuerflächen; Flügel für Grumman-Wildcat-Jagdflugzeuge; Heckausleger für Lockheed-P-38-Jagdflugzeuge. Spartan produzierte auch das zweisitzige NP-1-Flugzeug als Hauptauftragnehmer.

Die rekordverdächtige Produktion von Spartan brachte uns viel Lob und Auszeichnungen durch die Streitkräfte ein – sie lobten die Effizienz und Loyalität der Männer und Frauen, die für die Firma arbeiteten und ihren Teil dazu beitrugen, den Krieg zu gewinnen. Ich blieb bis 1948 bei Spartan, um die Firma in Friedenszeiten durch die schwierige Zeit der Umstellung auf die Produktion von Wohnwagen beziehungsweise Mobilheimen zu begleiten. Dann kehrte ich wieder zu meiner ersten und größten geschäftlichen Liebe zurück – dem Öl.

Meine Ölfirmen florierten und waren größer und aktiver als je zuvor, aber es war Zeit für eine weitere Expansion. Der Krieg hatte Amerikas Ölreserven stark beansprucht, und in der Nachkriegszeit stieg der Erdölverbrauch in der ganzen Welt rapide an. Ölsucher schwärmten nach Kanada, Mittel- und Südamerika, Afrika und dem Nahen Osten aus, um nach neuen Ölquellen zu suchen. Instinkt, Ahnung, Glück – nennen Sie es, wie Sie wollen – sagten mir, dass der Nahe Osten der vielversprechendste Ort sei und die größte Chance für die Ölexploration bieten würde. In den 1930er-Jahren hatte ich beinahe eine Ölkonzession im Nahen Osten erhalten, aber ich hatte meine Chance verstreichen lassen. Nun beschloss ich, mich um eine Konzession zu bemühen, um dort zu prospektieren und zu bohren und die verpasste Chance wiedergutzumachen. Im Februar 1949 erhielt Getty Interests eine 60-jährige Konzession für einen halben Anteil an der sogenannten Neutralen Zone, einer trockenen, praktisch unbewohnten und kaum erschlossenen Wüstenregion, die zwischen Saudi-Arabien und Kuwait am Persischen Golf liegt.

Die Konzession wurde von Seiner Majestät, Ibn Saud, dem König von Saudi-Arabien, erteilt. Als unmittelbare Gegenleistung für das Recht, in der Neutralen Zone nach Öl zu suchen und zu bohren, erhielt die saudi-arabische Regierung 12 500 000 Dollar. Es war ein gigantisches Risiko, und viele Leute in der Erdölindustrie sagten wieder einmal unverhohlen voraus, dass ich meine Firmen und mich selbst in den Bankrott treiben würde.

Es dauerte vier Jahre und 18 000 000 Dollar, bis wir unsere erste brauchbare Förderung in der Neutralen Zone erreichten. Aber schon 1954 konnte ich mich entspannen und mir ein Lachen auf Kosten derer, die meinen Ruin prophezeit hatten, nicht verkneifen. Die Neutrale Zone hat sich als eines der wertvollsten Ölgebiete der Welt erwiesen. Eine Ölquelle nach der anderen wurde gefunden und Erdölgeologen schätzen die nachgewiesenen Reserven in der Region, die von meiner Konzession abgedeckt wird, vorsichtig auf über 13 Milliarden Barrel!

Angesichts dieser enormen Reserven und der Tatsache, dass die Förderquellen im Nahen Osten und anderswo jährlich Millionen von Barrel Rohöl liefern, war es notwendig, noch weiter in andere Richtungen zu expandieren. Meine Unternehmen mussten zusätzliche Raffinerien bauen und kaufen, um die enorme Rohölproduktion zu bewältigen. Pipelines, Lagerstätten, Wohnanlagen für Arbeiter und unzählige andere Anlagen und Einrichtungen wurden gebaut oder sind noch im Bau.

In Wilmington, Delaware, wurde 1957 eine 200 000 000 Dollar teure Raffinerie der Tidewater Oil Company fertiggestellt. Eine weitere Tidewater-Raffinerie in der Nähe von San Francisco wurde mit einem Kostenaufwand von 60 000 000 Dollar modernisiert. Wir haben eine neue Raffinerie mit einer Kapazität von 40 000 Barrel pro Tag in Gaeta, Italien, und eine weitere mit einer Kapazität von 20 000 Barrel pro Tag in Dänemark.

In den Jahren 1954 und 1955 wurde mit dem Bau der ersten Schiffe einer Flotte von Supertankern begonnen. Mehrere dieser Schiffe wurden fertiggestellt und sind jetzt in Betrieb. Diese Produktion von Tankern wird kontinuierlich fortgesetzt. Die schwimmende und im Bau befindliche Tonnage übersteigt 1 000 000 Tonnen Tragfähigkeit. Unter den Schiffen befinden sich wahrhaft riesige Supertanker mit einer Ladekapazität von über 70 000 Tonnen.

Die Getty-Gruppe hat kürzlich neue Bürogebäude in Los Angeles, Kalifornien, sowie in Tulsa, Oklahoma, und in New York City gebaut – mit einem Kostenaufwand von fast 40 000 000 Dollar. Unabhängig davon, was sie produzieren, sind die Werke und Unternehmen der Getty-Beteiligungen auf stetige Expansion ausgerichtet. Das Management sucht ständig nach Mitteln und Wegen, um die Produktion zu steigern, und es laufen groß angelegte Projekte, um neue Produkte zu entwickeln und neue Anwendungen und Einsatzmöglichkeiten für alte Produkte zu finden. Nicht zuletzt sind die Unternehmen in der Erdöl- und Mineralienexploration tätig, die auf vier Kontinenten energisch vorangetrieben wird.

Dies ist also die Geschichte, wie ich meinen Weg zum Erfolg fand und wie ich ihn seit meinen Tagen als Wildcatter auf den Ölfeldern von Oklahoma gegangen bin, wie ich mein Geschäft aufgebaut und mein Vermögen gemacht habe. Dem möchte ich eine kurze, sehr persönliche – und leicht reumütige – Anmerkung hinzufügen.

Jahrelang war es mir gelungen – zumindest weitestgehend –, persönliche Publicity zu vermeiden. Oder besser gesagt, da ich nichts unternahm, um sie zu suchen oder ihr zu entgehen, wäre es wohl zutreffender zu sagen, dass die Öffentlichkeit mich mied. Dieser

Zustand der friedlichen Beinahe-Anonymität endete schlagartig und für immer im Oktober 1957, als die Zeitschrift *Fortune* einen Artikel veröffentlichte, in dem die reichsten Menschen der Vereinigten Staaten aufgelistet waren. Mein Name führte die Liste an, und der Artikel bezeichnete mich als Milliardär und »Der reichste Mann der USA«. In der Folge gaben mir andere Publikationen den noch großspurigeren Titel »Der reichste Mann der Welt«.

Seitdem werde ich mit Anfragen überhäuft, wie viel Geld ich genau habe. Mir wird selten geglaubt, wenn ich ganz ehrlich antworte, dass ich es nicht weiß, ja, dass ich es gar nicht wissen *kann*. Der größte Teil meines Vermögens ist in die Unternehmen investiert, die ich besitze oder kontrolliere; ich mache keine Angaben über das Ausmaß meines Reichtums und es interessiert mich auch überhaupt nicht, wie reich ich bin.

Heute florieren die einzelnen Unternehmen, und sie führen ehrgeizige Programme zur weiteren Expansion durch. Meine Hauptsorge und mein Hauptinteresse liegen darin, dafür zu sorgen, dass diese Unternehmen weiter wachsen, damit sie mehr Arbeitsplätze schaffen und mehr Waren und Dienstleistungen zum Nutzen aller produzieren können. Meine Mitarbeiter und ich sind davon überzeugt, dass der gesamtwirtschaftliche Trend nach oben zeigt und dass die Welt trotz aller Unkenrufe und Ängste, die uns derzeit plagen, an der Schwelle zu einem Wohlstand steht, der größer ist als jemals zuvor in unserer Geschichte.

KAPITEL 2
WIE MAN HEUTZUTAGE EINE MILLION VERDIENT

Die Tür zum American Millionaire's Club ist nicht verriegelt. Entgegen der landläufigen Meinung ist es für einen erfolgreichen Menschen immer noch sehr gut möglich, eine Million zu verdienen – und sogar noch viel mehr. Es wird immer Platz für Menschen mit Energie und Einfallsreichtum geben, für Menschen, die neue Ideen erfolgreich in neue Produkte und Dienstleistungen umsetzen können.

Wer Erfolg hat, bekommt häufig von Menschen, denen er begegnet, die gleiche Frage gestellt: »Wie kann ich – wie kann man – das auch schaffen?«

Wenn ich diesen Menschen erzähle, wie ich vor mehr als vier Jahrzehnten als Wildcatter den Grundstein für mein eigenes Geschäft gelegt habe, antworten sie meist: »Aber Sie hatten Glück – Sie sind zu einer Zeit ins Geschäft eingestiegen, als es noch möglich war, Millionen zu verdienen. Heutzutage könnte man das nicht mehr machen. Keiner könnte das.«

Ich bin immer wieder erstaunt, wie weit verbreitet diese negative – und meiner Meinung nach völlig falsche – Einstellung unter vermeintlich intelligenten Menschen ist. Zweifellos gibt es eine enorme Menge an Beweisen dafür, dass einfallsreiche, kluge und dynamische junge Menschen heute mehr Möglichkeiten haben, Wohlstand und Erfolg im Geschäftsleben zu erlangen, als jemals zuvor in unserer Geschichte. Unzählige aufgeweckte und ehrgeizige Geschäftsleute haben dies bewiesen, indem sie in den letzten Jahren in einer Vielzahl von Geschäftsfeldern ihr Vermögen gemacht haben.

Ich kenne einen Mann, der leitender Angestellter in einem kleineren Unternehmen war, als er 1953 von der Entwicklung eines neuen, besonders widerstandsfähigen und vielseitigen Kunststoffs hörte. Er erkannte, dass dieser Stoff ein hervorragender und kostengünstiger Ersatz für bestimmte teure Baumaterialien sein würde. Mit seinen Ersparnissen und etwas geliehenem Geld, das er nutzte, um die Herstellungslizenz zu kaufen und das notwendige Anfangskapital zu sichern, machte er sich mit der Produktion und dem Vertrieb des Kunststoffs selbstständig. Bis 1960 hatte er ein Privatvermögen von weit über 1 Million Dollar erwirtschaftet.

John S. Larkins, ein junger Ingenieur, übernahm 1951 die Elox Corporation – eine winzige Firma in Royal Oak, Michigan, die elektronische Geräte herstellte. Da er erkannte, dass in der Industrie ein großer und ständig wachsender Bedarf an elektronischen Steuergeräten bestand, konzentrierte sich Larkins auf die Entwicklung und Produktion dieser Geräte. Innerhalb von sechs Jahren steigerte er den Bruttoumsatz seines Unternehmens von 194 000 Dollar auf mehr als 2 200 000 Dollar pro Jahr.

Charles Bluhdorn begann 1942, als 16-Jähriger, seine Karriere als Baumwollhändler und verdiente zunächst 15 Dollar die Woche. Bis 1950 hatte er auf eigene Faust seine erste Million verdient – vor allem durch den Import von Kaffee aus Brasilien. Heute ist er der Chef des

Multikonzerns Gulf & Western Industries, dessen Jahresumsatz bei weit über 1 Milliarde Dollar liegt.

Es gibt zahllose solcher modernen Erfolgsgeschichten. Unter denen, die mir persönlich bekannt sind, ist keine aussagekräftiger oder treffender als die des inzwischen verstorbenen Melville (Jack) Forrester.

Jack Forrester diente während des Zweiten Weltkriegs mit Auszeichnung als Agent im militärischen Nachrichtendienst OSS in Europa. Nach der Kapitulation Japans ging er nach Paris, doch er hatte keine Arbeit und wenig Geld. Er erhielt schließlich einen Job als eine Art Kontaktmann für eine große Investmentfirma, die World Commerce Corporation. Forrester bereiste Europa, den Nahen Osten und Asien, um nach vielversprechenden Projekten und Unternehmen Ausschau zu halten, in die die World Commerce Corporation Geld investieren könnte. Er erwies sich als gewiefter und scharfsinniger Geschäftsmann und er war so erfolgreich, dass er innerhalb weniger Jahre zum Präsidenten der französischen Tochtergesellschaft der Firma ernannt wurde, der World Commerce Corporation of France. Ich kannte Jack schon vor dem Krieg. Ich traf ihn 1949 in Paris wieder. Er erzählte mir, was er seit dem Ende des Krieges gemacht hatte.

»Hätten Sie nicht Lust, für mich zu arbeiten?«, fragte ich ihn.

»Ich weiß nicht viel über das Ölgeschäft«, antwortete er und grinste dann. »Aber ich denke, ich lerne schnell dazu.«

Jack lernte tatsächlich schnell – und gut. Ab 1949 führte er viele heikle und wichtige Verhandlungen für mehrere meiner Unternehmen. Er war maßgeblich an dem Erhalt wertvoller Ölkonzessionen beteiligt und bereitete den Weg für viele andere Operationen und Transaktionen, einschließlich Geschäften für den Bau von Tankerraffinerien und Pipelines.

Im Jahr 1945 war Jack Forrester noch ein Ex-OSS-Mann ohne Job und mit sehr wenig Geld. Er war nur einer von vielen Millionen Männern, die versuchten, sich auf ein Leben in Friedenszeiten »umzustellen«. Zum Zeitpunkt seines frühen Todes 1964 war er ein überaus erfolgreicher Geschäftsmann – und Millionär.

Es gibt massenhaft Beispiele, die beweisen, dass es möglich ist, dass Erfolg im Geschäftsleben und sogar »eine Million verdienen« – oder mehrere Millionen – durchaus realisierbare Ziele für junge Menschen sind, die heute am Anfang stehen. Ich betrachte mich weder als Prophet noch als Experte, weder als Wirtschaftswissenschaftler noch als Politikwissenschaftler. Ich spreche einfach als praktischer, arbeitender Geschäftsmann. Die sorgfältige, fortlaufende Beobachtung und Bewertung der amerikanischen und internationalen Wirtschaftsbedingungen und -trends gehört allerdings zu meinen wichtigsten Pflichten und Verantwortlichkeiten gegenüber den Unternehmen, die ich leite. Basierend auf den Erfahrungen, die ich im Laufe der Jahre gewonnen habe, bin ich der Meinung, dass die Aussichten für die Wirtschaft gut sind und sich im Laufe der Zeit sogar noch verbessern werden, sofern sich keine unvorhersehbaren Katastrophen einstellen. Ich bin der Meinung, dass weitsichtige, fortschrittliche – und vor allem aufgeschlossene – amerikanische Geschäftsleute, seien sie Anfänger oder alte Hasen, allen Grund haben, optimistisch zu sein, was ihre Aussichten und Gewinne für die kommenden Jahre und sogar Jahrzehnte angeht. Ich sage dies im vollen Bewusstsein des Umstands, dass es in einigen amerikanischen Geschäftskreisen lange Zeit üblich war, wenn nicht sogar zum guten Ton gehörte, den Mangel an Möglichkeiten und die Unterdrückung des Kapitalismus des freien Unternehmertums zu beklagen.

»Konfiskatorische Besteuerung«, »zu hohe Lohnkosten«, »unfaire ausländische Konkurrenz« und »schleichender Sozialismus« sind die am häufigsten genannten »Ursachen« für das, was die Untergangspropheten uns glauben machen wollen, nämlich den bevorstehenden Zerfall des amerikanischen Systems der freien Marktwirtschaft. Meiner Meinung nach ist das alles blanker Unsinn. Die Klagen sind lediglich bequeme Alibis für die Fantasielosen, die Inkompetenten, die Kurzsichtigen und Engstirnigen und die Faulen. Es stimmt, die Steuern sind zu hoch und es gibt zu viele. Eines Tages – und zwar bald – wird unser gesamtes Steuersystem von Grund auf überholt werden müssen. Ein logisches, gerechtes Steuerprogramm wird entwickelt werden müssen, um das irrsinnige Sammelsurium von Bundes-, Landes-, County- und City-Abgaben zu ersetzen, die das Leben zu einem steuerlichen Albtraum für alle macht. In der Zwischenzeit müssen die betroffenen Geschäftsleute jedoch einfach mit der Situation leben. Seien wir mal ehrlich: Dass sie damit leben können, ist doch offensichtlich. Einkommenssteuern – die am meisten missbrauchten Prügelknaben – werden schließlich nur auf Gewinne erhoben. Es gibt verhältnismäßig mehr wohlhabende Geschäftsleute in den Vereinigten Staaten als je zuvor. Ich habe noch von keiner einzigen amerikanischen Firma gehört, die allein wegen der Besteuerung ihre Pforten schließen musste.

Die Lohnkosten sind zwar hoch, aber ich habe oft beobachtet, dass der Mensch, der sich am lautesten über überhöhte Löhne beschwert, derselbe ist, der ein Vermögen für Werbung und Verkaufskampagnen aufwendet, um seine Produkte an Millionen von Menschen zu verkaufen. Wie um alles in der Welt jemand von den Arbeitern, die den Großteil dieser Millionen ausmachen, erwartet, dass sie sein Geschirr, seine Gartenmöbel oder seine Pfeifenreiniger kaufen, wenn sie nicht gut bezahlt werden, entzieht sich meinem Verständnis. Die Arbeiter haben ein Recht auf gute Bezahlung, auf ihren Anteil an dem Wohlstand, den sie mitproduzieren. Solange es keine wohlhabende »Arbeiterklasse« gibt, kann es keine Massenmärkte und keine Massenverkäufe für Händler oder Hersteller geben – und es wird nur sehr wenig Wohlstand für irgendjemanden geben. Die Arbeiterschaft ihrerseits muss verstehen, dass hohe Löhne nur dann gerechtfertigt sind – und hoch bleiben können –, wenn die Arbeiter ein hohes Niveau und einen hohen Produktionsstandard aufrechterhalten. Und wenn wir schon von hohen Löhnen sprechen, möchte ich hinzufügen, dass ich der Meinung bin, dass es höchste Zeit ist, dass sowohl Kapital als auch Arbeit diese grundlegenden Wahrheiten anerkennen und ihr ewiges und kostspieliges Geschacher beenden. Ob es einem von beiden gefällt oder nicht, der eine kann in seiner jetzigen Form nicht ohne den anderen existieren. Ich bezweifle sehr ernsthaft, dass beide die totalitären Alternativen zum bestehenden System sehr angenehm oder gut verträglich finden würden.

Was die ausländische Konkurrenz angeht, so habe ich schon lange die Erfahrung gemacht, dass Konkurrenz jeglicher Art sofort als unfair bezeichnet wird, wenn sie anfängt, denjenigen Geschäftsleuten zu schaden, die nicht die Vorstellungskraft und Energie besitzen, ihr standzuhalten. Wettbewerb – ob ausländisch oder nicht – ist dazu da, dass man ihn bewältigt und übertrifft. Wettbewerb – je härter und energischer, desto besser – ist der Ansporn, die eigentliche Grundlage des Systems der freien Marktwirtschaft. Ohne Wettbewerb würde die Wirtschaft stagnieren.

Diese Tatsachen werden gerne von jenen Individuen und Interessengruppen ignoriert, die lautstark fordern, dass die US-Regierung etwas gegen den »unfairen« ausländischen Wettbewerb unternehmen solle. Dieses »Etwas«, was die Regierung tun soll, besteht natürlich darin, himmelhohe Zölle zu erheben, die das Ausland daran hindern, mit uns Handel zu treiben – dies ist eine denkbar kurzsichtige Politik.

Schleichender Sozialismus? Diese Behauptung erweist sich als falsch und entbehrt jeder Grundlage, weil es heute viel mehr amerikanische Geschäftsleute gibt, die sich für das freie Unternehmertum einsetzen als noch vor zehn, zwanzig oder mehr Jahren.

Kurzum, ich kann in den Argumenten der Pessimisten und Miesmacher keine Grundlage erkennen. Aber die Schwarzmaler haben uns schon immer begleitet und den einen oder anderen düsteren und entmutigenden Schwanengesang angestimmt.

Als ich das Hotel Pierre an Manhattans nobler Fifth Avenue in der 61. Straße für 2350000 Dollar kaufte, war es das modernste Hotel New Yorks. Man brauchte keine Kristallkugel, um zu erkennen, dass dies ein hervorragender Kauf war. Das Land war gerade dabei, die schwere Zeit der Rezession hinter sich zu lassen; die wirtschaftliche Lage verbesserte sich stetig. Geschäfts- und Privatreisen nahmen unweigerlich stark zu. In den letzten Jahren war in New York kaum ein Hotel gebaut worden, und auch für die unmittelbare Zukunft war keines geplant. Das Pierre war ein Schnäppchen – und ein Hotel mit großem Potenzial. Aber die Schwarzseher waren zu sehr damit beschäftigt, ihre masochistische Ader mit pessimistischen Vorhersagen über schlechte Zeiten zu kitzeln, und konnten solche Schnäppchen nicht erkennen, wenn sie sie sahen.

Im Oktober 1938 begann ich mit den Verhandlungen zum Erwerb des Hotel Pierre und im darauffolgenden Mai war ich sein Eigentümer. Bei den heutigen Grundstücks- und Baukosten wären zwischen 25 und 35 Millionen Dollar nötig, um das Pierre in New York City nachzubauen.

Ich will nicht prahlen; ich versuche nur zu zeigen, dass es immer Gelegenheiten gibt, durch die Geschäftsleute beträchtlich profitieren können, wenn sie sie nur erkennen und ergreifen – und wenn sie nicht auf die pessimistischen Vorhersagen der selbsternannten Untergangspropheten achten.

Die Bedingungen sind heute ganz anders als 1938, 1932 oder 1915. Trotzdem: Klagen, Ausreden und Schwarzmalerei sind das Letzte, was die amerikanische Wirtschaft braucht.

Was die amerikanische Wirtschaft *wirklich* braucht – und zwar in immer größerer Zahl –, sind junge Geschäftsleute, die bereit und in der Lage sind, die Verantwortung für eine fortschrittliche, tatkräftige Führung in Industrie und Handel zu übernehmen. Die Belohnungen, die auf solche Männer warten, sind praktisch grenzenlos. Es gibt viel Platz an der Spitze. Der Klub der Millionäre hat eine unbegrenzte Anzahl von freien Plätzen auf seiner Mitgliederliste. Dass diese nicht schneller besetzt wird, liegt, so fürchte ich, vor allem daran, dass zu viele potenziell hochqualifizierte junge Bewerber aufgeben, bevor sie überhaupt richtig angefangen haben. Sie hören auf all die pessimistischen Mahnungen, anstatt die Augen für die Chancen zu öffnen, die sich ihnen bieten. Sie sind offenbar blind für die vielen Beispiele derjenigen, die ihr Glück gemacht haben und machen.

Wie ich schon sagte, habe ich meine eigene berufliche Laufbahn in der Erdölindustrie als Wildcatter begonnen, und Öl ist mein Hauptgeschäftsinteresse geblieben. Ich finde es beunruhigend, dass so viele junge Männer heute denken, die Ära der relativ kleinen Wildcatter sei vorbei. Eigentlich könnte nichts weiter von der Wahrheit entfernt sein.

Öl ist eine komische Sache. Es taucht häufig an den unwahrscheinlichsten Orten auf. In den Vereinigten Staaten gibt es viele Gebiete, in denen ein unternehmungslustiger Wildcatter mit großer Wahrscheinlichkeit auf Öl stoßen wird – und damit reich wird. Zugegeben, die meisten Vorkommen in sogenannten Ölgürteln sind bereits gefunden worden und werden ausgebeutet. Andererseits gibt es viele Stellen, die von den Ölsuchern kaum oder gar nicht ernsthaft in Betracht gezogen worden sind.

Zu der Zeit, als ich mit dem Wildcatting begann, sagte »jeder«, dass es in den Oklahoma Red Beds kein Öl gäbe. Aus dem gleichen Grund haben sich vor 30 oder 40 Jahren die Ölförderer in den Kopf gesetzt, dass es in Oregon, Washington, Idaho, Iowa oder Utah – um nur einige Staaten zu nennen – kein Öl gäbe, und haben diese Orte übergangen. Dieser Glaube hat die Ölförderung seither beeinflusst.

Dass es sich dabei um eine Theorie handelt, für die es kaum Fakten gibt, beweist die Tatsache, dass erst vor wenigen Jahren Ölprospektoren mit Probebohrungen in Utah begannen – und prompt Öl fanden.

Es gibt heute viele Möglichkeiten für den sachkundigen kleinen Wildcatter. Zwar muss der Erdölsucher seine Erkundungen außerhalb der bekannten – und damit bereits ausgebeuteten – Erdölgürtel durchführen, aber wissenschaftliche und technologische Fortschritte haben das Suchen und Bohren nach Erdöl einfacher gemacht als noch vor Jahren. Die Erdölgeologie, im Jahr 1914 eine junge und bestenfalls unzuverlässige Wissenschaft, hat fantastische Fortschritte gemacht. Der moderne Geologe verfügt über das Wissen, die Erfahrung und die Ausrüstung, die es ihm ermöglichen, das Vorhandensein von Öl mit einer mehr als ausreichenden Genauigkeit zu erkennen. Es stimmt, dass das meiste Öl, das nahe an der Oberfläche lag, schon geortet worden ist und dass man nun in viel größere Tiefen bohren muss, als es zu Beginn des 20. Jahrhunderts notwendig war. Andererseits kann ein Ölförderer mit modernen Bohrtürmen und Geräten schneller und billiger bis zu einer Tiefe von 6 000 Fuß bohren, als ich 1916 bis zu 2 500 Fuß gebohrt habe – und damals war 1 Dollar viel mehr wert als heute.

Aber die Ölindustrie ist bei Weitem nicht das einzige Geschäft, das dem Einsteiger heute grandiose Möglichkeiten bietet. Alle Potenziale für eine Ära nie da gewesener geschäftlicher Aktivität und Prosperität sind vorhanden – für diejenigen, die aufgeschlossen und fantasievoll genug sind, sie zu erkennen. Rasch wachsende Bevölkerungen im In- und Ausland und der erwachende Wunsch der Menschen auf der ganzen Welt, ihre Lebensbedingungen zu verbessern und ihren Lebensstandard zu erhöhen, sind Garantien dafür, dass es in den kommenden Jahren immer größer werdende Märkte für Waren und Dienstleistungen jeder Art geben wird. Die gigantischen

Fortschritte, die Wissenschaft und Technik fast täglich machen, stellen die Mittel bereit, mit denen diese Güter und Dienstleistungen billiger, in besserer Qualität und in größerer Menge produziert und verteilt werden können.

Es gibt immer noch enorme Aufgaben, die im eigenen Land erfüllt werden müssen. Niemand kann mit Fug und Recht behaupten, dass die amerikanische Wirtschaft ihrer Verantwortung gerecht geworden sei und ihre Aufgabe erfüllt habe, solange nicht jeder erwerbsfähige Bürger eine dauerhafte Vollzeitbeschäftigung hat und solange nicht jede amerikanische Familie wohlgenährt, gut gekleidet und gut untergebracht ist und in der Lage ist, in Wohlstand und ohne Angst zu leben. Ich zögere nicht, vorauszusagen, dass viele junge Männer, die dies lesen, ihr Glück machen und ihre gesamte Geschäftskarriere damit verbringen werden, sich ausschließlich mit den heimischen Märkten zu beschäftigen und die heimischen Bedürfnisse zu erfüllen. Andererseits bin ich der Meinung, dass die vielversprechendsten Aussichten für das amerikanische Geschäft außerhalb der Vereinigten Staaten zu finden sind, im internationalen Handel.

In der internationalen Presse wird viel über die zunehmende Arbeitslosigkeit und Rezession in den USA und den »Dollarschwund« berichtet, der durch eine ungünstige Handelsbilanz zwischen den USA und dem Ausland verursacht wird. Es werden viele Maßnahmen vorgeschlagen, um dieser Situation entgegenzuwirken. Darunter sind auch Forderungen nach »Notmaßnahmen«, die darauf abzielen, die Importe vieler Materialien und Produkte aus dem Ausland zu reduzieren oder sogar zu stoppen.

»Die Vereinigten Staaten müssen alle ausländischen Importe auf ein absolutes Minimum reduzieren«, erklärte mir vor Kurzem ein amerikanischer Geschäftsmann auf einer Geschäftsreise. »Das ist der einzige Weg, wie die amerikanische Wirtschaft überleben kann.«

Ich fürchte, er war sehr überrascht, als ich ihm sagte, dass die von ihm vertretene Politik meiner Meinung nach einem wirtschaftlichen Selbstmord gleichkomme. So wie ich es sehe, liegt die langfristige Lösung für die wirtschaftlichen Probleme unseres Landes in *mehr*, nicht in weniger Außenhandel. Auf lange Sicht muss die US-Wirtschaft ein gigantisches, weitsichtiges Programm für den internationalen Handel auflegen und Märkte in fremden Ländern suchen und ausbauen. Für isolationistische Geschäftsphilosophien ist in unserer heutigen Zeit kein Platz. Die Welt ist viel zu klein geworden. Die amerikanische Wirtschaft kann sich nicht auf sich selbst beschränken; sie muss neue und mehr Handelsbeziehungen nach Übersee entwickeln. Und: Um an andere Länder zu verkaufen, müssen wir auch von ihnen kaufen. So einfach ist das. Ich bin der festen Überzeugung, dass der junge Geschäftsmann, der seinen Geist von veralteten, vorgefassten Meinungen befreien und sein Denken auf die derzeitigen Bedürfnisse ausrichten kann, enorme Früchte ernten wird. Er wird seine Millionen machen. Denn trotz gegenteiliger Gerüchte und Berichte wollen die meisten Staaten im Ausland unbedingt, dass wir ihnen Waren verkaufen. Sie wollen uns etwas abkaufen.

Ich bin viel im Ausland unterwegs und habe geschäftliche Beteiligungen auf fünf Kontinenten. Ich habe kaum Anzeichen dafür gefunden, dass die Nachfrage nach Produkten, die das »Made in U.S.A.«-Label tragen, nachlässt. Der American Way of Life ist nach wie vor das goldene Symbol für gutes Leben überall. Ihn zu duplizieren oder zu imitieren, ist immer noch das Ziel der meisten Menschen in fremden Ländern – und das Versprechen, dass sie dies tun werden, ist immer noch das glühendste und effektivste Versprechen, das ausländische Regierungsvertreter und Politiker ihrem eigenen Volk machen können. Sogar die Russen geben dies zu, wenn sie prognostizieren, dass die sowjetische Produktion und der Lebensstandard das vorherrschende amerikanische Niveau erreichen oder übertreffen werden. Was auch immer mit dem amerikanischen politischen Prestige in den letzten Jahren geschehen sein mag, es hat keinen nennenswerten Verlust dessen gegeben, was ich in Ermangelung eines besseren Begriffs als amerikanisches »Produktprestige« bezeichnen würde.

Die Belege für all dies sind für jeden, der mit offenen Augen und wachem Verstand im Ausland lebt oder reist, deutlich genug.

Der größte Teil der Welt außerhalb des Eisernen Vorhangs trinkt fröhlich amerikanische Cola und hofft, eines Tages einen Sheaffer-Füller zu besitzen. Amerikanische Autos sind immer noch Statussymbole für diejenigen, die im Ausland einen solchen Wagen besitzen – ebenso wie amerikanische Kühlschränke, Waschmaschinen, Fernsehgeräte und eine Vielzahl anderer Gegenstände. Arrow-Hemden, Colgate-Zahnpasta, Gillette-Rasierer und -Klingen – diese und tausend andere Produkte mit amerikanischem Markennamen stehen bei ausländischen Käufern ganz oben auf der Liste. In kommunistischen Ländern erzielen selbst so alltägliche amerikanische Produkte wie Kugelschreiber, Lippenstifte und Nylonstrümpfe Schwarzmarktpreise, die das Zehnfache oder mehr ihres Marktpreises betragen. Jeder Amerikaner, der sich längere Zeit im Ausland aufgehalten hat, weiß, wie es ist, wenn er mit Anfragen bombardiert wird, ob er diesen oder jenen Artikel aus den USA besorgen könne.

Die Nachfrage ist da – daran gibt es keinen Zweifel. Die ausländischen Märkte stehen dem engagierten amerikanischen Geschäftsmann weit offen – mehr als je zuvor, denn der Wohlstand und die Kaufkraft der Menschen in vielen fremden Ländern haben sich im letzten Jahrzehnt vervielfacht.

»Aber wir können nicht mit ausländischen Herstellern konkurrieren«, beschwerte sich kürzlich ein amerikanischer Industrieller bei mir. »Sie können uns immer unterbieten.«

Zunächst einmal ist es nicht wahr, dass ausländische Hersteller amerikanische Produzenten »immer« unterbieten können. Man nehme nur zwei beliebige Beispiele: Amerikanische Kohle, die von bestens bezahlten amerikanischen Bergleuten gefördert wird, wird in vielen Teilen Europas zu einem niedrigeren Preis verkauft als englische Kohle, die von englischen Bergleuten produziert wird, die weit weniger verdienen als ihre amerikanischen Kollegen. Ein in Italien hergestelltes Hemd von gleicher Qualität wie ein amerikanisches Hemd für 5 Dollar wird in Italien für mehr als 8 Dollar verkauft.

Das Geheimnis, auf dem ausländischen Markt zu konkurrieren, liegt in der Erkenntnis, dass noch kein anderes Land die Techniken der hochwertigen Massenproduktion in dem Maße beherrscht wie wir. Auch verstehen viele ausländische Geschäftsleute nicht die Theorie des Massenumsatzes bei vergleichsweise geringen Gewinnen pro Verkauf. Sie halten größtenteils immer noch an dem längst überholten Prinzip fest, möglichst große Gewinne pro Verkauf erzielen zu wollen, und begnügen sich daher mit relativ kleinen Umsätzen.

Unbestreitbar ist, dass die von vielen ausländischen Staaten erhobenen Importzölle die Preise amerikanischer Waren oft deutlich über die Preise gleichartiger Artikel anheben, die in den Ländern selbst hergestellt werden.

Meiner Meinung nach können tatkräftige amerikanische Geschäftsleute ihrem eigenen Interesse – und dem der Öffentlichkeit – am besten dienen, wenn sie von der US-Regierung verlangten, alle ihr zur Verfügung stehenden Mittel einzusetzen, um andere Länder dazu zu bewegen, ihre Importzölle auf amerikanische Produkte zu senken oder abzuschaffen. Dies – und nicht die Erhöhung unserer eigenen Zollmauern – wird ein Bollwerk gegen Rezession und Arbeitslosigkeit bilden.

Gleichzeitig ist es die Aufgabe des amerikanischen Geschäftsmannes, neue Mittel und Techniken zu entwickeln, die es ihm ermöglichen, mehr zu niedrigeren Kosten zu produzieren und dabei die traditionellen amerikanischen Qualitätsstandards strikt einzuhalten. Dann muss er sein Produkt im Ausland genauso einfallsreich und energisch verkaufen, wie er es daheim tut.

»Aber wie ist es möglich, die Produktionskosten zu senken, wenn die Löhne und Preise für alles, von den Rohstoffen bis zu den Maschinen, ständig steigen?«, ist eine Frage, die ich mehr als einmal gehört habe. Ich behaupte, dass die Produktion immer gesteigert und die Kosten immer gesenkt werden können, wenn man genug über sein Geschäft weiß, um herausfinden zu können, wo es Verschwendung und Ineffizienz gibt. Es finden sich immer Möglichkeiten und Wege, Einsparungen zu erzielen, ohne die Qualitätsstandards zu senken.

Zunächst einmal ist es eine alte Gesetzmäßigkeit in der Fertigung, dass sich bei einer Verdoppelung der Produktion die Produktionskosten automatisch um 20 Prozent reduzieren. Ich glaube, das bedarf kaum eines weiteren Kommentars. Dann gibt es da noch die Verwaltungskosten – ein Kostenfaktor, der sich fast immer sehr gut reduzieren lässt. Es ist sehr selten notwendig, dass die Sekretärin eines stellvertretenden Geschäftsführers eine eigene Sekretärin hat. Ich führe mein Unternehmen seit Jahrzehnten persönlich – und ich habe nie die Notwendigkeit für mehr als eine Sekretärin gesehen. Die Wahrheit ist, dass vieles, was diktiert und dann in mehreren Kopien getippt wird, schneller, effizienter und billiger durch ein einfaches Telefonat weitergegeben werden kann. Und ich wette, dass die meisten Firmen ihre Bewirtungs- und »Entertainment«-Budgets um 50 Prozent oder mehr senken könnten, ohne einen einzigen Auftrag zu verlieren. Ich kann selbst ein oder zwei Drinks vertragen, aber ich habe beobachtet, dass man in der Regel in 15 Minuten bei einer Tasse Kaffee viel mehr Geschäfte macht als in drei Stunden bei einem Mittagessen mit sechs Martinis.

Es gibt kein Bundesgesetz, das allen Handelsvertretern und Führungskräften in einem Unternehmen vorschreibt, überall in der luxuriösen First Class zu fliegen, wenn sie genauso schnell, fast genauso bequem – und zu beeindruckend niedrigeren Preisen – in der Economy Class ans Ziel kommen können. Es gibt viele weitere Bereiche, in denen der clevere Jungunternehmer wichtige Einsparungen erzielen kann. Es gibt immer Raum für Verbesserungen – und für Einsparungen – im Geschäft, sei es im Homeoffice, im Werk oder wo auch immer.

Ich plädiere nicht für sinnlose und knausrige Sparsamkeit. Ich sage jedoch, dass es keine Entschuldigung für Verschwendung oder unnötige Ausgaben gibt, wenn man mit einem starken Wettbewerb konfrontiert ist. Im Kampf um die Eroberung von Märkten ist es notwendig, alle Kosten zu senken, wo immer es möglich ist – ein Grundsatz, den manche Firmen und Einzelpersonen in Zeiten des wirtschaftlichen Aufschwungs zu vergessen pflegen.

Junge Frauen und Männer, die heute damit beginnen wollen, eine Million zu verdienen, haben eine große Auswahl an Geschäftsfeldern, aus denen sie ihren beruflichen Weg wählen können. Welchen der Einzelne wählt, hängt natürlich weitgehend von seinen besonderen Talenten, Interessen, seinem Hintergrund, seiner Ausbildung und seiner Erfahrung ab. Der aufmerksame Fabrikant weiß, dass es eine große Nachfrage nach neuen und verbesserten Produkten aller Art gibt. Menschen mit einem Gespür für Merchandising werden die großen Möglichkeiten im Groß- oder Einzelhandel erkennen. Anderen wird klar, dass sie ihr Glück machen können, indem sie der Industrie oder der breiten Öffentlichkeit neue und bessere Dienstleistungen anbieten. Einfach ausgedrückt, läuft alles auf Folgendes hinaus: Wenn jemand eine Möglichkeit findet, was es auch sei, dieses besser, schneller und wirtschaftlicher zu machen oder zu produzieren, hat er seine Zukunft und sein Vermögen in der Hand. Verstehen Sie mich nicht falsch. Es ist nicht einfach, ein Unternehmen aufzubauen und eine Million zu verdienen. Es erfordert harte – extrem harte – Arbeit. Für den Chef gibt es keine »9 to 5«-Arbeitszeiten und keine Fünf-Tage-Woche.

»Ich habe das Leben großer Männer und berühmter Frauen studiert«, bemerkte Ex-Präsident Harry S. Truman einmal, »und ich habe festgestellt, dass die Männer und Frauen, die es an die Spitze geschafft haben, diejenigen waren, die die Aufgaben, die vor ihnen lagen, unter Einsatz von allem erfüllt haben, was sie an Energie und Enthusiasmus und harter Arbeit aufbieten konnten.«

Es gibt keine absolut sicheren oder unfehlbaren Formeln, um im Geschäftsleben erfolgreich zu sein. Dennoch glaube ich, dass es einige grundlegende Spielregeln gibt, die, wenn sie befolgt werden, die Chancen auf Erfolg sehr zugunsten eines Unternehmers beeinflussen. Es sind Regeln, die ich während meiner gesamten Karriere angewandt habe – und die jeder millionenschwere Unternehmer, den ich kenne, befolgt hat. Die Regeln haben für sie funktioniert – und für mich. Sie werden auch für Sie funktionieren.

1. Es gibt fast ausnahmslos nur einen Weg, in der Geschäftswelt viel Geld zu verdienen – und das ist im eigenen Geschäftszweig. Wer sich selbstständig machen will, sollte ein Gebiet wählen, das er oder sie kennt und versteht. Natürlich kann man nicht von Anfang an alles wissen, was es zu wissen gibt, aber man sollte nicht anfangen, bevor man nicht ein gutes, solides Basiswissen über das Geschäft erworben hat.
2. Unternehmer und Unternehmerinnen sollten nie das zentrale Ziel aller Geschäfte aus den Augen verlieren – mehr und bessere Waren zu produzieren oder mehr und bessere Dienstleistungen für mehr Menschen zu geringeren Kosten zu erbringen.

3. Ein Sinn für Sparsamkeit ist wesentlich für den Erfolg im Geschäft. Unternehmer müssen sich selbst disziplinieren, um Sparsamkeit zu praktizieren, wo immer es möglich ist, in ihrem persönlichen Leben ebenso wie in ihren geschäftlichen Angelegenheiten. »Verdiene zuerst dein Geld – und denke dann daran, es auszugeben«, ist das beste aller denkbaren Credos für Menschen, die erfolgreich sein wollen.
4. Legitime Gelegenheiten zur Expansion sollten niemals ignoriert oder übersehen werden. Andererseits müssen Geschäftsleute immer auf der Hut sein vor der Versuchung, zu stark zu expandieren oder Expansionsprogramme blindlings, ohne ausreichende Begründung und Planung, zu starten. Erzwungenes Wachstum kann für jedes Unternehmen, ob neu oder alt, fatal sein.
5. Als Unternehmer muss man sein Geschäft auch tatsächlich führen. Man kann von den Mitarbeitern nicht erwarten, dass sie so denken oder arbeiten wie er als Unternehmer. Wenn sie das könnten, wären sie nicht seine Angestellten. Wenn »der Chef« Autorität oder Verantwortung delegiert, muss er eine enge und ständige Aufsicht über die damit betrauten Untergebenen führen.
6. Der Unternehmer muss ständig auf der Suche nach neuen Möglichkeiten sein, seine Produkte zu verbessern und seinen Umsatz zu steigern. Er sollte sich auch in florierenden Zeiten bemühen, Wege zu finden, mit denen Techniken verbessert und Kosten gesenkt werden können. Es ist nur menschlich, sich wenig Gedanken über Einsparungen zu machen, wenn das Geschäft boomt. Das ist jedoch genau die Zeit, in der der Geschäftsmann den notwendigen gedanklichen Spielraum hat, um seinen Betrieb in Ruhe und objektiv zu prüfen und so wichtige Einsparungen zu erzielen, ohne dabei Qualität oder Effizienz zu opfern. Viele Unternehmer warten auf magere Zeiten, um diese Dinge zu tun, dann drücken sie oft den Panikknopf und kürzen an den falschen Stellen.

7. Ein Geschäftsmann muss bereit sein, Risiken einzugehen – sein eigenes Kapital oder seinen Ruf aufs Spiel zu setzen sowie geliehenes Geld zu riskieren, wenn die Risiken seiner wohlüberlegten Meinung nach gerechtfertigt sind. Aber geliehenes Geld muss immer pünktlich zurückgezahlt werden. Nichts beendet eine Karriere schneller als eine schlechte Kreditwürdigkeit.
8. Ein Geschäftsmann muss ständig auf der Suche nach neuen Horizonten und unerschlossenen oder unzureichend genutzten Märkten sein. Der Großteil der Welt ist darauf erpicht, amerikanische Produkte und amerikanisches Know-how zu kaufen; gewiefte Geschäftsleute von heute haben die ausländischen Märkte im Visier.
9. Nichts schafft schneller und besser Vertrauen und Umsatz als der Ruf, hinter der eigenen Arbeit oder den eigenen Produkten zu stehen. Garantien sollten immer eingehalten werden – und im Zweifelsfall sollte die Entscheidung immer zugunsten des Kunden ausfallen. Auch ein großzügiger Kundenservice will gepflegt werden. Ein Unternehmen, das als absolut zuverlässig bekannt ist, wird wenig Schwierigkeiten haben, seine Auftragsbücher zu füllen und sie gefüllt zu halten.
10. Egal, wie viele Millionen ein Einzelner anhäuft, wenn er geschäftlich tätig ist, muss er seinen Reichtum immer als ein Mittel zur Verbesserung der Lebensbedingungen in der ganzen Welt betrachten. Er muss daran denken, dass er Verantwortung gegenüber seinen Mitarbeitern, Angestellten, Aktionären – und der Öffentlichkeit – hat.

Wollen Sie eine Million verdienen? Glauben Sie mir, Sie können es – wenn Sie in der Lage sind, die grenzenlosen Möglichkeiten und Potenziale um Sie herum zu erkennen, diese Regeln anwenden und hart arbeiten. Für die aufgeweckten, ehrgeizigen und fähigen jungen Menschen von heute kann wirklich *alles* Gold sein, was glänzt.

KAPITEL 3
DIE MENTALITÄT EINES MILLIONÄRS

Glück, Wissen, harte Arbeit – vor allem harte Arbeit –, all das braucht man, um Millionär zu werden. Aber vor allem braucht man die sogenannte Mentalität eines Millionärs: jenen notwendigen Bewusstseinszustand, der alle Fähigkeiten und die Intelligenz eines Menschen für die Aufgaben und Ziele seines Unternehmens nutzbar macht.

Ich habe einmal einen Mann eingestellt – nennen wir ihn George Miller, das muss genügen –, um die Arbeiten an einigen Ölgrundstücken zu beaufsichtigen, die ich außerhalb von Los Angeles in Kalifornien besaß. Er war ein ehrlicher, hart arbeitender Mensch. Er kannte das Ölgeschäft. Sein Gehalt entsprach der Verantwortung seiner Position, und er schien sowohl mit seiner Arbeit als auch mit der Bezahlung vollkommen zufrieden zu sein. Doch immer, wenn ich die Grundstücke besuchte und die Bohrstellen, Bohrtürme und Förderquellen inspizierte, bemerkte ich Dinge, die meiner Meinung nach falsch gemacht wurden oder nicht effizient genug waren.

Es waren zu viele Menschen angeheuert worden, und es gab keine angemessene Kostenkontrolle. Bestimmte Arbeiten wurden zu langsam ausgeführt, andere wurden zu schnell und damit ohne angemessene Sorgfalt durchgeführt. Einige Ausrüstungsgegenstände waren im Übermaß vorhanden, während es an anderen mangelte.

Was George Miller selbst betraf, so hatte ich das Gefühl, dass er zu viel Zeit mit administrativen Aufgaben im Büro in Los Angeles verbrachte und nicht genug Zeit draußen auf den Bohrstellen und Bohranlagen. Folglich war er nicht in der Lage, das notwendige Maß an direkter persönlicher Aufsicht über die Vorgänge auszuüben, die in seiner Verantwortung lagen.

All diese Dinge sorgten dafür, dass die Kosten hoch blieben, die Produktion sich verlangsamte und die Gewinne geschmälert wurden. Aber ich mochte Miller und war sicher, dass er alle Qualifikationen eines erstklassigen Betriebsleiters besaß. Nach einigen Wochen führte ich ein Gespräch mit ihm, von Mann zu Mann. Ich teilte George unverblümt mit, dass ich fand, dass die Art und Weise, wie er seine Arbeit erledigte, in erheblichem Maße verbesserungswürdig sei.

»Es mag komisch klingen, aber ich brauche nur eine Stunde auf einer der Bohrstellen zu verbringen, und ich entdecke mehrere Dinge, die wir besser oder billiger machen könnten, wodurch die Produktion und der Gewinn steigen würden«, sagte ich ihm. »Ehrlich gesagt, kann ich nicht verstehen, warum Sie die nicht auch sehen.«

»Aber die Grundstücke *gehören* Ihnen«, erklärte der Aufseher. »Sie haben ein direktes persönliches Interesse an allem, was darauf oder mit ihnen geschieht. Das genügt, um den Blick für Möglichkeiten zu schärfen, wie man Kosten vermeiden und dadurch mehr Geld verdienen kann.«

Um ehrlich zu sein, hatte ich das noch nie auf diese Weise betrachtet. Ich dachte einige Tage über Georges Worte nach und beschloss dann, ein Experiment zu wagen. Ich unterhielt mich noch einmal mit ihm.

»Sehen Sie, George. Angenommen, ich überlasse Ihnen das Management der Bohrstellen«, schlug ich vor. »Anstatt Ihnen ein Gehalt zu zahlen, gebe ich Ihnen einen Prozentsatz des Gewinns. Je effizienter gearbeitet wird, desto größer wird der Gewinn sein – und desto mehr Geld verdienen Sie.«

Miller dachte über den Vorschlag nach und nahm das Angebot dann begeistert an.

Die Veränderung trat sofort ein – und grenzte an ein Wunder. Sobald George erkannte, dass auch er ein »direktes persönliches Interesse« an den Grundstücken hatte, kam er richtig in Schwung. Der Betriebsleiter war nun nicht mehr bloß ein Angestellter, sondern er kümmerte sich intensiv um die Senkung der Kosten, die Steigerung der Produktion und die Erhöhung des Gewinns, an dem er beteiligt werden sollte. Er betrachtete die Abläufe auf den Bohrstellen in einem völlig anderen Licht und erkannte sofort Fehler, die ihm bis dahin entgangen waren – und korrigierte sie. Miller strich überflüssiges Personal von der Gehaltsliste, reduzierte die Betriebskosten auf ein Minimum und nutzte seinen beträchtlichen Einfallsreichtum, um bessere Methoden für die Arbeitsabläufe zu entwickeln. Früher hatte er zwei, manchmal drei Tage die Woche im Büro in Los Angeles verbracht, jetzt erschien er dort nur noch kurz ein- oder zweimal im Monat und wartete ungeduldig, bis er zu den Bohrstellen zurückkehren konnte.

Etwa 60 Tage nach der Übernahme durch George Miller im Rahmen der neuen Geschäftsbeziehung besichtigte ich meine Bohrstellen erneut. Ich überprüfte die Abläufe im Detail, konnte aber nichts beanstanden. In der Tat konnte ich wenig oder gar nichts feststellen, was ich persönlich hätte verbessern können. Ich brauche wohl kaum zu erwähnen, dass sowohl Miller als auch ich in kürzester Zeit viel mehr Geld verdienten, als wir es getan hatten, bevor er anfing, auf Gewinnbeteiligungsbasis zu arbeiten. Der Vorfall lehrte mich eine der vielen Lektionen, die mich zu der Überzeugung gebracht haben, dass die meisten Menschen in eine von vier allgemeinen Kategorien fallen.

Zur ersten Gruppe gehören diejenigen, die am besten arbeiten, wenn sie ganz auf sich selbst gestellt sind – sprich: wenn sie ihr eigenes Unternehmen besitzen und betreiben. Solche Männer wollen von niemandem angestellt werden. Ihr Wunsch ist es, völlig unabhängig zu sein. Sie scheren sich nicht um die Sicherheit, die ein Angestelltenverhältnis bietet. Sie wollen sich ihre eigene Sicherheit schaffen und ihre eigene Zukunft ganz allein aufbauen. Kurz gesagt, sie wollen ihr eigener Chef sein und sind bereit, die Verantwortung und die Risiken zu übernehmen, die damit verbunden sind.

Als Nächstes kommen die Menschen, die sich aus den verschiedensten Gründen nicht selbstständig machen wollen, sondern die besten, ja manchmal sogar spektakuläre Ergebnisse erzielen, wenn sie bei anderen angestellt sind und am Gewinn des Unternehmens beteiligt werden. Es gibt viele sehr unterschiedliche Typen von Menschen in dieser Kategorie. Sie reichen von Spitzenverkäufern, die es vorziehen, auf Provisionsbasis zu arbeiten – sie verdienen im Verhältnis zu dem, was sie erwirtschaften, ohne Ober- oder Untergrenzen für ihr Einkommen –, bis hin zu den besten Geschäftsführern in der Welt der Wirtschaft.

George Miller war einer, der in diese Kategorie passte. Ebenso – am obersten Ende der Skala – der verstorbene Charles E. »Engine Charlie« Wilson. Ich bin mir sicher, dass Charles E. Wilson sehr erfolgreich gewesen wäre, wenn er sich selbstständig gemacht hätte. Aber er zog es vor, für jemand anderen zu arbeiten – zuerst für die Westinghouse Electric Company und dann für die General Motors Corporation. Wilsons Aufstieg von einem Job für 18 Cent pro Stunde bis zum Präsidenten von General Motors mit einem Jahresgehalt von 600 000 Dollar ist eine klassische Geschichte aus der amerikanischen Wirtschaft. Charles E. Wilson war immer ein Angestellter – aber er häufte Millionen an, weil er an den Unternehmen, für die er arbeitete, Aktien besaß und so an den Gewinnen partizipierte, die er mitgestaltete.

Die dritte Kategorie umfasst Personen, die nur ihren regelmäßigen, sicheren Lohn bekommen wollen, Menschen, die ungern Risiken eingehen und die am besten arbeiten, wenn sie von anderen angestellt sind und die Sicherheit eines festen Gehalts genießen. Menschen aus dieser Gruppe sind gute, gewissenhafte und zuverlässige Arbeiter. Sie sind ihrem Arbeitgeber gegenüber loyal, geben sich aber mit den begrenzten Anreizen eines regelmäßigen Gehalts und der Hoffnung auf gelegentliche Gehaltserhöhungen zufrieden. Sie besitzen nicht die Initiative und Unabhängigkeit – und vielleicht auch nicht das Selbstvertrauen und die Tatkraft – von Personen aus den ersten beiden Gruppen.

Und schließlich gibt es diejenigen, die für andere arbeiten, aber die gleiche Einstellung zu ihren Arbeitgebern haben wie Postangestellte gegenüber der US-Postbehörde. Es steht mir fern, Postangestellte, die hart und gut arbeiten, zu beleidigen oder zu verleumden. Aber sie sind nicht durch einen notwendigen Drang oder den sehnlichen Wunsch motiviert, einen Gewinn für ihren Arbeitgeber zu erzielen. Es hat schon Tradition, dass die Post Defizite macht, und diese werden regelmäßig von der US-Regierung ausgeglichen. Ich bezweifle sehr ernsthaft, dass es auch nur einem von zehn Postbeamten etwas ausmacht, ob die Postbehörde Gewinn macht oder mit einem Defizit arbeitet. Das ist vielleicht so, wie es sein sollte – zumindest im Postwesen. Aber offensichtlich sind solche Haltungen fatal für jedes Unternehmen, das in der freien Marktwirtschaft tätig ist.

Dennoch gibt es viel zu viele Menschen, die Führungspositionen in der Wirtschaft innehaben – oder gerne hätten –, deren Ansichten praktisch identisch mit denen des durchschnittlichen Postangestellten sind. Ihnen ist es egal, ob das Unternehmen, in dem sie beschäftigt sind, Gewinn oder Verlust macht, solange ihr eigener Gehaltsscheck pünktlich ankommt.

Ich bin zahllosen Beispielen begegnet – darunter Absolventen der führenden Wirtschaftshochschulen des Landes –, die erstaunlicherweise überhaupt nicht in der Lage sind, eine Bilanz zu lesen und nicht einmal eine vernünftige Definition des Begriffs »Gewinn« geben können. Sie mögen zwar äußerst hochtrabende Titel tragen, doch sie bleiben nichts weiter als Postangestellte in gehobener Position. Sie fühlen wenig oder gar keine Verantwortung gegenüber ihren Arbeitgebern oder den Aktionären des Unternehmens, für das sie arbeiten. Sie sind nur an ihrem eigenen Wohlergehen interessiert. Äußerlich scheinen einige dieser Menschen die wesentlichen Qualifikationen für Führungsaufgaben zu besitzen. Sie sind offensichtlich intelligent und scheinen über genug Erfahrung zu verfügen. Aber nicht einmal ein IQ von 180 macht eine Person zwangsläufig zu einem guten Geschäftsmann oder einer guten Führungskraft. Und wie Roger Falk in seinem Buch *The Business of Management* so treffend feststellt, hat mancher, der vorgeblich zehn Jahre Erfahrung vorweisen kann, in Wirklichkeit nur ein Jahr Erfahrung, das sich zehnmal wiederholt hat.

Eine große Anzahl vom Typ Postangestellter verbringt Jahre – sogar Jahrzehnte – mit dem Versuch, die oberen Sprossen der Erfolgsleiter zu erreichen, und wundert sich, warum sie diese nicht erreicht. Sie kann nicht begreifen, warum sie keine Spitzenjobs bekommt oder nicht »reich wird«.

Woran sie scheitert? Eigentlich spielt sich alles im Kopf ab.

Ob es Ihnen gefällt oder nicht, es gibt so etwas wie die »Mentalität« eines Millionärs. Es gibt eine Geisteshaltung, die einen Menschen auf dem Weg zum Erfolg im Geschäftsleben weit nach vorn bringt, sei es in der eigenen Firma oder als Führungskraft. Kurz gesagt, diese Mentalität ist eine, die vorrangig und immer kostenbewusst und gewinnorientiert ist. Sie ist am ehesten bei Menschen der beiden erstgenannten Kategorien zu finden. Die Mentalität eines Millionärs ist bei Menschen der dritten Kategorie nur sehr selten zu finden. Sie haben aber auch selten Ambitionen, mehr zu sein als Angestellte in den unteren oder mittleren Rängen eines Unternehmens. Bei den Menschen der vierten Kategorie findet sich keine Spur dieser Mentalität. Unglücklicherweise sind dies jedoch in der Regel genau die Menschen, die die wildesten Vorstellungen von ihrem eigenen Wert haben – diejenigen, die am wenigsten tun und am meisten verlangen. Sie sehen das Unternehmen, für das sie arbeiten, eher als ein Füllhorn, aus dem ihnen Gutes zufließen soll, und weniger als etwas, dem sie Loyalität schulden und das sie mitgestalten sollten.

In der Vergangenheit gab es Zeiten, in denen ich versucht habe, die Fehler solcher Menschen mit der Begründung zu entschuldigen, dass sie nicht die Vorteile hatten, die ich im Leben genossen habe. Ich habe das damit begründet, dass sie nicht die gleiche schulische Ausbildung und den gesellschaftlichen Hintergrund hatten wie ich, nicht so weit gereist waren und nicht so viel Geschäftserfahrung hatten wie ich. Doch dann musste ich feststellen, dass diese wirtschaftlichen Analphabeten plötzlich so gerissen waren wie die erfolgreichsten Finanziers, wenn es um ihre persönlichen Belange ging.

Ich habe einmal die Leitung eines Unternehmens übernommen, das großes Potenzial hatte, aber eine sehr enttäuschende Gewinnbilanz aufwies. Ich brauchte nicht lange, um das Problem zu erkennen. Drei der wichtigsten Führungskräfte des Unternehmens waren quasi Musterbeispiele des Typs Postangestellter: Männer, die weder kostenbewusst noch gewinnorientiert arbeiteten.

Ihre Monatsgehälter lagen im vierstelligen Bereich. Eines Monats, kurz vor dem Zahltag, wies ich die Buchhaltung an, jeden ihrer Gehaltsschecks um 5 Dollar zu kürzen – und sie, falls sie sich beschweren sollten, direkt zu mir zu schicken.

Wie ich mehr oder weniger erwartet hatte, erschienen alle drei betroffenen Führungskräfte innerhalb einer Stunde nach Aushändigung ihrer Schecks am Zahltag in meinem Büro. Jedem von ihnen hielt ich der Reihe nach eine kleine Ansprache, die kaum geeignet war, ihren Tag zu versüßen.

»Ich habe die Bücher der Firma durchgesehen«, verkündete ich säuerlich. »Ich habe mehrere Beispiele für meiner Meinung nach unnötige Ausgaben gefunden, die die Aktionäre dieser Firma im letzten Jahr viele Zehntausende von Dollar gekostet haben. Offensichtlich haben Sie ihnen wenig oder gar keine Beachtung geschenkt. Jedenfalls habe ich keine Anzeichen erkennen können, dass Sie versucht hätten, die Ausgaben zu reduzieren oder die Ursachen dafür zu beheben, dass die Kosten so stark angestiegen sind, wie sie es taten. Aber wenn es um Ihren eigenen Gehaltsscheck geht, bemerken Sie sofort ein Defizit von 5 Dollar und unternehmen sofort Schritte, um den Fehler zu beheben.« Zwei der Führungskräfte begriffen das, nahmen es sich zu Herzen und änderten schnell ihr Verhalten. Der Dritte tat nichts von alledem – und musste sich bald anderweitig nach Arbeit umsehen.

Es versteht sich von selbst, dass kein Unternehmen lange überleben kann, wenn es keinen Gewinn erwirtschaftet. Es sollte auch klar sein, dass Geschäftsleute und Führungskräfte ständig nach Möglichkeiten suchen müssen, Kosten zu senken und die Effizienz, die Produktion, die Qualität und den Umsatz zu steigern, damit das Unternehmen, das sie besitzen – oder für das sie arbeiten –, mit Gewinn arbeiten kann. Dies sollte das grundlegendste aller grundlegenden Geschäftsaxiome sein. Doch es ist eine bedauerliche Tatsache, dass viele Geschäftsleute und Führungskräfte diese grundlegende Prämisse kaum verstehen – und es gibt sogar solche, die sie überhaupt nicht verstehen!

Eine nur allzu bekannte Einstellung wurde mir gegenüber kürzlich von einer jungen Führungskraft geäußert, die sich bitterlich darüber beklagte, dass das Budget seiner Abteilung um 20 000 Dollar gekürzt worden war.

»Hat die Kürzung die Effizienz Ihrer Abteilung verringert oder irgendeinen der Produktionsabläufe beeinträchtigt?«, fragte ich ihn.

»Nein, ich vermute nicht«, antwortete er nach kurzem Nachdenken.

»Warum beschweren Sie sich dann?«, erkundigte ich mich.

»Wir könnten doch etwas finden, wofür wir das Geld ausgeben!«, war die Antwort dieser vermeintlichen Führungskraft. »Schließlich muss man groß denken und Geld ausgeben, um Geld zu verdienen!«

Ich bin froh, dass dieser junge Mann nicht auf einer meiner Gehaltslisten stand. Denn dann hätte ich unser Gespräch mit einer fristlosen Kündigung beenden müssen.

Ich habe dieses Konzept, dass man groß denken und Geld ausgeben muss, um Geld zu verdienen, immer wieder gehört, seit ich meine berufliche Laufbahn begann. Ich bezweifle, dass es ein anderes Geschäftskonzept gibt, das häufiger falsch interpretiert wird. Ich stimme zu, dass jeder, der Erfolg und Reichtum in der Geschäftswelt erreichen will, Vorstellungskraft haben und weitsichtig sein muss. Er muss auch bereit sein, Geld auszugeben – und zu riskieren –, aber nur, wenn der Aufwand gerechtfertigt und das Risiko sorgfältig kalkuliert ist, damit es sich lohnt.

Meiner Meinung nach ist es für einen Menschen mit der Mentalität eines Millionärs wichtiger, klein zu denken, als groß zu denken – in dem Sinne, dass er selbst den kleinsten Details akribische Aufmerksamkeit schenkt und keine Gelegenheit auslässt, die Kosten in seinem eigenen Unternehmen oder dem seines Arbeitgebers zu senken. In diesem Sinne habe ich vor einiger Zeit einem frischgebackenen Anwärter auf eine Junior-Führungsposition meine Ansichten erklärt.

»Meinen Sie damit, dass man ein Pfennigfuchser sein muss, um Erfolg zu haben?«, wollte er wissen.

Ich antwortete ihm, dass das, was auf einer Ebene als Pfennigfuchserei erscheinen mag, sich auf einer anderen Ebene durchaus als Wirtschaftlichkeit im großen Stil herausstellen kann. Ich erwähnte das Beispiel eines riesigen US-Konzerns, der kürzlich eine Studie über den Inhalt der Papierkörbe in seinen Verwaltungsbüros durchgeführt hatte.

Eine Woche lang leerte eine Gruppe von Arbeitern jede Nacht die Abfallbehälter und sortierte die brauchbaren Gegenstände des Firmeneigentums aus, die tagsüber von den Mitarbeitern der Firma hineingeworfen worden waren. Durch die Berechnung des Wertes von so kleinen Gegenständen wie Büroklammern, Gummibändern, Radiergummis, Bleistiften und so weiter, die während der Woche weggeworfen worden waren, und die Multiplikation der Summe mit 52 stellten die Firmeneigentümer fest, dass jedes Jahr mehr als 30 000 Dollar verschwendet – buchstäblich weggeworfen – wurden!

Eine andere Firma, die eine LKW-Flotte betreibt, sparte jährlich 15 000 Dollar an Benzinkosten, nur weil eine aufmerksame Führungskraft bemerkte, dass die Fahrer ihre Tanks an den Firmenzapfsäulen bis zum Überlaufen füllten und das in den Zapfpistolen verbliebene Benzin auf den Boden tropfen ließ.

In einem meiner eigenen Unternehmen arbeitete ein aufgeweckter Junior-Manager (lange Zeit) bis tief in die Nacht, um ein profitableres Produktionsverfahren zu entwickeln, das zwar weniger als einen halben Cent pro Einheit einsparte, aber eine jährliche Gesamtersparnis von über 25 000 Dollar ergab – mehr als das Doppelte seines eigenen Gehalts. Im letzten Jahr reduzierte er außerdem die Gesamtkosten um 20 Prozent und steigerte die Produktion in seiner eigenen Abteilung um 12 Prozent. Dieser junge Mann hat ganz eindeutig das, was ich die Mentalität eines Millionärs nenne. Er ist übrigens längst kein *Junior*chef mehr. Ich zögere nicht zu prophezeien, dass er in Rekordzeit an die Spitze kommen und seine eigenen Millionen verdienen wird.

In der heutigen Zeit muss fast jedes Unternehmen einen ständigen Kampf gegen steigende Kosten führen. Mehr als je zuvor in der Geschichte muss der Schwerpunkt auf Kostenreduzierung und Produktionssteigerung liegen. In der heutigen Geschäftswelt ist absolut kein Platz mehr für eine Führungskraft mit der Einstellung eines Postangestellten, egal, wie klein ihr Betätigungsfeld auch sein mag – aber es gibt einen unersättlichen und ständig wachsenden Bedarf an Führungskräften, die die Mentalität eines Millionärs besitzen oder entwickeln können. Angesichts steigender Kosten und schrumpfender Gewinnmargen haben viele Firmen begonnen, die erstgenannten Mitarbeiter auszusortieren und den letzteren mehr Spielraum und Möglichkeiten zu bieten.

In meinen eigenen Firmen haben wir ein Programm für einen »vorzeitigen Ruhestand« eingeführt, um uns von den personellen Altlasten zu befreien, die sich über die Jahre angesammelt haben – und die sich zwangsläufig in fast jedem Unternehmen ansammeln. Mehrere Hundert Führungskräfte und Mitarbeiter wurden weit vor Erreichen des normalen Rentenalters in den Ruhestand geschickt. Das Kriterium für die Auswahl derjenigen, die in den Ruhestand versetzt wurden, war ihr tatsächlicher Wert für die Unternehmen. Kurz gesagt: Die Frage, die in jedem einzelnen Fall gestellt wurde, war, ob die Person produktiv, kostenbewusst und gewinnorientiert arbeitete.

Es stimmt, dass die Kosten für die vorzeitige Versetzung von Arbeitnehmern in den Ruhestand und die Auszahlung der Rente Jahre vor dem Zeitpunkt, an dem sie diese erhalten sollten, sehr hoch sind. Aber wir haben festgestellt, dass diese Kosten dennoch deutlich geringer sind als die Kosten, die entstünden, wenn wir sie auf unseren Gehaltslisten behielten, wo sie nicht nur ihr volles Gehalt bezögen, sondern mehr Schaden als Nutzen anrichten und Verluste statt Gewinne produzieren würden.

Wer die Mentalität eines Millionärs hat, ist kein Pfennigfuchser und Raffzahn. Als Führungskraft achtet er auf die Kosten und versucht, sie zu senken, wobei er gleichzeitig danach strebt, die Produktion und den Umsatz und damit den Gewinn zu steigern. Beides verfolgt er auf jede erdenkliche Weise, weil ihm die Interessen des Unternehmens, seiner Aktionäre und Mitarbeiter am Herzen liegen. Er weiß: Je gesünder das Unternehmen, je besser die Gewinnsituation, desto mehr profitieren die Aktionäre und Mitarbeiter.

Es ist nicht nur eine Redewendung, wenn man sagt, dass ein Manager die Investitionen der Aktionäre oder Gesellschafter und die Arbeitsplätze der Mitarbeiter treuhänderisch verwaltet. Um diesem Vertrauen gerecht zu werden, muss er alle Anstrengungen unternehmen, um sicherzustellen, dass das Unternehmen einen angemessenen Gewinn erwirtschaftet – einen Gewinn, der nicht nur groß genug ist, um den Betrieb aufrechtzuerhalten, sondern auch groß genug, um Expansionsmöglichkeiten zu nutzen. Eine Führungskraft, die dies versteht und entsprechend handelt, ist bereits auf dem besten Weg, jene Geisteshaltung zu entwickeln, aus der die Mentalität eines Millionärs erwächst.

TEIL 2
WIE ECHTE ANSTRENGUNG IM BERUFSLEBEN ZUM ERFOLG FÜHRT

KAPITEL 4
WAS ZEICHNET EINE FÜHRUNGSKRAFT AUS?

Im Rahmen einer von einer Universität durchgeführten Studie, mit der das Verständnis von Geschäftstheorien und -praktiken gemessen werden sollte, wurden mehrere Hundert Studienanfänger kürzlich gebeten, diese Frage zu beantworten: »Angenommen, Sie besäßen ein großes Unternehmen, was wäre die wichtigste Qualität, Eigenschaft oder Qualifikation, die Sie von Ihren Führungskräften erwarten würden?«

Unter den Antworten waren diese zufälligen – aber ziemlich symptomatischen – Beispiele:

- »Ich würde mir wünschen, dass die Führungskräfte sich gut kleiden und eine angenehme Persönlichkeit haben.«
- »Sie müssten wissen, wie man wichtige Kunden für sich gewinnt.«
- »Ich würde nur Führungskräfte einstellen, die die Preise hoch und die Löhne niedrig halten können.«
- »Ich würde darauf bestehen, Führungskräfte zu finden, die in der Lage sind, die Leute härter und schneller arbeiten zu lassen.«

So naiv diese Antworten auch klingen mögen, man kann es den Studienanfängern nicht verübeln, dass sie sich über die Verhältnisse in der Geschäftswelt nicht im Klaren sind. Leider wird ihre Unwissenheit jedoch von erschreckend vielen geteilt, die erheblich älter sind und viel klüger sein sollten. Die Prinzipien der Personalauswahl im Bereich der Geschäftsführung werden oft missverstanden, selbst von Menschen, die schon lange im Management von Unternehmen tätig sind. Ich habe mehr als ein paar vermeintlich erfahrene Geschäftsleute getroffen, deren Vorstellungen von den Qualitäten und Qualifikationen, die sie oder andere Geschäftsführer oder Führungskräfte besitzen sollten, fast so konfus sind wie die der Studierenden.

Nehmen Sie zum Beispiel den großspurigen – und offensichtlich nach einer Stelle suchenden – Manager, der mich kürzlich bei einer Cocktailparty in die Enge trieb. Er beklagte sich bitterlich, dass er von der namhaften Firma, für die er arbeitete, zweimal bei Beförderungen übergangen worden sei.

»Ich bin ein Opfer der Firmenpolitik«, erklärte er und glaubte es offensichtlich. »Eine andere Erklärung gibt es nicht. Ich habe meine Pflichten immer genau so erfüllt, wie es sich für einen leitenden Angestellten gehört!«

»Und wie kann das sein?«, erkundigte ich mich, wobei meine Neugierde, welche seltsamen Theorien er aufstellen würde, überwog, obwohl mein gesunder Menschenverstand mir empfahl, ihn stehenzulassen.

»Ich habe die Leute in meiner Abteilung fest im Griff. Ich würde nie zulassen, dass sie mich oder die Firma übervorteilen. Wenn sie es versuchen, feuere ich sie auf der Stelle!«, antwortete der Mann mit selbstgefälligem Stolz. »Ich stelle die Anweisungen, die ich bekomme, nicht infrage und führe sie immer gewissenhaft aus, ohne Rücksicht auf die Konsequenzen.«

An diesem Punkt tat ich plötzlich so, als hätte ich gerade einen seit Längerem nicht mehr gesehenen Bekannten auf der anderen

Seite des Raumes erkannt, riss mich los und trat einen schnellen Rückzug an. Ich hatte alles gehört, was ich hören wollte – oder so viel ich ertragen konnte.

Ich kann gut verstehen, warum diese sogenannte Führungskraft nicht befördert worden ist. Was ich nicht verstehen kann, ist, warum er nicht schon längst entlassen wurde. Sicherlich würde er keine fünf Minuten auf meiner Gehaltsliste bleiben. Er verkörpert die beiden schlechtesten Eigenschaften, die ein verantwortungsvoller Manager in einem modernen Unternehmen haben kann. Seine Haltung gegenüber seinen Untergebenen ist eindeutig die eines Sklaventreibers. Sein Verhalten gegenüber seinen Vorgesetzten – zumindest in deren Augen – ist ebenso eindeutig das eines kompletten Jasagers und Speichelleckers, dem es an Einfallsreichtum und gesundem Menschenverstand mangelt.

Betrachten wir es einmal so: Unternehmensführung kann allgemein definiert werden als die Kunst, menschliches Handeln so zu lenken, dass die Richtlinien eines Unternehmens umgesetzt und seine Ziele erreicht werden. Egal, ob es sich um allgemeines oder spezialisiertes Management handelt – wie Personal, Einkauf, Produktion oder Verkauf –, der Schlüssel zu jeder Unternehmensführung liegt in den Worten: *menschliche Handlungen anleiten.*

Niemand, der die Einstellung jenes frustrierten Managers hat, den ich auf der Cocktailparty getroffen habe, kann Menschen in irgendeiner Handlung lenken. So jemand kann nur diejenigen antreiben oder schikanieren, die das Pech haben, unter ihm arbeiten zu müssen. Es ist kaum nötig, darauf hinzuweisen, dass dies keine Methoden sind, auf die Mitarbeiter positiv reagieren oder mit denen sie zu produktiver Arbeit bewegt werden können.

Doch damit enden die Führungsschwächen unseres schrecklichen Beispiels nicht. Sein unverblümtes Bekenntnis, dass er seine Befehle nicht hinterfrage und sie immer »ohne Rücksicht auf die Konsequenzen« ausführe, brandmarkt ihn als Jasager und Speichellecker. Es entlarvt ihn auch als einen extrem dummen Menschen, der keine Ahnung von der Verantwortung hat, die jede Führungskraft gegenüber ihren Vorgesetzten und dem Unternehmen hat, für das sie arbeitet.

Sicherlich sollte ein Manager die Anweisungen, die er von seinen Vorgesetzten erhält, gewissenhaft und loyal ausführen. Das heißt aber nicht, dass er sie blindlings ausführen soll, wie ein hirnloser Automat. Wenn er eine gute Führungskraft ist, wird er auch die »Konsequenzen« sorgfältig bedenken.

Kein Mensch ist unfehlbar, egal, wie hoch seine Position ist. Auch Vorstandsvorsitzende sind Menschen und damit nicht frei von Fehlern. Ein aufmerksamer Nachwuchsmanager, der Fehler, Irrtümer oder Schwächen in den Anweisungen seiner Vorgesetzten erkennt und sie nicht darauf aufmerksam macht, ist nicht gewissenhaft oder loyal. Er drückt sich einfach vor seiner Verantwortung.

Jeder erfahrenen Top-Level-Führungskraft ist es lieber, wenn sie von einem Untergebenen frühzeitig auf ihre Fehler hingewiesen wird, als dass sich diese Fehler später in der Gewinn-und-Verlust-Rechnung des Unternehmens schmerzlich bemerkbar machen.

Vor Jahren musste ich einige weitreichende Entscheidungen zu den Geschäften einer meiner amerikanischen Firmen treffen. Ich befand mich zu dieser Zeit in Europa und hatte, wie ich glaubte, alle notwendigen Fakten in Form von Briefen, Memoranden und Berichten von den Verantwortlichen des Unternehmens erhalten. Ich wusste jedoch nicht, dass ein brandneuer, wichtiger Bericht zu den Statistiken, der alle mir zuvor aus den USA zugeschickten Berichte dieser Art drastisch veränderte, auf dem Postweg verloren gegangen war. Der Bericht kam nicht bei mir an, und so stützte ich meine Planung unwissentlich auf unvollständige Informationen.

Als ich die meiner Meinung nach richtigen Entscheidungen getroffen hatte, schickte ich meine Instruktionen schriftlich an die Büros der Firma in den Vereinigten Staaten. Ein paar Tage später erhielt ich einen dringenden transatlantischen Telefonanruf von einem der Manager des Unternehmens. Er wies mich höflich, aber bestimmt darauf hin, dass ich offenbar einige wichtige Fakten nicht berücksichtigt hatte und dass das Unternehmen schwere Verluste erleiden würde, wenn das von mir beschriebene Programm umgesetzt würde.

Nachdem wir einige Minuten lang scheinbar aneinander vorbeigeredet hatten, stellten wir fest, dass ich einige wichtige Berechnungen auf veralteten statistischen Grundlagen durchgeführt hatte. Eine Kopie des fehlenden Reports wurde mir sofort per Luftpost zugeschickt und ich überarbeitete meine Berechnungen, Entscheidungen und Anweisungen.

Das Programm, das ich schlussendlich entwarf, erwies sich als erfolgreich und profitabel – dank der Aufmerksamkeit dieses Managers des Unternehmens. Ich möchte gar nicht darüber nachdenken, wie die Ergebnisse ausgesehen hätten, wenn alle Führungskräfte der Firma so gewesen wären wie der oben beschriebene Mann und ihre Befehle nie infrage stellen und sie »ohne Rücksicht auf die Konsequenzen« gewissenhaft ausführen würden!

Natürlich habe ich – wie jeder andere, der ein Unternehmen besitzt oder leitet – ein großes Interesse an der Auswahl von Führungspersonal. Ich glaube, dass es bestimmte allgemeingültige Kriterien gibt, anhand derer der potenzielle Wert eines Managers für ein Unternehmen ermessen werden kann.

Ich behaupte nicht, dass meine persönlichen Maßstäbe unfehlbar sind, aber sie ähneln denen, die von vielen anderen erfolgreichen Geschäftsleuten angelegt werden, und sie haben sich im Laufe der Jahre als ziemlich zutreffend erwiesen. Ein Großteil meines eigenen geschäftlichen Erfolges ist auf die Loyalität und Effizienz meiner Manager zurückzuführen; daher halte ich es für vernünftig anzunehmen, dass die Kriterien, nach denen sie ausgewählt und befördert wurden, zuverlässig sind.

Wie beurteile ich, ob ein Mensch eine gute Führungskraft ist – oder sein könnte? Ich bin der Meinung, dass der erste Härtetest für eine Führungskraft ihre Fähigkeit ist, für sich selbst zu denken und zu handeln. Sie sollte die Intelligenz und die Fähigkeit besitzen, Ideen zu entwickeln, Pläne auszuarbeiten, Programme umzusetzen, Probleme zu lösen und Situationen zu meistern, ohne ständig zu seinen Vorgesetzten zu rennen und um Rat zu fragen. Meiner Meinung nach ist jemand, der diese Dinge nicht tun kann, keine Führungskraft, sondern eher ein überschätzter Verwaltungsmensch.

Als ich einmal einen führenden amerikanischen Industriellen fragte, wie er sich das perfekte Managementteam vorstelle, beschwor er das folgende Bild vom Paradies eines Unternehmers herauf:

»Meine Manager wären Typen, die ich am 1. Januar um 9 Uhr morgens in mein Büro rufen und denen ich sagen könnte: ›Seht mal, Jungs, die Firma produziert seit Jahren Wurstpellen. Letztes Jahr haben wir einen Gewinn von 1 Million Dollar gemacht. Dieses Jahr habe ich beschlossen, dass wir aufhören, Wurstpellen herzustellen, und anfangen, Schrauben und Muttern zu produzieren.‹

Daraufhin würden alle Manager lächeln, nicken und mein Büro verlassen. Ich würde sie bis zum 31. Dezember um 17 Uhr nicht wiedersehen. Dann kämen sie wieder in mein Büro, um mir zu erzählen, dass wir die besten Schrauben und Muttern der Welt produziert, unsere Konkurrenten um 50 Prozent unterboten und unseren Gewinn im Vergleich zum Vorjahr verdreifacht hätten!«

Natürlich war der schöne Wunschtraum des Industriellen genau das – ein Wunschtraum. Aber er dient dazu, den Punkt zu illustrieren, den ich zu machen versuche. Ein guter Manager ist ein Mann, der unabhängig denken und handeln kann und nur ein Minimum an Anweisungen benötigt, um seine Arbeit auszuführen.

Die Hauptaufgabe einer Führungskraft besteht darin, die Aktivitäten – also die Arbeit – der ihm unterstellten Mitarbeiter zu leiten. Leiten ist nur ein anderes Wort für führen, und daraus folgt, dass ein guter Manager zwangsläufig wie ein Anführer denken und handeln muss.

Leider sind nur sehr wenige Menschen geborene Führungspersönlichkeiten. Es gibt nur einen Churchill pro Generation. Aber die meisten intelligenten, willigen Menschen können sich Eigenschaften und Führungsqualitäten aneignen oder entwickeln, die für die meisten Situationen geeignet sind, denen sie in ihrer Karriere wahrscheinlich begegnen werden.

Was die Menschen betrifft, die zu Führungskräften werden, so lernen einige ihre Lektion in Sachen Führung an der Universität, andere am Arbeitsplatz, wieder andere in firmeneigenen Management-Trainingskursen. Natürlich gibt es auch einige, die es nie lernen – aber sie sind in der Minderheit und kommen auf der Karriereleiter nur sehr selten hoch.

Wo auch immer ein Mensch seine Lektion in Sachen Führung erhält, er lernt bestimmte Grundregeln, die in einem Unternehmen oder auf einem Schlachtfeld gleichermaßen gelten. Wenn sie befolgt werden, qualifizieren sie jeden Menschen in hohem Maße für eine Führungsposition. Darunter sind diese fünf, die ich persönlich für besonders wichtig halte:

1. Ein gutes Vorbild zu sein, ist das beste Mittel, um andere zu instruieren oder zu inspirieren. Der Mensch, der nicht nur redet, sondern auch mit gutem Beispiel vorangeht, ist derjenige, der am meisten von seinen Untergebenen bekommt.

2. Eine gute Führungskraft übernimmt die volle Verantwortung für die Handlungen der ihr unterstellten Mitarbeiter. Wenn sie vor den Vorgesetzten Rechenschaft ablegen muss, weil in ihrer Abteilung oder ihrem Büro etwas schiefgelaufen ist, nimmt sie die volle persönliche Verantwortung auf sich, denn die Schuld liegt bei ihr, weil sie unzureichend über ihre Mitarbeiter Aufsicht geführt hat.
3. Die beste Führungskraft bittet nie jemanden unter ihr, etwas zu tun, was sie selbst nicht tun kann – oder will.
4. Ein Vorgesetzter muss fair, aber bestimmt mit seinen Untergebenen umgehen und sich um ihre Bedürfnisse kümmern und alles tun, was er kann, um ihre berechtigten Wünsche zu erfüllen. Er behandelt seine Untergebenen mit Geduld, Verständnis und Respekt und unterstützt sie nach Kräften. Andererseits verwöhnt er sie nicht und bedenkt immer, dass zu große Vertrautheit zu einem Mangel an Respekt führen kann.
5. Es gibt einen scheinbar kleinen, aber tatsächlich sehr wichtigen Punkt, den sich alle Manager einprägen sollten. Lob sollte immer in der Öffentlichkeit ausgesprochen werden, Kritik sollte immer unter vier Augen erfolgen. Mitarbeiter, die gute Arbeit geleistet haben, sollten vor ihren Kollegen gelobt werden; das hebt die Moral rundum. Mitarbeiter, die etwas falsch gemacht haben, sollten dies unter vier Augen gesagt bekommen: Sonst werden sie gedemütigt und die Moral sinkt.

Ich habe meine eigene Lektion in Sachen Führung vor vielen Jahren in der knallharten Schule der Ölfelder gelernt. Praktisch alle Wildcatter – mich eingeschlossen – kannten die Aufgaben eines jeden Mannes in unseren Schürf- und Bohrtrupps. Wir verlangten von keinem Mann etwas, was wir nicht auch selbst tun würden – oder konnten. Wo immer es möglich war, zeigten wir unseren Männern, was wir von ihnen verlangten und wie sie es machen sollten.

»Der beste Chef ist einer, der das Geschäft besser kennt als ich, der mir aber vertraut – auch wenn er mich nie vergessen lässt, dass er der Chef ist«, sagte mir einmal ein alter Bohrmeister. »Das ist die Art von Mann, für die ich mich wirklich krummlegen würde …«

Ich denke, dass es im Grunde jedem Arbeitnehmer ähnlich geht. Obwohl nur wenige der heutigen Führungskräfte auf dem Feld stehen und neben ihren Arbeitern schwitzen, gelten die alten, bewährten Regeln immer noch. Ich glaube, dass die erfolgreichsten Führungskräfte diejenigen sind, die diese Regeln bedingungslos befolgen.

Eine weitere Eigenschaft, die ich bei Führungspersonal suche, ist die Fähigkeit zu kommunizieren. Zeit ist Geld im Geschäftsleben; Missverständnisse bei der Interpretation von Anfragen, Berichten oder Anweisungen können sich als sehr kostspielig erweisen. Ein guter Manager ist also jemand, der Dinge gut erklären kann und den Leuten schnell und klar sagt, was zu tun ist.

Interesse und Begeisterung sind zwei weitere Eigenschaften, über die eine gute Führungskraft verfügen muss. Kein Mensch kann eine Arbeit richtig machen, an der er nicht interessiert ist. Das Interesse einer Führungskraft muss weit über die Grenzen der eigenen Abteilung oder des eigenen Büros hinausgehen. Es ist wichtig, dass sie weiß, was in anderen Abteilungen vor sich geht, und dass sie mit der Unternehmenspolitik und den Gesamtaktivitäten des Unternehmens vollständig vertraut ist. Nur so kann sie die Rolle und die relative Effizienz ihrer Abteilung beurteilen und deren Tätigkeit als funktionierenden Teil eines funktionierenden Ganzen zu den anderen Teilen und zum Ganzen selbst in Beziehung setzen.

Ihr Interesse sollte jedoch noch weitergehen: Es sollte das gesamte Feld oder die gesamte Branche erfassen, in der ihr Unternehmen tätig ist. Nur wenn die Führungskraft das Geschäftsfeld kennt, kann sie die Stärken, Schwächen und Probleme ihres Unternehmens verstehen.

Aber Interesse allein reicht nicht aus. Ihre Einstellung muss auch ein starkes Element der Begeisterung enthalten. Ich spreche nicht von der Form von Begeisterung, die man lauthals von sich gibt. Ich war noch nie der Ansicht, dass man Vertriebsmeetings mit überschwänglichen Company-Songs eröffnen sollte. Was ich meine, ist, dass eine Führungskraft ihre Arbeit durchaus mögen sollte. Sie sollte – beginnend mit den Abläufen in ihrer eigenen Abteilung – aktiv nach Wegen suchen, wie Effizienz, Produktion, Umsatz und Gewinn ihrer Firma gesteigert werden können.

Loyalität – eine weitere wichtige Eigenschaft von Managern – kann nur dann anerkannt und beurteilt werden, wenn sie unter Beweis gestellt wurde. Die Loyalität der Führungskraft sollte nicht einer einzelnen Person gelten, sondern den Aktionären, den Mitarbeitern, den Kollegen, den Vorgesetzten und dem Unternehmen als Ganzem.

Dies sind also die Eigenschaften, die meiner Meinung nach die wichtigsten sind, die eine Führungskraft in der Wirtschaft aufweisen sollte. Sicherlich werden sich einige Leser darüber wundern, dass ich solche Dinge wie Persönlichkeit, Bildung und Fachwissen ausgelassen habe. Aber bei näherer Analyse sollte klar werden, dass diese nicht wirklich so grundlegend oder wichtig sind wie die von mir genannten Eigenschaften.

In Sachen Persönlichkeit bin ich der Ansicht, dass ein Mensch mit einer völlig negativen Grundeinstellung kaum Erfolg in einer Position erwarten kann, in der er mit Menschen arbeiten muss. Andererseits besteht die Aufgabe eines Managers darin, seine Abteilung zu leiten, und nicht darin, an einem Beliebtheitswettbewerb teilzunehmen.

Was Bildung betrifft, so hängt es weitgehend davon ab, wie man den Begriff verwendet. Ich habe festgestellt, dass es viele hochkarätige Manager gibt, deren Schulbildung an der Highschool oder sogar in der Grundschule endete. Was sie wissen, haben sie sich selbst beigebracht. Ein guter Manager sollte über viel Wissen verfügen, aber er muss es nicht unbedingt an einer Hochschule oder Universität erworben haben. Obwohl eine gute formale Schulbildung in der Regel eine große Hilfe für jeden ist, der eine gute Führungskraft sein will, glaube ich nicht, dass sie immer notwendig ist.

Technisches Wissen? Ich gebe zu, dass in der heutigen Zeit der komplexen Industrie- und Wirtschaftstechnologie jeder Manager ein höheres Maß an technischem Wissen benötigt. Aber die Art und Menge hängt weitgehend davon ab, was er tut und wo er arbeitet. Ich kann meine Ansichten zu diesem Thema zusammenfassen, indem ich sage, dass ich lieber versuche, aus einem guten Manager einen guten Techniker zu machen, auch wenn er kein technisches Vorwissen hat, als zu versuchen, aus einem guten Techniker einen guten Manager zu machen, wenn derjenige keine Führungsqualitäten hat.

Zu den anderen Eigenschaften, die wohl die meisten Laien als erstrebenswert bei Führungskräften auflisten würden, gehören Dinge wie Ehrlichkeit, Fleiß und visionäre Vorstellungskraft. Diese und einige andere habe ich bewusst ausgelassen, weil ich sie als selbstverständlich ansehe und es für überflüssig halte, sie zu erwähnen. Sicherlich würde kein Geschäftsmann, der bei klarem Verstand ist, jemals einen Manager einstellen, wenn er auch nur den geringsten Verdacht hat, dass dieser unehrlich, faul oder fantasielos ist.

Es gibt wirklich keine Magie und kein Geheimnis, wenn es darum geht, eine gute Führungskraft zu sein. Ich denke, dass jeder Mensch, der die von mir aufgezählten Eigenschaften besitzt, aufrichtig eine geschäftliche Karriere anstrebt und bereit ist zu arbeiten und sich einzusetzen, eine gute Führungskraft werden kann. So jemand würde mit Sicherheit die Anforderungen der meisten erfolgreichen

Geschäftsleute an das Führungspersonal erfüllen. Er würde mit Sicherheit in fast jede Firma in fast jeder Branche passen. Meiner Meinung nach wäre seine Karriere gesichert. Er hätte es, kurz gesagt, in der Geschäftswelt geschafft.

KAPITEL 5
DIE MACHT DER GEWOHNHEIT

Früher war ich ein ziemlich starker Zigarettenraucher. Vor einigen Jahren fuhr ich dann im Urlaub mit dem Auto durch Frankreich. Eines Tages, nachdem ich stundenlang durch besonders schlechtes, regnerisches Wetter gefahren war, hielt ich in einem Hotel in einer kleinen Stadt in der Auvergne an, um dort zu übernachten. Müde von der langen und anstrengenden Fahrt aß ich zu Abend und ging auf mein Zimmer. Ich zog mich aus, legte mich ins Bett und schlief schnell ein.

Aus irgendeinem Grund wachte ich gegen 2 Uhr nachts auf und hatte das dringende Bedürfnis nach einer Zigarette. Ich schaltete das Licht ein und griff nach der Zigarettenpackung, die ich vor dem Schlafengehen auf den Nachttisch gelegt hatte. Sie war leer. Frustriert – aber immer noch mit dem Wunsch nach einer Zigarette – stieg ich aus dem Bett und durchsuchte die Taschen der Kleidung, die ich getragen hatte. Die Suche erwies sich als erfolglos, und ich durchsuchte mein Gepäck in der Hoffnung, dass ich vielleicht versehentlich eine Schachtel Zigaretten in einem meiner Koffer vergessen hatte. Wieder wurde ich enttäuscht. Ich wusste, dass die Hotelbar und das Restaurant längst geschlossen hatten, und ich ahnte, dass es mehr als zwecklos sein würde, zu dieser Stunde den schrulligen

Nachtportier anzurufen. Der einzige Weg, wie ich hoffen konnte, Zigaretten zu bekommen, war, mich anzuziehen und zum Bahnhof zu laufen, der mindestens sechs Straßen entfernt war.

Die Vorstellung war nicht sehr angenehm. Draußen prasselte immer noch der Regen nieder. Mein Auto war in einem Parkhaus in beträchtlicher Entfernung vom Hotel untergebracht, und man hatte mich gewarnt, dass das Parkhaus um Mitternacht schließen und erst um 6 Uhr morgens wieder öffnen würde. Die Chancen, ein Taxi zu bekommen, standen gleich null.

Alles in allem war es klar, dass ich, wenn ich die Zigarette haben wollte, die ich so dringend brauchte, zum Bahnhof und wieder zurücklaufen musste – durch den strömenden Regen. Aber das Verlangen zu rauchen, nagte an mir, und wie es eben so ist, sehnte ich mich umso verzweifelter nach einer Zigarette, je mehr ich über die Schwierigkeiten nachdachte, die ich überwinden müsste, um eine Zigarette zu bekommen. Und so zog ich meinen Schlafanzug aus und begann, mich anzuziehen. Ich war schon vollständig angezogen und griff nach meinem Regenmantel, als ich abrupt innehielt und anfing zu lachen – über mich selbst. Mir war plötzlich klar geworden, dass mein Verhalten unlogisch, ja lächerlich war.

Da stand ich nun, ein angeblich intelligenter Mensch, ein angeblich verantwortungsbewusster und ziemlich erfolgreicher Geschäftsmann, der sich für vernünftig genug hielt, anderen Menschen Befehle zu erteilen. Und doch war ich bereit, mitten in der Nacht mein komfortables Hotelzimmer zu verlassen und ein Dutzend Blocks durch den strömenden Regen zu laufen, und alles nur, weil ich eine Zigarette wollte – weil ich das Gefühl hatte, dass ich eine haben »musste«.

Zum ersten Mal in meinem Leben wurde ich mit der Erkenntnis konfrontiert, dass ich eine so starke Gewohnheit entwickelt hatte, dass ich bereit war – automatisch und ohne nachzudenken –, mich in eine sehr unangenehme Situation zu begeben, nur um diese Sucht zu stillen. Anstatt einfach nur das Vergnügen einer gelegentlichen Zigarette zu genießen, hatte ich es mir erlaubt, eine Gewohnheit zu entwickeln, die völlig außer Kontrolle geraten war und offensichtlich gegen meine eigenen Prinzipien arbeitete und keine angemessenen positiven Ergebnisse brachte. Plötzlich wurde mir das sehr bewusst und ich rebellierte innerlich. Ich brauchte nur einen Moment, um eine Entscheidung zu treffen. Ich hielt es für eine ausgezeichnete Idee – und für einen idealen Zeitpunkt und Ort –, mich von einer Gewohnheit zu befreien, die mir ganz offensichtlich nicht guttat.

Nachdem ich mich zu diesem Schritt entschlossen hatte, nahm ich die leere Zigarettenschachtel, die noch auf dem Nachttisch lag, zerknüllte sie und warf sie in den Papierkorb. Dann zog ich mich aus, zog noch einmal meinen Pyjama an und legte mich wieder ins Bett. Mit einem Gefühl der Erleichterung – ja sogar des Triumphes – schaltete ich das Licht aus, schloss die Augen und lauschte dem Regen, der gegen die Fenster des Zimmers schlug. Nach ein paar Minuten driftete ich in einen tiefen und zufriedenen Schlaf. Seit dieser Nacht habe ich keine Zigarette mehr geraucht – und ich habe auch kein Verlangen danach verspürt.

Ich will damit weder Zigaretten noch das Rauchen verteufeln. Ich erzähle diese Anekdote nur, um zu zeigen, wie in meinem eigenen Fall eine Gewohnheit so sehr außer Kontrolle geriet, dass sie mich kontrollierte – und nicht umgekehrt.

Verhaltensweisen werden zu Gewohnheiten – und die Kraft dieser Gewohnheiten kann in der Tat gewaltig sein. Allerdings hat der Mensch einen beträchtlichen Handlungsspielraum. Er ist schließlich mit der Fähigkeit ausgestattet, seine eigenen Gewohnheiten zu formen und diejenigen zu durchbrechen oder abzulegen, die er nicht für wünschenswert hält.

Nirgendwo zählen Verhaltensmuster so viel und nirgendwo zeigt sich die Macht der Gewohnheit so nachdrücklich wie in der Geschäftswelt. Die Gewohnheiten eines Geschäftsmannes gehören zu den wichtigsten Faktoren, die über Erfolg oder Misserfolg entscheiden.

So ist es zum Beispiel eine hilfreiche Gewohnheit für einen Geschäftsmann, optimistisch und enthusiastisch zu sein. Es macht seine eigene Arbeit besser und leichter und dient auch dazu, seine Mitarbeiter und Untergebenen zu ermutigen und zu inspirieren. Gewohnheitsmäßiger Optimismus und Enthusiasmus können jedoch zu gefährlichen – ja katastrophalen – Extremen der Selbstüberschätzung und des Übereifers führen.

Ich erinnere mich an den Fall eines brillanten und äußerst fähigen Geschäftsmannes – Bill Smith werde ich ihn nennen, das ist so gut wie jeder andere Name –, dessen Optimismus ihm sehr dabei half, mehrere Produktionsfirmen zu gründen und zu betreiben, die gute Gewinne und großes Potenzial aufwiesen. Allerdings stammte Bill Smiths gesamte Geschäftserfahrung aus einer Zeit der Hochkonjunktur. Folglich wurden seine rosigsten Aussichten und Hoffnungen immer durch die Entwicklungen in einem stetig wachsenden Markt genährt.

Dann, plötzlich, gab es eine relativ milde wirtschaftliche Rezession. Es war eine Zeit, in der gestandene Geschäftsleute ein wenig kürzertraten, sich zurückhielten und vorsichtig vorgingen, während sie darauf warteten, dass sich die Geschäftslage stabilisierte.

Bill Smith war überhaupt nicht in der Lage, sich auf die für ihn neuen und ungewohnten Bedingungen einzustellen. Seine Gewohnheiten des Optimismus und der Begeisterung waren zu tief verwurzelt. Statt auf die Bremse zu treten, gab er weiter Vollgas, in der festen Überzeugung, dass sich alles zum Guten wenden würde.

Innerhalb kürzester Zeit halste sich Smith unter den damals herrschenden wirtschaftlichen Bedingungen weit mehr auf, als er verkraften konnte. Er überforderte sich und seine Unternehmen und ging schließlich bankrott.

Es wird oft behauptet, dass Menschen gute Gewohnheiten »entwickeln« und in schlechte Gewohnheiten »verfallen«. Das impliziert natürlich, dass Erstere schwer zu erreichen sind, dass der Einzelne eine ständige bewusste Anstrengung unternehmen muss, um sie zu formen, während er leicht und mühelos in die Letzteren hineinrutschen kann. Das ist wahr – aber unnötigerweise und fast nur wegen der Widersinnigkeit der menschlichen Natur. Eigentlich ist eine Gewohnheit eine Gewohnheit. Es sollte keinen triftigen Grund geben, warum es schwieriger sein sollte, gute Gewohnheiten auszubilden als schlechte.

Zum Beispiel bin ich – wie viele andere auch – der Meinung, dass Pünktlichkeit, oder eben Unpünktlichkeit, größtenteils eine Frage der Gewohnheit ist. Entweder man macht es sich zur festen Gewohnheit, pünktlich zu sein – oder man macht es sich zur schlechten Gewohnheit, chronisch unpünktlich zu sein.

Es ist zum Vorteil und im besten Interesse jedes Einzelnen, pünktlich zu sein, sei es beim Einhalten einer Verabredung, beim Bezahlen von Schulden, beim Erfüllen einer Verpflichtung oder beim Einhalten eines Versprechens.

Der Gast, der gewohnheitsmäßig zu spät zum Dinner erscheint, verärgert seine Gastgeber und die anderen Gäste. Er macht sich schnell unbeliebt und wird früher oder später von der Gästeliste gestrichen.

Gewohnheitsmäßige Pünktlichkeit ist ein besonders wertvolles Gut für jeden Geschäftsmann. Das alte Sprichwort »Zeit ist Geld« war schon immer gültig und gilt heute mehr denn je. Das Tempo und die Komplexität des heutigen Geschäftslebens machen jede Stunde und jede Minute kostbar. Geschäftsleute und Führungskräfte müssen ihre Arbeitstage nach einem straffen Zeitplan abwickeln. Sie können es sich nicht leisten, ihre produktive Zeit zu verschwenden, genauso wenig, wie sie es sich leisten können, unnötige Stillstände in der Produktionskette zu riskieren.

So gibt es immer mehr Unternehmen, die eigene Flugzeuge betreiben, um ihre Führungskräfte schneller von einem Ort zum anderen zu bringen – und zwar pünktlich. Heute gibt es in den Vereinigten Staaten mehr als 34 000 Firmenflugzeuge. General Motors zum Beispiel unterhält eine Flotte von 22 Flugzeugen. Montgomery Ward gibt offen zu, dass die Kosten für den Flug seiner Führungskräfte an Bord des eigenen Flugzeugs um ein Drittel höher sind, als wenn man sie mit regulären Linienflügen zu ihren Zielen schicken würde. Aber der Einsatz von Firmenflugzeugen spart fast 60 Prozent der Reisezeit der Führungskräfte – und Montgomery Ward hat, wie so viele andere Unternehmen, verstanden, dass die eingesparte Zeit die zusätzlichen Kosten aufwiegt.

Kurz gesagt, der Mann, der zur vereinbarten Zeit dort ist, wo er zu sein versprach, macht nicht nur einen ausgezeichneten Eindruck, er spart auch – und verdient damit Geld für sich selbst oder für sein Unternehmen.

Pünktlichkeit ist in jeder Phase des Geschäftslebens gefragt. Die Geschäftsleute und Firmen, die am ehesten erfolgreich sind, sind diejenigen, die pünktlich ihre Aufträge erfüllen, ihre Waren liefern, ihre Dienstleistungen erbringen, ihre Rechnungen bezahlen und ihre Verbindlichkeiten und sonstigen Verpflichtungen erfüllen. Kunden, die über die versprochene Zeit hinaus auf die Lieferung ihrer Aufträge warten müssen, werden ihre nächsten Bestellungen wahrscheinlich woanders aufgeben. Personen und Firmen, die ihre Rechnungen bei Fälligkeit bezahlen, erhalten eine gute Bonität, während diejenigen, die in Verzug geraten, bald feststellen, dass es für sie extrem schwierig oder unmöglich wird, irgendwo einen Kredit zu erhalten.

Trotz der zahllosen Vorteile von gewohnheitsmäßiger Pünktlichkeit gibt es Menschen, die es sich zur Gewohnheit machen, zu spät zu kommen, ohne Rücksicht auf die Konsequenzen. Es sind Charakterschwäche, Faulheit und mangelnde Voraussicht, die einen Menschen dazu bringen, sich das Zuspätkommen zur Gewohnheit zu machen – genau wie es dieselben Faktoren sind, die die meisten Menschen dazu bringen, die meisten Gewohnheiten zu entwickeln, die ihnen und ihrer geschäftlichen Karriere schaden.

Sparsamkeit ist eine weitere Gewohnheit, die man sich aneignen kann – und die sehr oft ein entscheidendes Element in jeder geschäftlichen Erfolgsformel darstellt. Der gesunde Menschenverstand sollte jeder Person deutlich machen, dass es klug ist, überall dort zu sparen, wo es sinnvoll und machbar ist.

Dies gilt von Grund auf. Nehmen wir an, ein Mann will sich selbstständig machen. Um dies zu tun, muss er zumindest über etwas Kapital verfügen, ganz gleich, um welches Geschäft es sich handelt. In den meisten Fällen stehen ihm nur drei Wege offen, um dieses Kapital zu beschaffen. Er kann es aus seinen eigenen Ersparnissen bereitstellen, es durch die Einbeziehung eines oder mehrerer Partner erhalten oder es leihen. Wenn das Geld von Anfang an sein eigenes ist, wird auch das Geschäft sein eigenes sein. Wenn er jedoch Partner hinzuzieht, gehört ihm nur ein Teil des Unternehmens und er muss seinen Gewinn teilen. Und wenn er sich Geld leiht, muss er den Kredit zurückzahlen – fast immer mit Zinsen, was natürlich den Gewinn schmälert.

Wer von Natur aus sparsam ist, hat, sobald er ein Unternehmen gegründet hat, eine wesentlich größere Chance auf Erfolg als ein anderer, der diese Eigenschaft nicht besitzt. Der gewohnheitsmäßig sparsame Mensch wird in der Lage sein, sofort Möglichkeiten zur Senkung der Betriebs- und Produktionskosten zu erkennen – und in den heutigen, hart umkämpften Märkten können selbst kleine Einsparungen sehr viel bedeuten und sogar den Unterschied zwischen einem Nettogewinn und einem Nettoverlust ausmachen.

Darüber hinaus wird derjenige, der sich Sparsamkeit angewöhnt hat, immer über eine flüssige Reserve verfügen, um für Unvorhergesehenes gewappnet zu sein, Flauten zu überbrücken sowie Expansionen oder Verbesserungen zu ermöglichen, ohne auf Kredite zurückgreifen zu müssen.

Der kluge Mensch erkennt, dass Gewohnheiten wie Pünktlichkeit und Sparsamkeit ihm sehr dabei helfen können, seine Ziele zu erreichen. Er übt Pünktlichkeit und Sparsamkeit, bis sie ihm zur zweiten Natur werden – und er erntet die Früchte der positiven Kraft, die diese Gewohnheiten auf seine Karriere ausüben.

Aber dies sind bei Weitem nicht die einzigen positiven Gewohnheiten, die einen Menschen an die Spitze der Erfolgsleiter befördern können – und dies auch tun.

Eine der wertvollsten Angewohnheiten, die sich ein angehender Geschäftsmann oder eine Führungskraft aneignen können, ist die, sich in letzter Minute eine Pause zu gewähren, um seine Überlegungen schnell zu überprüfen, bevor er eine Entscheidung trifft. Diese letzte Überprüfung kann nur ein paar Minuten oder sogar ein paar Sekunden dauern, aber sie zahlt sich aus. Sie bietet dem Einzelnen eine letzte – und unbezahlbar wertvolle – Gelegenheit, seine Gedanken in eine logische Reihenfolge zu bringen und sein Gedächtnis aufzufrischen, warum und wie er zu seiner Entscheidung gekommen ist. Diese einfache Prozedur erhöht die Fähigkeit des Einzelnen, aufkommende Einwände sofort und überzeugend zu widerlegen. Es ist in gewisser Weise vergleichbar mit der Gewohnheit, die sich viele der besten Theaterschauspieler der Welt zu eigen gemacht haben, die, obwohl sie ihre Rolle in einem Stück gründlich kennen, dennoch das Skript oder zumindest ihren Text kurz überfliegen, bevor sich der Vorhang für eine Aufführung hebt.

Einer der erfolgreichsten Verkäufer, der mir je begegnet ist – er ist jetzt ein Top-Verkaufsleiter in einem riesigen Unternehmen –, behauptet, dass er einen großen Teil seines Erfolges der Tatsache verdankt, dass er sich diese Gewohnheit schon früh in seiner Karriere angeeignet hat.

»Ich habe sogar eine Art persönliches Gimmick entwickelt, um die Gewohnheit zu trainieren«, erzählte er mir. »Wenn ich einen Kunden besuchte, machte ich immer zuerst eine Pause, um eine Tasse Kaffee zu trinken, mir die Schuhe putzen zu lassen oder etwas Ähnliches. Das gab mir eine letzte Chance, meine Präsentation im Geiste durchzugehen, bevor ich tatsächlich das Büro des Kunden betrat. Das hat Wunder gewirkt. Ich verkaufte viel effektiver und war immer auf Fragen oder Einwände vorbereitet.«

Es gibt keinen Zweifel daran – zumindest nicht in meiner Vorstellung: Ob man dazu nun einen Kniff braucht oder nicht, es ist eine ausgezeichnete Idee, sich die Gewohnheit anzueignen, in letzter Minute eine geistige Atempause einzulegen, um seine Gedanken zu ordnen, bevor man Entscheidungen trifft.

Eine andere, wenn auch viel weniger einfache Gewohnheit, die sich jeder aneignen sollte, der im Geschäftsleben schnell vorankommen will, ist die Gewohnheit, entspannt zu sein. Erfolgreiche Geschäftsleute sind in der Regel diejenigen, die immer entspannt sind – auch wenn Probleme auftauchen. Damit will ich nicht sagen, dass sie apathisch, träge oder lethargisch sind. Ich meine, dass ihr Geist aufnahmefähig und reaktionsschnell bleibt – immer bereit, neue Chancen zu ergreifen und zu nutzen und neue Probleme zu verstehen und zu bewältigen. Er ist ausgeglichen, aber nie unflexibel und unnachgiebig angesichts sich verändernder Situationen.

Der erfahrene Geschäftsmann ist entspannt in demselben Sinne, wie ein erstklassiger Footballspieler entspannt ist. Der Footballspieler, der einen Pass abfängt, erstarrt nicht oder gerät in Panik, weil ihm der Ball unerwartet in die Hände gefallen ist. Die neue Situation, die plötzlich entstanden ist, macht ihn nicht unbeweglich. Seine Reaktionen sind so flexibel, dass er den Ball fest in die Hand nimmt und mit ihm läuft, immer noch wachsam und doch entspannt genug, um die Richtung zu wechseln und gegnerischen Tacklern auszuweichen.

Nur wenige – die wenigsten – angehende Geschäftsleute haben die angeborene Fähigkeit, diese Art von entspannter Haltung auch unter großem Stress zu bewahren. Aber die große Mehrheit der Geschäftsleute hat sich diese Haltung durch jahrelange Erfahrung angewöhnt.

»Stellen Sie sich immer vor, Sie wären jemand, der gerade mitten auf einem See über Bord gegangen ist«, riet mir ein erfahrener Ölmann zu Beginn meiner Geschäftskarriere. »Wenn Sie einen kühlen Kopf bewahren, können Sie immer ans Ufer schwimmen oder zumindest Wasser treten oder sich treiben lassen, bis Sie jemand herausfischt. Aber wenn Sie den Kopf verlieren – wenn Sie in Panik geraten –, sind Sie erledigt!«

Ich denke, dass ein Mann, der in der Geschäftswelt anfängt, in gewisser Weise wie einer ist, der sich plötzlich in der Mitte eines Sees wiederfindet. Wenn er ruhig bleibt, sind seine Überlebenschancen hoch. Wenn er es nicht tut, wird er höchstwahrscheinlich ertrinken. Der angehende Unternehmer und die junge Führungskraft sollten sich diese Analogie ständig vor Augen halten. Dies wird viel dazu beitragen, dass sie sich angewöhnen, entspannt zu sein, und das wird sie in die Lage versetzen, sich in jeder Situation zurechtzufinden.

Natürlich ist es unmöglich, jede Angewohnheit aufzulisten, die für jeden Menschen im Geschäftsleben gut oder schlecht ist. Viel zu viel hängt von der jeweiligen Person ab, ihrem Wesen und ihrer Persönlichkeit, dem speziellen Bereich oder der Art des Geschäfts, in dem sie tätig ist, und vielen anderen Variablen.

Dennoch kann jeder Mensch – egal, ob er in der Wirtschaft tätig ist oder nicht – feststellen, welche Gewohnheiten für ihn nützlich und welche schädlich sind. Gewohnheiten, die einem Menschen helfen, besser zu leben und zu arbeiten und seine Ziele zu erreichen, sind natürlich gute Gewohnheiten – Gewohnheiten, die der Einzelne versuchen sollte, zu erwerben oder auszubilden. Gewohnheiten, die schädlich oder hinderlich sind, die stören oder behindern, die keinem praktischen Zweck dienen oder keine positiven Ergebnisse bringen, sollte man vermeiden oder, wenn sie bereits entstanden sind, so schnell wie möglich ablegen.

Manager und Geschäftsleute tun gut daran, in regelmäßigen Abständen eine sorgfältige Bestandsaufnahme dessen zu machen, was sie im Zusammenhang mit ihrer Arbeit mit so großer Regelmäßigkeit tun, dass es zur Gewohnheit wird. Es ist eine gute Idee, diese auf einem Blatt Papier aufzulisten. Dann liegt es an jedem selbst, die Gewohnheiten, die er aufgelistet hat, zu bewerten. Wenn er ehrlich zu sich selbst ist, wird er einige von ihnen ohne Weiteres als schlecht erkennen. Er wird mit aller Kraft versuchen, diese so schnell wie möglich wieder loszuwerden.

Außerdem wird es einige Gewohnheiten geben, die in die Kategorie »unklar« oder »weiß nicht« zu fallen scheinen. Man muss sie objektiv betrachten, um festzustellen, ob sie verändert werden können, um sie in Richtung »positiv« zu lenken.

Eine mir vertraute Führungskraft hatte es sich zum Beispiel zur Gewohnheit gemacht, wöchentliche Mitarbeiterbesprechungen mit allen Mitarbeitern ihrer Abteilung abzuhalten. Obwohl die Idee grundsätzlich gut war, wurden die Besprechungen mehrere Monate lang abgehalten, ohne dass sie nennenswerte Ergebnisse brachten.

Die Führungskraft war fast überzeugt, dass sie die Praxis einstellen sollte. Dann machte sie eine Bestandsaufnahme ihrer Gewohnheiten und dachte intensiv über das Problem nach, warum die Meetings gescheitert waren. Bei der Analyse der Angelegenheit stieß sie schließlich auf die Antwort: Sie hatte die Mitarbeiterbesprechungen jeden Freitagnachmittag um 16:15 Uhr abgehalten.

Es ist völlig natürlich, dass die Gedanken der Mitarbeiter zu dieser Zeit jeden Freitag darauf gerichtet waren, ins Wochenende zu gehen. Sie hatten wenig Interesse oder Lust auf Diskussionen über Büroangelegenheiten 45 Minuten vor Feierabend. Die Führungskraft änderte die Uhrzeit und den Wochentag – und ihre Gewohnheit, wöchentliche Mitarbeiterbesprechungen abzuhalten, rückte fast sofort in die Kategorie »gute Gewohnheit« auf. Die Besprechungen brachten in der Folge viele Ideen hervor, die den Output und die Effizienz verbesserten und die Arbeitsmoral der Mitarbeiter auf ein neues Niveau hoben. Aber eine mittelmäßige Gewohnheit, die nicht in die Kategorie »gut« erhoben werden kann, sollte man verwerfen, denn wenn sie fortgesetzt wird, kann sie nur in die Kategorie »schlecht« abrutschen.

Was diejenigen seiner Geschäftspraktiken betrifft, die eindeutig gut sind, wird der kluge Geschäftsmann danach streben, sie noch nützlicher, vorteilhafter und produktiver zu machen. Wenn er beispielsweise von sich behaupten kann, dass er gewöhnlich sparsam ist, dass er ständig nach Möglichkeiten sucht, Kosten zu senken und Einsparungen zu erzielen, sollte er seine Anstrengungen verdoppeln – um mehr Wege zu finden, die Ausgaben zu reduzieren und so die Gewinne des Unternehmens zu steigern.

Wer es im Geschäftsleben an die Spitze schaffen will, muss die Macht der Gewohnheit zu schätzen wissen – und er muss verstehen, dass Gewohnheiten aus bestimmten Praktiken und Verhaltensweisen entstehen. Er muss schnell mit den Gewohnheiten brechen, die ihn ruinieren könnten – und zügig die Praktiken annehmen, die zu den Gewohnheiten werden, die ihm dann helfen, den angestrebten Erfolg zu erreichen.

KAPITEL 6
FEHLER UND FALLSTRICKE IM GESCHÄFTSLEBEN

Jede Führungskraft macht im Laufe ihrer Karriere Fehler. Das Wichtigste ist, aus den Fehlern zu lernen – und sie nicht zu wiederholen. Aber es gibt bestimmte wiederkehrende Situationen und Abläufe, die für Fehler und Fehleinschätzungen nahezu prädestiniert zu sein scheinen. Es liegt an der wachsamen Führungskraft, diese »Fallstricke« zu antizipieren und abzuschätzen. Was die Fehler und Fehleinschätzungen betrifft, die unweigerlich auftreten werden, so wird dieselbe »Mentalität eines Millionärs«, die den Erfolg sicherstellt, auch diese Fehler überleben und daraus Nutzen ziehen.

Wie die meisten Menschen würde ich es vorziehen, die Erinnerungen an meine Fehler still und leise in Vergessenheit geraten zu lassen, aber es gibt viele, die ich nicht vergessen kann. Darunter sind drei monumentale Fehler, an die ich mich immer erinnern werde.

Der erste stammt aus meiner Zeit auf den Ölfeldern in Oklahoma. Ich kaufte die Ölpacht für ein Grundstück in einem Gebiet, das später als »Yale Pool« bezeichnet wurde, und beauftragte einen Geologen, das Gelände zu inspizieren und mir zu empfehlen, ob ich bohren sollte oder nicht.

»Es gibt kein Öl auf dem Grundstück«, berichtete er. »Das Grundstück ist wertlos. Das Beste, was Sie tun können, ist, den Pachtvertrag loszuwerden!« Ich folgte seinem Rat und verkaufte. Kurze Zeit später stellte sich heraus, dass der Yale Pool ein reiches Ölfördergebiet war. Ich hatte ein Vermögen in den Sand gesetzt.

Meine zweite riesige – allerdings kaum wirtschaftliche – Fehlentscheidung traf ich im Jahr 1931. Gemeinsam mit Firmen, an denen ich bereits beträchtliche Anteile hielt, kauften wir Aktien der Mexican Seaboard Oil Company im Wert von mehr als 2 Millionen Dollar, und zwar zu Zeiten, als die Wirtschaftskrise am Markt absolute Tiefststände verursacht hatte. Doch dann ging es an der Börse erneut bergab. Ich war zwar überzeugt davon, dass wir eine sichere und solide Investition in Mexican Seaboard getätigt hatten, aber meine Vorstandskollegen befürchteten, dass der Markt noch tiefer fallen könnte.

»Wir können keine Risiken mehr eingehen«, argumentierten sie. »Wir müssen aussteigen.« Ich wurde überstimmt und schloss mich schließlich der Mehrheit an. Die Firmen – und ich – verkauften unsere Mexican-Seaboard-Anteile.

Hätten wir die Aktien, die wir bereits besaßen, gehalten und 1931 weitere gekauft, hätten wir zu einem fantastischen Schnäppchenpreis die Kontrolle über das Unternehmen erwerben können. Die spätere Performance von Mexican Seaboard zeigte, dass dies ein großer finanzieller Coup gewesen wäre – und dass ich Millionen verdient hätte.

Meinen schlimmsten Schnitzer leistete ich mir im Jahr 1932. Ich war daran interessiert, eine Ölkonzession im Irak zu erwerben, wo geologische Untersuchungen und Explorationsarbeiten auf das Vorhandensein riesiger Ölvorkommen unter dem höllisch heißen Wüstensand hindeuteten. Mein Vertreter, der in Bagdad mit irakischen Regierungsvertretern verhandelte, berichtete, dass eine verlockende Konzession zu einem Preis erhältlich sei, der sich auf ein paar Zehntausend Dollar beziffern ließ. In diesem Moment brach der Rohölpreis in den USA ein; das Rohöl aus Ost-Texas fiel auf 10 Cent pro Barrel – und die Erdölindustrie geriet in Panik. Da ich unter diesen Umständen keine Investitionen riskieren wollte, befahl ich meinem Agenten in Bagdad, alle Verhandlungen auf Eis zu legen.

Als sich mir 1949 das nächste Mal die Gelegenheit bot, eine Ölkonzession im Nahen Osten zu kaufen, ergriff ich sie, ohne zu zögern. Die Bedingungen waren jedoch ganz anders als 17 Jahre zuvor. 1949 musste ich bei der Unterzeichnung des Konzessionsvertrags 12 500 000 Dollar in bar bezahlen!

So schlimm sie auch waren, es wäre beruhigend zu denken, dass dies meine einzigen Fehler waren, aber ich habe viele andere gemacht und werde zweifellos noch zahlreiche weitere machen. Wie ich bereits gesagt habe, sind Geschäftsleute keine Ausnahmen von der Regel, dass jeder Fehler macht. Aber persönliche Erfahrung und Beobachtung haben mich gelehrt, dass die meisten Fehler, die von Geschäftsleuten und Führungskräften gemacht werden, in bestimmte grobe, wenn auch leicht definierbare Kategorien fallen.

Natürlich ist es der junge Geschäftsmann, der aufgrund seiner Unerfahrenheit oder Unreife gewöhnlich die meisten Fehler macht. Einige seiner Fehler sind unbeabsichtigt, nicht sehr schwerwiegend und völlig verständlich und entschuldbar. Andere Fehler sind das Ergebnis einer unzureichenden Ausbildung oder eines unzureichenden oder fehlerhaften Verständnisses des Business im Allgemeinen oder des eigenen Gewerbes im Speziellen. Wiederum andere Fehler sind das Ergebnis von völliger Unfähigkeit oder Inkompetenz – und diese erweisen sich natürlich in der Regel als fatal für jede Geschäftskarriere.

Die Beispiele, die ich aus eigener Erfahrung angeführt habe, dienen dazu, drei der wesentlichen Kategorien von Fehlern zu veranschaulichen, die meines Erachtens am häufigsten von Geschäftsleuten begangen werden, vor allem, wenn sie relativ unerfahren und unbedarft sind.

Die erste Kategorie besteht in der Unfähigkeit, zwischen einer Tatsache und einer Meinung zu unterscheiden. Eine Meinung mag zwar sorgfältig durchdacht sein und auf Fakten beruhen, aber sie bleibt dennoch eine Meinung – und sie ist sehr selten unfehlbar. Eine Meinung ist nie besser als die Informationen, auf denen sie beruht, die Kenntnisse und Erfahrungen der Person, die sie äußert, und deren Fähigkeit, die ihr zur Verfügung stehenden Informationen richtig zu interpretieren. Geschäftsleute neigen manchmal dazu, Meinungen zu lesen oder zu hören und sie als Fakten zu akzeptieren, auf denen sie ihre Pläne aufbauen oder ihre Entscheidungen treffen, ohne weitere Untersuchungen oder Nachforschungen anzustellen. Diesen Fehler habe ich gemacht, als ich meinen Pachtvertrag für das Yale-Pool-Grundstück verkaufte. Obwohl ich mir damals des Umstands bewusst war, dass die Geologie in jenen Tagen alles andere als eine exakte Wissenschaft war, akzeptierte ich blindlings das Wort – die Meinung – des Geologen, der das Grundstück inspiziert hatte. Ich nahm mir weder die Zeit noch machte ich mir die Mühe, jemand anderen zu konsultieren, um eine zweite Meinung zum Urteil des einzigen »Experten« zu erhalten. Ich kann den Geologen nicht dafür verantwortlich machen, dass er eine falsche Empfehlung abgegeben hat. Ich kann nur mir selbst die Schuld geben, dass ich sie akzeptiert habe, ohne sie zu hinterfragen.

Die Bereitschaft, Meinungen oder gar Gerüchte als Tatsachen zu akzeptieren, ist eine ziemlich geläufige und weit verbreitete menschliche Schwäche. Jeder, der daran zweifelt, braucht nur darüber nachzudenken, wie oft er gehört hat, dass Menschen die Aussagen als

Fakten wiedergeben, die sie in voreingenommenen Zeitungsartikeln gelesen, aus irgendwelchen Propagandaschriften aufgeschnappt oder als Gerüchte auf der Straße gehört haben.

Erinnern Sie sich an die Legende von dem Daumen eines leprakranken chinesischen Kochs, der in einer Schüssel Chow Mein in einem Chinarestaurant (meist in der eigenen Stadt) gefunden wurde? Diese Anekdote war schon angestaubt, als ich noch ein Junge war – und doch macht sie immer noch die Runde und wird von den Leichtgläubigen nach wie vor als wahr empfunden. Dies ist natürlich ein extremes Beispiel, aber Geschäftsleute lassen sich häufig in ihrem Urteil von Meinungen und Gerüchten beeinflussen, die auf ihre Weise nicht weniger erfunden sind als diese unappetitliche Geschichte. Viele ansonsten kluge Geschäftsleute kaufen oder verkaufen große Aktienpakete, nur weil sie »hören«, dass bestimmte Titel an der Börse steigen oder fallen sollen. In neun von zehn Fällen stellen sie fest, dass sie das Falsche getan haben, weil sie auf Meinungen oder Gerüchte gehört haben, anstatt die Fakten selbst zu überprüfen.

Vor einiger Zeit gab ein mir bekannter Fabrikant fast 100 000 Dollar für die Herstellung von Werkzeugen und den Kauf von Materialien aus, um einen neuartigen Artikel zu produzieren, der nach Berichten in Fachzeitschriften, die er gelesen hatte, sehr gefragt war. Erst als er so weit war, in die Produktion zu gehen, stellte er fest, dass ein halbes Dutzend anderer Firmen ihm voraus waren und bereits mit dem Vertrieb des Artikels begonnen hatten. Der Markt war gesättigt, noch bevor er und sein Team mit dem Verkauf seines Produkts beginnen konnten. Er steckte in der Klemme. Das wäre nicht passiert, wenn er alle Fakten geprüft hätte, bevor er sich auf eine offensichtlich törichte Geschäftsidee stürzte.

Es mag einen Ersatz für handfeste Fakten und sachliche Informationen geben, aber wenn es den gibt, habe ich keine Ahnung, was das sein sollte. Es sind sicherlich nicht Gerüchte oder Meinungen, die als Fakten getarnt sind. Um bei einem »Geschäft«, einem Projekt oder einer Unternehmung erfolgreich zu sein, muss der Geschäftsmann alle verfügbaren einschlägigen Fakten zusammentragen und sie selbst prüfen und analysieren. Nichts spricht dagegen, andere um ihre Meinung zu bitten und sie in Erwägung zu ziehen. Der Fehler liegt darin, die Ratschläge anderer Leute blind zu akzeptieren und ihnen zu folgen oder ihre Meinungen anzunehmen, ohne vorher zu prüfen, ob sie durch Fakten untermauert sind. Dies ist eine der ersten Lektionen, die junge Unternehmer und Führungskräfte lernen sollten – oder sie werden es auf die harte Tour lernen müssen!

Sobald er sich davon überzeugt hat, dass er eine fundierte Entscheidung getroffen hat, die auf einer soliden Beurteilung der Fakten beruht, kann der Geschäftsmann den Kurs festlegen, mit dem er seine Entscheidungen oder Programme umsetzen möchte. Und er sollte an diesem Kurs festhalten und ihn durchziehen. Dies zu versäumen, ist ein weiterer Fehler, der häufig von jungen Geschäftsleuten gemacht wird – wie auch von solchen, die gar nicht mehr so jung sind.

Das ist der Punkt, an dem ich 1931 meinen großen Fehler gemacht habe. Ich hatte nicht den Mut, für meine Überzeugungen einzustehen, und es gelang mir nicht, mich an meine Entscheidungen und Pläne zu halten. Ich war davon überzeugt, dass die Mexican-Seaboard-Aktie eine gute – eine ungewöhnlich gute – Investition war. Ich hatte die Geschichte des Unternehmens, seine Organisations-, Finanz- und Schuldenstruktur, sein Potenzial und alle anderen denkbaren relevanten Faktoren sorgfältig und akribisch geprüft. Erst nachdem ich all dies getan hatte, kaufte ich große Aktienpakete von Mexican Seaboard auf eigene Rechnung und nutzte meinen Einfluss, um die Firmen, an denen ich wesentliche Anteile hielt, zu ermutigen, das Gleiche zu tun. Als die Aktien von Mexican Seaboard um einige Punkte fielen, wurden die Mitglieder der Vorstände, in denen ich ebenfalls saß, nervös und stimmten für den Verkauf der Firmenbeteiligungen. Meine Argumente vermochten sie nicht zu überzeugen, und die Firmen verkauften ihre Mexican-Seaboard-Aktien. Daraufhin folgte ich ihrem Beispiel, anstatt an meinen ursprünglichen Plänen festzuhalten. Ich »entsorgte« meine eigenen Aktien. Ich erlitt einen beträchtlichen Verlust auf meine ursprüngliche Investition, denn die Aktien wurden für einen geringeren Wert verkauft als den, den ich für sie bezahlt hatte. Weitaus schwerwiegender war der Verlust des sehr großen potenziellen Gewinns, den ich in den folgenden Jahren erzielt hätte, als die Aktie ihren Wert um ein Vielfaches steigerte, so wie ich es auf Grundlage meiner sorgfältigen Studien über das Unternehmen vorhergesehen hatte – ich wusste ja, dass der Wert steigen musste.

Dies war ein Aktiengeschäft. Es ist nicht schwer, vergleichbare Situationen in Handel und Gewerbe zu finden. Sehr oft erschrecken Geschäftsleute bei den ersten Anzeichen von Flauten oder Rückgängen, nachdem sie ein gut geplantes und organisiertes Produktions- oder Verkaufsprogramm gestartet haben. Sie werden panisch und verwerfen das gesamte Programm und erleiden dadurch hohe finanzielle Verluste. Dies gilt besonders für unerfahrene Menschen, die weder die ruhige, gelassene Geduld haben, zu warten, bis mehr Umsatz reinkommt, noch die Erfahrung, um zu verstehen, dass eine Verdoppelung der Anstrengungen oder sogar eine geringfügige Änderung des Plans das Programm zu einem vollständigen Erfolg machen könnte oder dass sie es zumindest ohne Verlust zu Ende führen könnten.

Ich war immer der Überzeugung, dass es, wenn die Geschäftsbücher eines Unternehmens ordnungsgemäß geführt würden, ein separates Buch geben müsste, in dem die Buchhalter die Kosten für die Fehler und Irrtümer von Managern und Geschäftsführern in

Dollar und Cent eintragen. Sicherlich gäbe es nur wenige Einträge in solchen Büchern, die deutlicher hervortreten würden als die Kosten für verfrühte, unüberlegte Stornierungen von bereits angelaufenen Projekten.

Mein Fauxpas von 1932, als ich die irakische Ölkonzession ablehnte, verdeutlicht einen anderen Fehler, der häufig von Geschäftsleuten begangen wird – nämlich ihren Unwillen, Risiken einzugehen. Ein Geschäftsmann muss bereit sein, Risiken einzugehen. Sie mögen geplant und kalkuliert sein, aber es sind trotzdem Risiken. Der kluge Geschäftsmann wägt alle bekannten und nach seinem Wissen möglichen Faktoren in einer konkreten Situation ab. Er versucht, alle Variablen zu berücksichtigen, ist sich aber darüber im Klaren, dass er nicht an alle Eventualitäten denken und sich auch nicht gegen sie versichern kann. Er akzeptiert die Vorstellung, dass es immer die Möglichkeit gibt, dass irgendein völlig unvorhergesehenes Ereignis oder eine Entwicklung eintritt, die seine Pläne verändert oder sogar zunichtemacht. Er ist sich jedoch sicher, dass er alles in seiner Macht Stehende getan hat, um die Erfolgsaussichten zu seinen Gunsten zu beeinflussen.

Offensichtlich war ich im Jahr 1932 nicht sehr schlau. Hätte ich die Dinge in Ruhe durchdacht, hätte ich erkannt, dass der Einbruch des Rohölpreises nur ein vorübergehendes Problem war, dass der Preis für Rohöl höher steigen musste – viel höher. Ich hätte auch erkennen müssen, dass die Nachfrage nach Erdölprodukten im Laufe der Jahre weiter steigen würde und dass es nur eine Frage der Zeit sein würde, bis die Welt ein verrücktes Wettrennen erleben würde, weil die Ölkonzerne neue Quellen für die Rohölproduktion suchen würden. In Anbetracht des günstigen Preises, zu dem die irakische Konzession angeboten wurde, wären die Risiken, die mit dem Kauf verbunden waren, durch die möglichen Gewinne mehr als ausgeglichen worden.

Der Geschäftsmann, der in der Lage ist, seine Risiken zu kalkulieren – und dann bereit ist, sie einzugehen –, hat seinen Kampf um den Erfolg zu neun Zehnteln gewonnen. Das verbleibende Zehntel ist die unbekannte Variable, der unvorhersehbare Faktor, der den Reiz und den Nervenkitzel ausmacht. Ohne diesen »X«-Faktor wäre das Geschäft hoffnungslos langweilig, routinehaft und uninteressant.

Junge Geschäftsleute und Manager machen andere Fehler als die, die ich bereits angesprochen habe. Oft liegt der Fehler gar nicht bei ihnen. Junge Menschen beginnen im Allgemeinen in der heutigen Geschäftswelt so streng diszipliniert und so gefügig wie die Novizen irgendeines heidnischen Kults. Wenn sie ihre Schulen und Hochschulen verlassen, wo sie eine äußerst spezialisierte Ausbildung erhalten haben, haben sie sich praktisch dem »Moloch der Organisationswelt« verschrieben, gehorchen den komplexen Ritualen des Memorandums und versuchen vor allem, die Verantwortung auf andere abzuwälzen. Sie sind – und bleiben für immer – abgeschottet von den Laien, den einfachen Produktionsarbeitern. Das Organigramm – je komplexer, desto besser – ist ihr großes Totem. Ganze Bände – oder vorzugsweise ganze Regale – von Verfahrensregeln sind ihre verehrtesten Fetische. Sie sind darauf konditioniert, sich regelmäßig in feierlichem Konklave zu treffen und die Esoterik von statistischen Tabellen und Ausschussberichten zu studieren. Sie sind von der rauen, weltlichen Realität des Handels und der Wirtschaft so weit entfernt wie ägyptische Priester, die im Allerheiligsten des inneren Tempels über abstruse theologische Lehren debattieren.

Meine erste Million Dollar verdiente ich auf dem Vordersitz eines verbeulten, gebrauchten Model T Ford. Der Flitzer diente mir als Chefbüro und Außendienstzentrale – manchmal sogar als Schlafzimmer. Ich wickelte enorme Mengen an Geschäften ab und unterzeichnete viele wichtige Pachtverträge, Abkommen und Vereinbarungen auf dem Vordersitz der schlammverschmierten Blechkiste. Wenn es nötig war, Dokumente beglaubigen zu lassen, kritzelten ein oder zwei meiner Bohrmeister oder Arbeiter ihre Unterschriften auf die Papiere, wobei sie die verbeulten Kotflügel der alten Kiste als Schreibfläche benutzten. Daran war nichts Ungewöhnliches. Fast jeder unabhängige Betreiber, jeder Wildcatter, der in den frühen Tagen in Oklahoma nach Öl schürfte und bohrte, arbeitete auf die gleiche Weise. Er hatte keine festen Arbeitszeiten, keine Fünf-Tage-Woche. Er musste sein eigener Organisator, Geologe, Rechtsberater, Sprengstoffexperte, Bohrinspektor und Tausendsassa sein. Die meiste Zeit verbrachte er auf dem Ölfeld und arbeitete mit seinen Männern. Oft schlief er tagelang nicht, abgesehen von den Nickerchen, die er auf der Bohrstelle oder zusammengerollt in seinem Auto machen konnte.

Der Wildcatter arbeitete mit einem ständig knappen Budget – zumindest, bis er seine erste große Förderquelle klarmachte. Er war ständig starker Konkurrenz ausgesetzt; sein Geschäft war mit unzähligen finanziellen Gefahren und Fallstricken behaftet, doch als natürliche Konsequenz entwickelte er bestimmte Eigenschaften und Techniken und lernte bestimmte Lektionen, die, so fürchte ich, die jungen Geschäftsleute von heute nur selten entwickeln oder lernen können.

Wir, die »Unabhängigen«, eliminierten alle unnötigen administrativen Fixkosten in unserem Betrieb. Wir verschmähten die Anmietung von Büros in den Boomtowns, die rund um die Ölfelder entstanden, zum Teil, weil wir das zusätzliche Geld nicht für etwas ausgeben wollten, was wir für unnötigen Schnickschnack hielten, aber vor allem, weil wir wussten, dass es unmöglich war, unsere Geschäfte von einem Schreibtisch aus richtig zu führen. Wir machten uns gründlich mit allen Aspekten unserer Firma vertraut und hielten unsere Kosten niedrig, indem wir unaufhörlich und wachsam jede Phase unseres Unternehmens überwachten. Wir vollbrachten oft Wunder in Bezug auf Mitarbeitermoral und Produktion, indem wir uns in die Arbeitsanzüge zwängten und gemeinsam mit unseren Männern selbst bei den härtesten und schmutzigsten Arbeiten schufteten und uns abrackerten.

Erst als ich ein paar Ölquellen erschlossen hatte, dachte ich daran, meinen Model T gegen einen neuen Dodge einzutauschen und einen kleinen Arbeitsplatz im Büro eines anderen Unternehmens in Tulsa zu mieten. Zu diesem Zeitpunkt war ich bereits 1 Million Dollar wert – auf dem Papier. Nichtsdestotrotz trug ich immer noch öfter Arbeitskleidung als Geschäftsanzüge. Ich leitete drei Bohranlagen, die gleichzeitig an je drei Stellen bohrten, und fungierte als mein eigener Finanzmanager, Einkäufer, Bohrgerätemanager und Bohrinspektor. Es gab oft Zeiten, in denen ich rund um die Uhr ohne Schlaf arbeitete, um die Dinge auf den Bohrstellen am Laufen zu halten.

Ist das Angeberei? Ich denke nicht; wie ich schon sagte, arbeiteten die meisten unabhängigen Betreiber genauso. Bill und Charles Roeser, R. M. McFarlin, George Forman, Josh Cosden, Bill Skelly – das waren nur einige von zahllosen anderen, die ihre grundlegenden Ansichten und Einstellungen zum Geschäft beibehielten, auch nachdem sie ihre erste oder weitere Millionen gemacht hatten.

Was ich damit aufzeigen will, sind einige der Unterschiede zwischen den Geschäftsleuten von damals und denen von heute. Ich versuche auch auf einige der eklatanten Fehler hinzuweisen, die meiner Meinung nach von den heutigen jungen Geschäftsleuten und, was das betrifft, von amerikanischen Firmen und der amerikanischen Wirtschaft insgesamt gemacht werden.

Zunächst einmal ist da die Einstellung zum Verwaltungsaufwand. Vor Jahren hielten die Geschäftsleute den Verwaltungsapparat automatisch auf einem absoluten Minimum. Der heutige Trend geht genau in die entgegengesetzte Richtung: Die moderne

Geschäftsmanie besteht darin, immer größere bürokratische Imperien aufzubauen. Viele Firmen stellen Bataillone von superspezialisierten Führungskräften ein, verstärken sie mit Regimentern von Büroarbeitsdrohnen, geben ihnen großspurige Titel – und versinken dann in einem bodenlosen Sumpf von Formularen, Berichten, Memoranden, »Studien« und »Umfragen«.

So ist es kaum verwunderlich, dass so viele junge Männer ihre Geschäftskarriere mit der Vorstellung beginnen, dass »Verwaltung« nicht nur das Zünglein an der Waage sei, sondern das A und O für das ganze Unternehmen. Diese jungen Männer verbringen die Hälfte ihrer Zeit damit, durch Studien und Umfragen herauszufinden, was sie tun, und die andere Hälfte damit, sich gegenseitig darüber zu informieren, was sie – wenn überhaupt – durch die Vermittlung von Ausschusssitzungen und internen Memoranden gelernt haben.

Ich bin im Herzen immer noch ein Wildcatter, nehme ich an. Ich halte überhaupt nichts von den Ultraorganisations- und Superverwaltungs-Theorien. Für mich gilt immer noch: Je weniger Verwaltungsaufwand es in der Wirtschaft gibt, desto besser. Der weltweite Firmenkomplex, aus dem die Getty-Interessen bestehen, kommt mit einem Minimum an administrativen Details und Papierkram wunderbar zurecht. Zum Beispiel gibt es nur etwa 50 Leute, die in unserem gesamten Betrieb im Nahen Osten Verwaltungsarbeit leisten. Die Getty Oil Company of Italy, die zusätzlich zu ihren anderen Aktivitäten eine Raffinerie mit einer Kapazität von 40 000 Barrel pro Tag und ein Tanklager mit einer Kapazität von 1 300 000 Barrel betreibt, hat einen Verwaltungsstab von nur 15 Personen. Das beweist – zumindest meinen Mitarbeitern und mir –, dass man auch ohne ausufernde Bürokratieimperien erfolgreich wirtschaften kann. Der Gedanke mag den Vertretern der »Alles in fünffacher Ausfertigung«-Schule nicht gefallen, aber mein System verbessert sicherlich die Effizienz und steigert die Produktion. Und die daraus resultierenden Einsparungen und Gewinnsteigerungen machen unsere Aktionäre glücklich.

Ein weiterer Fehler junger Unternehmer und Manager ist die immer stärker werdende Tendenz zur Überspezialisierung. Der junge Mann, der alle Aspekte und Phasen des Business versteht, ist heutzutage eine Seltenheit. Der durchschnittliche junge Manager hat ein umfassendes theoretisches Wissen über eine einzige Facette des Business, weiß aber wenig oder gar nichts darüber, was in den Büros oder Abteilungen vor sich geht, die jenseits seiner eigenen angesiedelt sind. Er ist wie der berüchtigte Facharzt, der so spezialisiert ist, dass er nur das linke Nasenloch untersucht.

Wenn der Trend anhält, wird der echte Geschäftsmann – der Mensch, der ein Unternehmen tatsächlich koordinieren und leiten kann, weil er oder sie weiß, wie es tickt und wie es funktioniert – ganz von der Bildfläche verschwinden. Zweifelsohne wird eine Art superkybernetische Maschine seinen Platz einnehmen. Die Maschine wird Richtlinien festlegen, endgültige Entscheidungen treffen und Befehle erteilen, nachdem sie häppchenweise mit Informationen, die auf Lochstreifen kodiert sind, von hochspezialisierten Führungskräften des Unternehmens gefüttert wurde.

Um in einem Unternehmen erfolgreich zu sein, um an die Spitze zu gelangen, muss eine Person alles wissen, was man über dieses Unternehmen wissen kann. Sie muss mit den Aufgaben und Verantwortlichkeiten jedes einzelnen Bereichs, Büros und jeder Abteilung der Firma vertraut sein. Sie muss einiges wissen – je mehr, desto besser – über die Buchhaltung ebenso wie über die Produktion, über den Vertrieb ebenso wie über den Einkauf. Wie die Wildcatter von früher sollte sie ein Dutzend oder hundert verschiedene Aufgaben so gut kennen, dass sie die Kontrolle übernehmen, die Effizienz und die Produktqualität steigern, die Kosten senken und trotzdem einen Gewinn erzielen und weiter expandieren kann.

Jede Führungskraft könnte einen viel besseren Job machen, wenn sie ab und zu ihren Business-Anzug ablegen, in einen Overall steigen und sich unten im Werk die Hände schmutzig machen würde. Der Vizepräsident, der für den Einkauf zuständig ist und die Rohstoffe, die er kauft, in ein Verarbeitungsbecken oder einen Schmelzofen gegossen hat, kann einen viel besseren Job im Einkauf machen. Er kann oft mehr lernen, wenn er eine Stunde lang dem Gespräch einiger Produktionsarbeiter zuhört, als wenn er 10 000 technische Handreichungen liest. Werbe- und Verkaufsleiter, die eine Drehbank oder eine Stanzmaschine bedient haben und tatsächlich einen Teil des Produkts hergestellt haben, von dem sie schwärmen, werden in ihren Verkaufskampagnen viel überzeugender und erfolgreicher sein. Der Experte für Mitarbeiterbeziehungen wird ein viel klareres und besseres Verständnis für die Probleme und die psychischen Belange der Mitarbeiter haben, wenn er mehr Zeit mit den Mitarbeitern verbringt und weniger in seinem getäfelten Büro, wo er sich neue, die »Moral stärkende« Spielereien oder Incentive-Partys ausdenkt.

Es gibt wohl kein besseres Beispiel als die Unternehmen des Bell-Telefonsystems, um meinen Standpunkt zu belegen. Es gibt nur wenige Unternehmen des Bell-Systems, in denen sich die Topmanager nicht selbst hochgearbeitet haben. Sie begannen als Elektriker, Kabelverleger, Buchhalter. In der Regel sind sie im Laufe ihrer Karriere nicht nur aufgestiegen, sondern auch herumgekommen. Sie leiten ihre Betriebe mit bemerkenswerter Effizienz.

Walter Munford, der verstorbene Präsident von U.S. Steel, begann seine Karriere als Werkzeugmacher und arbeitete 78 Stunden pro Woche – er stieg auf die harte Tour auf. Harry B. Cunningham, Präsident von S. S. Kresge, begann als Lagerarbeiter und arbeitete sich durch die verschiedenen Abteilungen und Ebenen der riesigen Einzelhandelskette nach oben. Die Liste solcher Beispiele ließe sich endlos fortsetzen, aber der Punkt ist, glaube ich, klar.

Ein weiterer Fehler, den unbedarfte Geschäftsleute machen, besteht darin, dass sie Befugnisse eher ganz abtreten, als sie lediglich zu delegieren. Ich nehme an, es ist natürlich, dass eine Führungskraft oder jemand, der ein Unternehmen besitzt, das Gefühl hat, dass er oder sie die Dinge so leicht wie möglich nehmen sollte. Das ist die menschliche Natur – aber es ist kaum gut fürs Geschäft. Ein Geschäftsmann kann es sich niemals leisten, seine Autorität zu vernachlässigen – und er kann es sich auch nicht leisten, seine Befugnisse abzugeben. Wenn er zulässt, dass andere sein Geschäft leiten, ohne eine enge und ständige Aufsicht über ihre Grundsätze und Abläufe zu haben, wird er höchstwahrscheinlich feststellen, dass er einen Fehler gemacht hat und dass er und sein Unternehmen in Schwierigkeiten sind. Wenn er diese Erkenntnis gewinnt, ist es allzu oft schon zu spät, etwas dagegen zu unternehmen.

»Wenn Sie ein Geschäft haben, stellen Sie sicher, dass Sie derjenige sind, der es führt«, ist ein Rat, den ich vor vielen Jahren erhalten habe. »Wenn Sie die Strapazen der Chefrolle nicht auf sich nehmen wollen, dann schließen Sie entweder das Geschäft oder verkaufen Sie es an jemanden, der bereit ist, die Verantwortung zu übernehmen.« Ich habe festgestellt, dass dies ein guter Ratschlag ist. Ein Geschäftsmann sollte Befugnisse delegieren – er muss es sogar, denn kein Mensch kann überall sein und alles tun. Aber er muss auch daran denken, dass die letzte Verantwortung bei ihm liegt – und deshalb sollte er immer als letzte Instanz und Autorität fungieren.

Das bringt mich zum letzten der Fehler, die junge Geschäftsleute meiner Beobachtung nach häufig machen: ihre wachsende Angewohnheit, sich selbst zu verhätscheln – sie klagen, dass sie überarbeitet sind und ständig unter »schrecklicher Belastung und Anspannung« arbeiten. Sie stellen ihre echten oder eingebildeten Krankheiten – insbesondere ihre Magengeschwüre – wie Ehrenabzeichen zur Schau. Sie geben Unmengen an Zeit und Geld für medizinische Untersuchungen, Kardiogramme, Röntgenaufnahmen, Tests und Untersuchungen aller Art aus. Nichts könnte unsinniger sein.

Das Nationale Amt für Lebensstatistik zeigt, dass »Männer in leitenden, technischen und administrativen Positionen insgesamt eine niedrigere ... als die durchschnittliche Sterblichkeitsrate haben«. Führungskräfte genießen die niedrigsten Raten beim Abschluss einer Lebensversicherung. Medizinische Studien weisen darauf hin, dass sie weniger anfällig für Herzprobleme sind – ein beliebtes Schreckgespenst von Führungskräften – als Angestellte oder Arbeiter und dass sie nicht mehr dazu neigen, an Krebs oder den meisten anderen tödlichen Krankheiten zu erkranken als Maurer oder Zugbegleiter.

»Mit den meisten Führungskräften ist eigentlich alles in Ordnung«, sagte mir einmal der Leiter einer berühmten Klinik. »Sie sind nicht überarbeitet oder überlastet. Sie sind nur überbesorgt, ihren Job zu behalten, und werden zu nervlichen Wracks als Folge der Büropolitik, die sie so oft betreiben.« Andere Ärzte haben mir gesagt, dass sie glauben, dass die krankhafte Beschäftigung vieler Führungskräfte mit ihrer Gesundheit ein Nebenprodukt des Statuswahns ist.

»Manager, die insgeheim Angst haben, nicht gut genug zu sein, um befördert zu werden, bauen sich im Vorfeld gesundheitliche Alibis auf«, so ein Arzt. »Falls sie es nicht schaffen, können sie ihre Frauen, ihre Freunde – und sich selbst – davon überzeugen, dass ihre Gesundheit und nicht ihre Inkompetenz für ihr Versagen verantwortlich war.«

Ein Arzt sagt sogar, dass viele Führungskräfte, die behaupten, ein Magengeschwür zu haben, nichts dergleichen haben. »Ein Magengeschwür zu haben, ist zu einem Statussymbol geworden«, schmunzelt er. »Es gibt bestimmte Typen von Führungskräften, die lieber sterben würden, als zuzugeben, dass mit ihrem Magen alles in Ordnung ist. Das wäre gleichbedeutend mit dem Eingeständnis, dass sie wie jeder andere sind!«

Da ich keine medizinische Autorität bin, kann ich kaum ein Urteil über diese Theorien abgeben. Ich kann jedoch insgeheim herzlich lachen, wenn ich höre, wie ein 28- oder 30-jähriger Manager, der höchstens 48 Stunden pro Woche arbeitet – abzüglich der Zeit, die er mit dreistündigen »Geschäftsessen« und Golfspielen verbringt –, jammert, er sei »überarbeitet« oder »stehe unter großem Druck«. Die wirklich großen Giganten und Genies der amerikanischen Geschäftswelt arbeiteten gewöhnlich 16 oder 18 Stunden am Tag – oft sieben Tage die Woche – und nahmen nur selten Urlaub. Dennoch haben die meisten von ihnen ein hohes Alter erreicht.

Zum Beispiel war Andrew Mellon 82 Jahre alt, als er starb, Andrew Carnegie und Henry Ford wurden 84 Jahre alt, George L. Hartford und Samuel H. Kress starben mit 92 Jahren. John D. Rockefeller, Sr. wurde sogar 98 Jahre alt.

Dies gilt übrigens nicht nur für Unternehmer der Vergangenheit. Hugh Robertson war 72 Jahre alt, als er 1959 die Präsidentschaft der Zenith Radio Corporation an Joseph S. Wright übergab und zu einem sehr aktiven Vorstandsvorsitzenden aufstieg. Walter Johnson – in seinen Achtzigern – ist berühmt für die Energie und den Ehrgeiz, mit denen er zwei riesige Unternehmen leitet: Friden, Inc. und die American Forest Products Corporation. Es gibt unzählige andere vergleichbare Persönlichkeiten.

Der »halbgare« Manager, der sich über seine »Überarbeitung« und die daraus resultierende Gesundheitsgefährdung beklagt, täte gut daran, sich ein *Who's Who of American Businessmen* zu kaufen und es sorgfältig zu studieren. Er würde feststellen, dass die am härtesten arbeitenden und erfolgreichsten Geschäftsleute meistens am längsten leben.

Dies sind also die verschiedenen Kategorien von Fehlern, die ich in meinen mehr als 40 Jahren im Geschäftsleben so häufig bei jungen Geschäftsleuten beobachtet habe. Einige sind Fehler, die ein Anfänger fast unweigerlich machen wird, bis er im Business erfahren und gereift ist. Andere sind Fehler, die vermieden werden können, vor allem, wenn man vor ihnen gewarnt ist. Die meisten der Fehler, die ich aufgelistet habe, sind Fehler, die ich selbst schon einmal begangen habe. Ob im Beruf oder in der Freizeit, es ist nichts Ungewöhnliches oder Beschämendes daran, einmal einen Fehler zu machen. Aber, wie Cicero sagte, zweimal über denselben Stein zu stolpern, das ist eine sprichwörtliche Schande.

KAPITEL 7
DIE PSYCHOLOGIE EINER GUTEN PERSONALFÜHRUNG

Kein erfolgreicher Geschäftsmann hat je sein Glück machen können ohne die engagierte Hilfe seiner Mitarbeiter. Die Verwirklichung fast jeder Idee erfordert die kluge Arbeit und Kooperation aller Beteiligten. Eine ehrgeizige Führungskraft muss wissen, wie sie das Beste aus ihrem Umfeld herausholen kann, unabhängig davon, ob großer Druck herrscht oder eher ein geringer. Dies ist eine essenzielle Fähigkeit, die manchen von Natur aus gegeben zu sein scheint, die aber auch erlernt werden kann.

Vor vielen Jahren hatte ich ein Gespräch mit einem der führenden Industriellen Amerikas, einem Mann, der in Geschäftskreisen dafür bekannt war, dass er seine vielen Unternehmen mit beständigem Erfolg führte.

»Sie scheinen wirklich ein glückliches Händchen zu haben«, bemerkte ich an einer Stelle in unserem Gespräch.

»Ein glückliches Händchen?«, erwiderte der Magnat. »Nein, ich glaube nicht, dass ich irgendetwas in der Art habe. Der Grund, warum ich ziemlich gut dastehe, besteht darin, dass ich vor langer Zeit das

Geheimnis entdeckt habe, das den Unterschied in der Geschäftswelt ausmacht: den Einsatz von angewandter Psychologie in der Unternehmensführung, basierend auf gesundem Menschenverstand.«

Ich konnte gut verstehen, was er meinte, denn ich hatte auf den Ölfeldern von Oklahoma meine ersten Lektionen darüber gelernt, wie eine gute Psychologie die Unternehmensführung effizienter machen kann. Ich gebe zu, die Lektionen waren simpel und grundlegend – und manchmal sogar hart –, aber das war zu erwarten, wenn man mit den Männern arbeitete, aus denen meine Bohrtrupps zusammengestellt waren.

Ich war jung und relativ unerfahren; die Männer, die für mich arbeiteten, waren meist älter und hatten viel mehr praktisches Wissen und Erfahrung. Meine Position war in etwa vergleichbar mit der eines frisch ernannten Leutnants, der sich plötzlich als Kommandant einer Einheit wiederfindet, die aus zähen, altgedienten Veteranen besteht. Ich hatte die Autorität und die letzte Verantwortung; die erfahrenen Kämpfer beobachteten mit wachsamer Skepsis, wie ich diese nutzen und ausüben würde, und warteten darauf, ob ich mich bewähren würde.

Ich wusste, dass es für mich keinen Sinn machen würde, eine strenge, autoritäre Rolle einzunehmen oder den Zuchtmeister zu spielen; ich würde mich nur lächerlich machen und nichts als Verachtung ernten, was die Männer dadurch zum Ausdruck brächten, dass sie so wenig wie möglich arbeiteten. Genauso fatal wäre es für mich gewesen, mich abzuschotten oder aber zu versuchen, mich einzuschmeicheln, indem ich mich zu sehr anbiederte und so täte, als sei ich »einer von ihnen«. Ich sah ein, dass ich einen praktikablen Mittelweg finden musste. Ich dachte dabei nicht an »Psychologie«; ich bezweifle, dass ich mir damals bewusst war, dass der Begriff in einem solchen Zusammenhang überhaupt verwendet werden konnte. Es ging einfach darum, die effektivsten Techniken zu finden, um die Arbeit der Männer zu lenken, von deren Moral und Leistung mein Geschäftserfolg abhing.

Die direkte Ansprache schien mir am ratsamsten – schon deshalb, weil die Männer instinktiv jeden Versuch gespürt hätten, ihnen etwas vorzumachen. Ich versuchte verschiedene Wege, um ihnen meine Ansichten deutlich zu machen. Ich ließ die Männer erkennen, dass ich sie nicht nur wegen ihrer herausragenden Erfahrung, sondern auch als Individuen respektierte, und dass ich unsere Zusammenarbeit als eine gemeinsame Anstrengung betrachtete, bei der ich die finanziellen Risiken übernahm, die Hauptlast zu tragen hatte und bereit war, meinen Anteil an der Arbeit zu leisten. Ich gab keine Befehle oder Anweisungen ohne Erklärung, vermied es tunlichst, mich einzumischen oder zu pingelig zu sein, war aber immer bereit, selbst bei den chaotischsten und schwierigsten Aufgaben zu helfen, wenn Hilfe gebraucht wurde.

Innerhalb bemerkenswert kurzer Zeit erkannten meine Männer an, dass ich zwar ein Anfänger war, aber kein völliger Ignorant, und in der Tat besaß ich offenbar eine ganze Menge Wissen über das Ölgeschäft im Allgemeinen und die Bohrarbeiten im Besonderen. Wir entwickelten schnell ein hohes Maß an gegenseitigem Respekt, und die Arbeit auf der Bohrstelle ging schnell und effizient voran. Natürlich gab es auch ein paar schwierige Momente und potenziell angespannte Situationen – an eine davon kann ich mich besonders gut erinnern.

Damals arbeiteten die Bohrmannschaften in Zwölf-Stunden-Schichten an sechs Tagen die Woche. Das ließ wenig Zeit für nächtliche Ausflüge in die Stadt, aber einige der Männer konnten den Verlockungen der Boomtowns nicht widerstehen, obwohl die Arbeit in der brütenden Sonne Oklahomas am Morgen danach eine brutale Strafe war. Eines Morgens erschien einer meiner Arbeiter auf der Bohrstelle und litt unter einem gewaltigen Kater. Obwohl wir uns in einer entscheidenden Phase der Bohrung befanden, wurde bald klar, dass er an diesem Tag nicht die Absicht hatte, ernsthaft zu arbeiten, und er begann, sich offen gegen die Arbeit zu sträuben.

Die anderen Crewmitglieder schauten genau hin, um zu sehen, was – wenn überhaupt – ich tun würde. Glücklicherweise spielten mir zwei Dinge in die Karten: Ich selbst war in der Nacht zuvor ausgegangen, und die Crew wusste das, und der verkatert wirkende Goldgräber war nur ein paar Jahre älter als ich.

»Geht es dir schlecht?«, fragte ich ihn. Er starrte mich nur an. »Ich schlage dir einen Deal vor«, fuhr ich fort. »Ich gebe dir zehn Sekunden Vorsprung und klettere mit dir um die Wette den Turm rauf. Wenn du mich schlägst, kannst du den Tag bei vollem Gehalt freihaben.«

Der Arbeiter schielte zur Spitze des Bohrturms hinauf. »Boss, die Sache läuft«, knurrte er. Ich reichte einem der anderen Männer meine Uhr. Auf ein Signal hin kletterte der Arbeiter wie ein Affe den Bohrturm hinauf. Genau zehn Sekunden später folgte ich ihm – und erreichte die Krone des Bohrturms ein oder zwei Sekunden vor ihm.

Wir waren beide erschöpft, als wir wieder unten auf der Bohrplattform ankamen – aber es war offensichtlich, dass ich mehrere Siege davongetragen hatte. Die anderen Mitglieder der Crew grinsten breit. Ich hatte die Situation so gehandhabt, dass sie es zu schätzen wussten, und ich hatte mein Recht als »Boss« bewiesen. Der Bohrarbeiter nahm das Ganze mit Humor. »O. K.«, stöhnte er. »Ich arbeite diese Schicht, und wenn es mich umbringt!« Er arbeitete die Schicht – und sie brachte ihn nicht um. Danach war er eines der am härtesten arbeitenden und gewissenhaftesten Mitglieder der Mannschaft und arbeitete später für mich bei vielen anderen Bohreinsätzen.

Ich gebe zu, der Zwischenfall ist eine grundlegende Verbildlichung dessen, wie angewandte Psychologie Managementprobleme lösen und Unternehmen helfen kann, effizienter zu arbeiten. Ich würde dem Geschäftsführer einer Baufirma wohl kaum empfehlen, mit einem Maurerlehrling um die Wette zu schleppen, um seinen guten Ruf als Manager zu beweisen. Nichtsdestotrotz zeigt das Beispiel, dass bei der Leitung menschlicher Tätigkeiten viel dafürspricht, Methoden und Handlungen anzuwenden, die menschlich ansprechend sind und von den betroffenen Personen leicht verstanden werden können.

Ich denke, die Definition von Management durch den Industriemagnaten, die ich eingangs beschrieben hatte, könnte auch anders formuliert werden, nämlich, dass die primäre Funktion von Management darin besteht, Ergebnisse *durch Menschen* zu erzielen. Folglich wird eine solide Managementpsychologie die Menschen motivieren, leiten, ermutigen und in den wenigen Fällen, wo das Management in den Händen von außergewöhnlichen Individuen liegt, so sehr inspirieren, dass sie die Ergebnisse erzielen, die das Erreichen der vorgegebenen Ziele ermöglichen.

Es gab eine Zeit – die ist glücklicherweise schon lange vorbei –, in der sich das Management wenig oder gar keine Gedanken über den Faktor Mensch gemacht hat, der seit jeher das wertvollste Gut eines jeden Unternehmens darstellt. Mitarbeiter galten als höchst entbehrlich, Aktionäre waren Manipulatoren und Haien ausgeliefert, und die Haltung gegenüber Kunden und Klienten fand ihren endgültigen Ausdruck in dem klassischen Ausspruch: »Die Öffentlichkeit kann uns mal!«

Das gesamte Konzept der Management-Mensch-Beziehung hat sich in den letzten Jahrzehnten radikal gewandelt. Die Wirtschaft und die Unternehmensführung sind erwachsen geworden; sie sind kompetent, anspruchsvoll und wissen, dass der Mensch zählt. Zugegeben, die Veränderungen sind nicht spontan entstanden, sondern wurden durch Druck von außen unterstützt, ja erzwungen. Aber das ist hier nicht von Bedeutung. Wichtig ist, dass das moderne Management sich der Tatsache bewusst geworden ist, dass es mit Menschen zu tun hat und von ihnen abhängig ist, dass man mehr tun muss, als nur Rüffel oder Befehle zu erteilen, und vor allem, dass Menschen geführt und nicht getrieben werden müssen, wenn man das Beste aus ihnen herausholen will.

Nachdem die Wirtschaft ihre Fehler und Versäumnisse der Vergangenheit erkannt und bedauert hat, hat sie viel getan, um diese zu korrigieren und eine aufgeklärte Managementpsychologie zu entwickeln. Ein Beweis dafür sind die umfangreichen Programme zur Pflege guter Beziehungen zu Mitarbeitern, Aktionären und der Öffentlichkeit sowie die Anstrengungen, die die meisten Unternehmen ergreifen, um zu gewährleisten, dass ein »vorteilhaftes Firmenimage« vermittelt wird. All dies sind bedeutende Manifestationen des Bewusstseins des modernen Managements, dass es nur mit den Menschen Erfolge erzielen kann.

Obwohl im Großen und Ganzen alle Unternehmen sehr ähnliche Ergebnisse erzielen wollen – wie zum Beispiel eine hohe Mitarbeitermoral, ein hohes Maß an Qualitätsproduktion, gesunde Gewinne –, unterscheiden sich die Muster und Methoden der Anwendung ihrer Managementpsychologie nicht nur im Detail, sondern auch in der Effektivität. Viel zu viele Führungskräfte auf allen Ebenen verstehen immer noch nicht, dass eine solide Managementpsychologie, etwa so wie die Fürsorge um andere, im eigenen Haus beginnt und dass, obwohl ausgeklügelte Public-Relations-Programme zweifellos viel bewirken, der Ort, an dem man mit der Anwendung der Managementpsychologie beginnen sollte, nicht weiter entfernt ist als die nächste Sekretärin, der nächste Maschinist oder der nächste Vertriebsmitarbeiter.

Keine psychologische Waffe ist mächtiger als das Vorbild. Eine Führungskraft, die durch die Menschen, die unter ihrer Leitung arbeiten, Ergebnisse erzielen will, muss selbst einen mindestens so hohen

Leistungsstandard vorweisen, wie er ihn von seinen Untergebenen zu erhalten hofft. Wenn er es sich zur Gewohnheit macht, drei Stunden zu Mittag zu essen, hat er kein Recht, sich zu beschweren, wenn seine Sekretärin zehn Minuten länger in ihrer Kaffeepause verweilt oder sich die Nägel lackiert, wenn sie eigentlich einen Bericht tippen sollte, den der Vorstandsvorsitzende am nächsten Morgen sehen will.

Führungskräfte müssen auch in anderer Hinsicht einheitliche Standards festlegen und einhalten. Einige tun dies nicht und üben einen starken negativen psychologischen Einfluss auf ihre Untergebenen aus. Es gibt diejenigen, die eine »Quod licet jovi, non licet bovi«-Haltung einnehmen – »Was dem Jupiter erlaubt ist, ist dem Ochsen nicht erlaubt« –, die also einfach annehmen, dass ihr Rang nicht nur Privilegien verleiht, sondern auch Freiheiten gewährt. Typisch für diese Kategorie ist die Führungskraft, die massive Warnungen in Sachen Diebstahl und Eigennutzung von Firmeneigentum in Umlauf bringt. Es kommt durchaus vor, dass eine solche Führungskraft einen Büroangestellten feuert, wenn der sich einen Bleistift oder eine 5-Cent-Briefmarke genommen hat – und doch verbringt derselbe Mann Stunden damit, seiner Sekretärin persönliche Briefe zu diktieren, und schickt Mitarbeiter los, um während der Arbeitszeit persönliche Besorgungen für ihn zu erledigen.

Die Mitarbeiter erfahren solche Dinge schnell; der Flurfunk ist eines der schnellsten Kommunikationsmittel, das unsere Gesellschaft kennt. Und wenn sich das schlechte Beispiel einer Führungskraft oder ihre Doppelmoral herumspricht, sinken Moral und Leistung in dieser Abteilung. Ich bin im Laufe meiner Karriere beiden Typen von Mensch begegnet und kann zwei repräsentative Beispiele aus meiner Erfahrung anführen, als ich die Spartan Aircraft Company leitete.

An einem gewissen Punkt wurde mir intuitiv bewusst, dass die Moral der Mitarbeiter sank. Ich fand bald heraus, warum. Einige Führungskräfte hatten es sich zu eigen gemacht, jeden Morgen 30 Minuten, manchmal sogar eine ganze Stunde zu spät zur Arbeit zu kommen. Das kam natürlich bei den einfachen Arbeitern nicht gut an, die Stechuhren stempeln und bei Unpünktlichkeit Lohneinbußen hinnehmen mussten.

Feuer, so sagt man, bekämpft man am besten mit Feuer – und ich war schon immer der Meinung, dass man schlechte Managementpsychologie am besten mit nachdrücklich positiver angewandter Psychologie bekämpft. Ich verschwendete keine Zeit mit der Androhung von disziplinarischen Maßnahmen. Ich kündigte einfach an, dass ich von nun an und bis auf Weiteres täglich Konferenzen abhalten würde, bei denen ich die Anwesenheit aller Führungskräfte erwartete – und die pünktlich 45 Minuten vor Beginn des regulären Arbeitstages beginnen würden.

In den nächsten zwei Wochen verlor ich zwar ein wenig Schlaf, aber ich gewann einen wichtigen Kampf. Meine Führungskräfte verstanden die Botschaft: Es gab kein gewohnheitsmäßiges Zuspätkommen mehr und die Arbeitsmoral war in Rekordzeit wieder auf einem hohen Niveau.

Kurze Zeit später erfuhr ich, dass ein leitender Angestellter firmeneigenes Holz und Nägel mitgenommen hatte, mit denen er in seinem Garten eine Hundehütte gebaut hatte. Obwohl das Holz von alten, demontierten Verpackungskisten stammte, hatte ich das Gefühl, dass er einen gefährlichen Präzedenzfall geschaffen hatte, der zu allen möglichen Schwierigkeiten führen und die Verluste durch Diebstahl in die Höhe treiben könnte, wenn die Mitarbeiter erfahren würden, dass er damit durchgekommen war. Da er ein wertvoller Mann war, wollte ich ihn nicht feuern und verließ mich auf eine andere Strategie der angewandten Psychologie, um die Situation zu bewältigen. Ich schickte dem Mann ein nett formuliertes Schreiben, in dem ich ihn um eine detaillierte Bestandsaufnahme des Materials bat, das er mitgenommen hatte, und sagte, dass ich den geschätzten Wert mit seinem Gehalt verrechnen würde. Das Inventar wurde erstellt; die Schätzung ergab einen Gesamtwert von etwa 4 Dollar, und diese Summe wurde ordnungsgemäß mit seinem Gehalt verrechnet. Ich habe das nicht nur der betreffenden Führungskraft vermittelt, sondern auch den Tausenden von Spartan-Mitarbeitern, denn die Geschichte machte schnell die Runde. Von da an hatten wir bemerkenswert wenig Diebstahlsverluste. Die Arbeiter, die erkannten, dass nicht einmal die »hohen Tiere« mit der Entwendung von Firmeneigentum davonkommen konnten, hatten sich die Lektion offenbar zu Herzen genommen.

Es sollte offensichtlich sein, dass die Integrität von Führungskräften ein entscheidender Faktor bei der Entwicklung einer soliden Managementpsychologie ist, die im Umgang mit Untergebenen, Vorgesetzten, Gleichgestellten, Kunden und allen anderen, mit denen die Führungskraft oder ihr Unternehmen in Kontakt steht, ihre Anwendung findet. Die Integrität einer Führungskraft hat viele Facetten. Eine gute Führungskraft, die eine solide Managementpsychologie praktiziert, erkennt zum Beispiel, dass sie die Menschen, mit denen sie zu tun hat, nicht beschwindeln kann, egal, ob es sich um Untergebene oder Vorgesetzte handelt. Vor allem Untergebene spüren, wenn der Chef blufft, wenn er die Antwort auf eine Frage oder ein Problem nicht weiß oder einen Fehler gemacht hat und versucht, diesen zu vertuschen. Auch sollte die Führungskraft nicht den Schwarzen Peter weiterreichen. Bluffen führt nur zum Verlust von Respekt, während ein offenes Eingeständnis von Fehlern oder Unwissenheit den Respekt der Menschen erhöht. Das Abwälzen von Schuldgefühlen wird einer Führungskraft nur die Verachtung derjenigen einbringen, die wissen, dass sie den Schwarzen Peter weitergegeben hat, und sie wird abgrundtiefen Hass bei denjenigen auslösen, an die sie ihn weitergegeben hat.

Im Umgang mit Mitarbeitern ist es wichtig, sie als Menschen, als Individuen zu respektieren. Nichts erreicht dies effektiver und schafft ein gesünderes soziales und emotionales Klima unter den Mitarbeitern als das, was als »verantwortungsvolle Teilnahme« bezeichnet wird.

Zweifelsohne ist die finanzielle Entlohnung die wesentliche Motivation, die Menschen zur Arbeit veranlasst. Allerdings ist dies nicht die einzige Motivation. Für die Mehrzahl der Menschen – auch wenn sie es vielleicht nicht zugeben oder gar erkennen – befriedigt Arbeit ein ausgeprägtes psychologisches Bedürfnis. Dieses Bedürfnis wird am besten bedient und der Arbeiter ist am ehesten motiviert, sein Bestes zu geben, wenn er, wie Roger Falk es ausdrückt, »das Gefühl hat, dass er in verantwortungsvoller Weise, ob allein oder in einer Gruppe, an einem Unternehmen teilnimmt, dessen übergreifende Ziele er verstehen kann«.

Yale-Professor E. W. Bakke bezeichnet es als Aufgabe des Managements, dafür zu sorgen, dass Mitarbeiter »die Kräfte und Faktoren verstehen, die in ihrer Umgebung wirken«, mit anderen Worten: in ihrem eigenen Arbeitsumfeld. Der Mitarbeiter, der über das Warum und Wieso seiner Arbeit, über die Anweisungen, die ihm gegeben werden, und über die Dinge, die um ihn herum geschehen, aufgeklärt wird, bekommt das Gefühl, dass er verantwortlich an dem Gesamtvorgang beteiligt ist, und ist folglich ein glücklicherer, begeisterterer und effektiverer Mitarbeiter.

Eine solide Managementpsychologie besteht in der Tat darin, den Prozess, in dem die Mitarbeiter das Gefühl haben, dass sie sich verantwortlich beteiligen, einige Schritte weiterzuführen. Es gibt keinen effektiveren Weg, dies zu tun, als die Mitarbeiter wissen zu lassen, dass das Management sich für ihre Ansichten interessiert. Wo es möglich ist, sollten die Mitarbeiter gefragt werden, was sie von einem Problem, einer geplanten Innovation oder einer Veränderung halten. Dies wird nicht nur eine erstaunlich große Anzahl an lohnenden Vorschlägen hervorbringen, sondern auch dem einzelnen Mitarbeiter ein Gefühl des Stolzes vermitteln – das Gefühl, dass er involviert ist und eine wichtige Rolle spielt.

Ich bin mir seit Langem des Wertes bewusst, den es hat, Untergebene zu konsultieren und ihre Meinungen und Ratschläge einzuholen – und dies ist sowohl in sich wertvoll als auch ungemein motivierend. Es hat zahlreiche Fälle in meiner Karriere gegeben, wo ein erfahrener Bohrer, ein altgedienter Maschinist oder eine aufmerksame Sekretärin einfache Lösungen für Probleme gefunden haben, die mich und meine Führungskräfte vor ein Rätsel stellten, oder Vorschläge gemacht haben, die sich als äußerst wertvoll erwiesen.

Es läuft alles auf Folgendes hinaus: Der Arbeiter ist nicht bloß ein Tier oder ein Roboter, der nur auf Befehle reagieren kann. Arbeiter – egal, auf welcher Ebene des Betriebs sie tätig sind – sind denkende, fühlende menschliche Wesen. Es bedeutet für sie eine psychologische Befriedigung, wenn sie wissen, dass sich das Management nicht nur für ihre Arbeitskraft, sondern auch für ihren Verstand interessiert und auf ihre Gefühle Rücksicht nimmt.

Eine solide Managementpsychologie erfordert ein kontinuierliches Interesse an allen Problemen der Mitarbeiter, auch an persönlichen. Das bedeutet nicht, dass das Management in den privaten Angelegenheiten eines Mitarbeiters herumschnüffeln sollte. Es bedeutet aber, dass das Management einem Mitarbeiter mit persönlichen Problemen ein offenes Ohr schenken sollte – und, wo es sinnvoll ist, Hilfe anbieten sollte.

Dies wird auch in vielen Unternehmen auf breiter Front praktiziert; es gibt Sozialprogramme für Mitarbeiter, Beratungsdienste, Kreditbüros und eine Vielzahl ähnlicher Einrichtungen. Nichtsdestotrotz spricht es für eine ausgezeichnete Psychologie, diesen Geist auf allen Führungsebenen durchzusetzen. Nein, ein Abteilungsleiter sollte kein Beichtvater oder strenger Erzieher für alle seine Untergebenen sein. Andererseits muss eine Führungskraft, wenn sie mit Menschen Ergebnisse erzielen will, ein Element des Mitgefühls in sich tragen und immer bedenken, dass jeder Einzelne seine Hoffnungen, Interessen, Probleme und Ängste hat. Wenn ein Mitarbeiter seinen Vorgesetzten respektiert, liegt es in der menschlichen Natur, dass er dessen Rat sucht – und es ist ein Beweis für die beste Managementpsychologie, wenn der Vorgesetzte ihm zuhört und ihm, wenn möglich, hilft.

Fairness ist ein weiterer wichtiger Baustein im Gefüge einer soliden Managementpsychologie. Das Management muss fair zu seinen Mitarbeitern, Aktionären, Kunden und Lieferanten sein. Führungskräfte sollten niemanden unter ihren Untergebenen oder Kunden bevorzugen, Aktionäre haben ein Anrecht auf etwas mehr als nur eine schwarze Null, Zulieferer dürfen nicht willkürlich behandelt werden und die Gehälter und Löhne der Mitarbeiter sollten fair und gerecht sein; Beförderungen sollten auf der Grundlage von Verdiensten erfolgen. Die psychologische Wirkung von unfairem Verhalten oder ungerechten Entscheidungen ist für den Einzelnen häufig verheerend; darin zu versagen, immer fair zu sein, bedeutet für das Management genau das: Es hat versagt.

Fairness gegenüber Mitarbeitern impliziert unter anderem Vertrauen. Das Gefühl, dass ihm nicht vertraut wird, schadet der Arbeitsmoral und der Leistung des Mitarbeiters und zerstört sie auch häufig. Kein Mitarbeiter kann zufrieden und produktiv sein, wenn er spürt, dass das Management seiner Kompetenz oder ihm persönlich misstraut.

Vance Packard zitiert in seinem Buch *Die wehrlose Gesellschaft* den Wissenschaftler Dr. Chris Argyris von der Yale University, dessen Forschungen zum menschlichen Verhalten gezeigt haben, dass »einer der stärksten Motivatoren für konstruktives menschliches Verhalten einfaches Vertrauen ist«. Packard zitiert weiter, was Argyris als eine »Kausalkette« des Misstrauens beschreibt, die sich in einigen Unternehmen herausbildet:

1. Der Mitarbeiter kommt mit ehrlichen, ernsthaften Motiven in das Unternehmen.
2. Er erlebt die Frustration, die aus einem Gefühl des Versagens resultiert, weil man ihm wenig Vertrauen entgegenbringt und wenig Verantwortung überträgt.
3. Er reagiert darauf, indem er sich weniger verantwortlich für das Wohlergehen und den Erfolg des Unternehmens fühlt. Er kann auch nach und nach auf sein Gefühl des Versagens mit einer Reihe von Verhaltensweisen reagieren, einschließlich Stehlen. Teilweise stiehlt er, weil es ein sicherer Weg ist, seine Aggressionen auszuleben. In einem tieferen Sinne »stiehlt er von einem Unternehmen, das dazu beigetragen hat, ihn von dem Gefühl der Verantwortung, des Engagements und des Vertrauens zu entfremden«.
4. Sobald gestohlen wird, verschärft das Management genau die Faktoren, die die ursprünglichen Diebstähle verursacht haben.
5. Jetzt ist das Misstrauen der Arbeiter offenkundig. Sie haben das Gefühl: »Okay, wenn sie denken, dass man mir nicht trauen kann, dann werde ich auch entsprechend handeln.«

Dr. Argyris hat in seinen Studien herausgefunden, dass sich das Misstrauen nicht nur auf die Mitarbeiter der unteren Ebenen beschränkt. »Meiner Meinung nach herrscht auch in den Führungsetagen eine Menge Misstrauen«, stellt er fest.

Wenn man über die Psychologie eines guten Managements spricht, schließt sich unweigerlich der Kreis und man kehrt immer wieder zu der Erkenntnis zurück, dass Unternehmen von Menschen abhängig sind und ohne sie nicht funktionieren können. Es macht keinen Unterschied, wie viel sonstiges Know-how oder Erfahrung eine Führungskraft besitzt; wenn sie nicht in der Lage ist, *durch Menschen* Ergebnisse zu erzielen, ist sie als Führungskraft nicht zu gebrauchen.

KAPITEL 8
DIE BEZIEHUNG ZU ARBEITERSCHAFT UND GEWERKSCHAFTEN

Mit den Gewerkschaften zu leben, mit ihnen zu arbeiten – und sie nicht zu bekämpfen oder zu ignorieren –, sollte eine selbstverständliche Verpflichtung für jede Geschäftsleitung sein. Erfolg und Gewinne können leichter und glücklicher mit der ehrlichen Kooperation der Arbeiterschaft erzielt werden als ohne sie. Dies alles sollte offensichtlich sein, aber bedauerlicherweise sehen nur wenige Geschäftsleute die Beziehungen zur Arbeiterschaft und zu den Gewerkschaften als etwas anderes als ein Hindernis. Meine eigenen Erfahrungen haben mir jedoch bewiesen, dass eine erfolgreiche (und von gegenseitigem Respekt geprägte) Liaison möglich *ist*.

Vor einigen Jahren zum Beispiel wollten Vertreter einer Gewerkschaft einen neuen Vertrag mit einem Unternehmen aushandeln, das mir gehörte, und ich traf mich mit ihnen am Verhandlungstisch. Ihre Forderungen konzentrierten sich auf eine Erhöhung des Stundenlohns, von der ich wusste, dass das Unternehmen sie nicht in vollem Umfang gewähren konnte. Ich glaubte jedoch, dass wir die

Forderungen halbwegs erfüllen könnten, und war der Meinung, dass eine solche Erhöhung gerechtfertigt war.

Bevor die Verhandlungen begannen, rieten mir meine »Experten« für gewerkschaftliche Beziehungen dringend dazu, in den ersten Verhandlungsrunden keine Signale in diese Richtung zu senden. »Halten Sie sich bedeckt«, empfahlen sie mir. »Bieten Sie überhaupt nichts an, bis zum letztmöglichen Zeitpunkt, wenn die Gespräche in eine scheinbare Sackgasse geraten – was zweifellos der Fall sein wird. Fangen Sie dann mit einem niedrigen Angebot an und erhöhen Sie es langsam, aber nur so weit wie unbedingt notwendig.«

Für mich hatte dieser Ansatz einen starken Beigeschmack von Feilscherei in einem Basar. Mir schien, dass eine solche Strategie unter der Würde des Unternehmens und ein Affront gegen die Intelligenz der Gewerkschaftsvertreter war und nur zu einer dauerhaften Verbitterung auf beiden Seiten führen konnte. Da mir das Unternehmen vollständig gehörte und ich somit kein Risiko für die Interessen anderer Aktionäre eingehen würde, hatte ich keine Bedenken, meinem eigenen – meiner Meinung nach weiseren – Rat zu folgen. Ich beschloss, ein Experiment zu wagen.

Ich ging in die erste Verhandlungsrunde mit ein paar einfachen, aber präzisen und gut dokumentierten Unterlagen zur Hand. Diese zeigten die Produktionskosten und den Output des Unternehmens, die Gewinn- und Verlust-Rechnung für das vergangene Jahr, und gaben einen Überblick über die finanzielle Gesamtsituation und die Aussichten für die unmittelbare Zukunft. Ich hörte geduldig zu, während die Gegenseite ihre Position und Forderungen darlegte. Dann übergab ich die mitgebrachten Unterlagen an den Gewerkschaftssprecher und ergriff das Wort.

»Zweifellos könnten wir hier tagelang hin und her diskutieren«, sagte ich. »Aber aus meiner Sicht ist es sinnvoller, dort anzufangen, wo wir ohnehin enden müssen. Die Firma ist nicht in der Lage, Ihnen alles zu geben, was Sie verlangen – die Berichte, die ich Ihnen gerade gegeben habe, werden das belegen. Sie *können* die Hälfte der Lohnerhöhung haben – und das ist im Moment das absolute Limit. Wenn Produktion und Gewinn im nächsten Jahr steigen, bin ich gerne bereit, mit Ihnen ernsthaft über die andere Hälfte zu sprechen.«

Nachdem ich meinen Standpunkt erläutert hatte, schaute ich mich am Tisch um und bemerkte mit großer Belustigung, dass meine Assistenten entsetzt dreinschauten und die Gewerkschaftsvertreter verblüfft schienen. Ich schlug daraufhin eine Pause vor – ein Vorschlag, den die Arbeiterseite dankbar aufnahm. Wir beendeten die Sitzung und vereinbarten, sie am späten Nachmittag fortzusetzen.

Meine Assistenten waren verstimmt. Sie waren sich sicher, dass ich die ersten Schritte unternommen hatte, die darin resultieren würden, dass ich nicht nur meine Firma preisgeben würde, sondern auch noch drauf und dran war, mein letztes Hemd und das ihre zu riskieren. Sie waren davon überzeugt, dass ich der Gewerkschaft den sprichwörtlichen kleinen Finger gereicht hatte – und dass jene daraufhin natürlich die ganze Hand nehmen würde. Im besten Falle erwarteten sie, dass die Gewerkschaft ihre Forderungen verdoppeln würde, im schlimmsten Fall befürchteten sie einen langen, kostspieligen Streik.

Als die Sitzung fortgesetzt wurde, kamen meine Berater in den Konferenzraum und wirkten wie Männer, die zum Schafott geführt werden. Ich sagte nichts, grinste aber innerlich über ihr Unbehagen. Ich glaubte immer noch, dass ich die Situation richtig eingeschätzt und den richtigen Weg eingeschlagen hatte, eine Überzeugung, die bald durch die einleitenden Anmerkungen des Gewerkschaftssprechers bestätigt wurde.

»Um die Wahrheit zu sagen, wir hatten uns auf einen langen, harten Kampf eingestellt«, erklärte er. »Aber Sie haben alles auf den

Tisch gelegt und uns von Anfang an alle Fakten genannt – es gibt also wirklich nichts, worüber man streiten könnte.« Er hielt inne und streckte sich über den Tisch, um mir die Hand zu schütteln.

»Mr. Getty, Sie haben gerade einen neuen Vertrag auf den Weg gebracht«, verkündete er mit einem breiten Lächeln. Die restlichen Details waren schnell geklärt, und der Vertrag wurde ordnungsgemäß unterzeichnet. Mein »Experiment« erwies sich als voller Erfolg, der noch lange und positiv nachwirkte.

Innerhalb der nächsten zwölf Monate stiegen Umsatz und Gewinn so stark an, dass eine weitere Lohnerhöhung gerechtfertigt war. Es entstand ein dauerhaftes Band des gegenseitigen Respekts zwischen Management und Arbeiterschaft. Bis zum heutigen Tag werden alle Streitigkeiten in der gleichen Atmosphäre besprochen und beigelegt, und das Unternehmen ist seither frei von Arbeitskämpfen geblieben. Die geradlinige Herangehensweise, die sich auf Fakten stützt, hat funktioniert – genau wie in den meisten ähnlichen Situationen, die ich in meinen Jahren als Unternehmer und Arbeitgeber erlebt habe.

Der Fall steht stellvertretend für meine generelle Erfahrung, dass die organisierte Arbeiterschaft grundsätzlich fair ist – aber sie will die Fakten kennen. Und wenn ich Fakten sage, dann meine ich genau das. Ich meine damit keine zugeschnittenen Versionen, Halbwahrheiten oder vage Plattitüden.

Arbeiter und Gewerkschaftsfunktionäre sind keine Ignoranten. Sie sind durchaus in der Lage, Versuche zu erkennen, sie in die Irre zu führen oder falsch zu informieren – und, wie jeder andere auch, sind sie durchaus in der Lage, sich über eine solche Behandlung zu ärgern und dagegen zu rebellieren. Andererseits sind die Vertreter ehrlicher Gewerkschaften im Allgemeinen kooperativ, sobald ihnen die ungeschminkten Fakten mitgeteilt werden, und zwar in dem

Maße, wie es mit ihren legitimen Interessen und ihrer Verantwortung gegenüber ihren Mitgliedern vereinbar ist.

Ich habe in meiner gesamten beruflichen Laufbahn keine großen Probleme mit den Gewerkschaften gehabt. Möglicherweise liegt das bis zu einem gewissen Grad an meiner eigenen Einstellung zur Arbeit. Im Gegensatz zu einigen Geschäftsleuten habe ich mich nie gegen die Aktivitäten freier, ehrlicher Gewerkschaften gewandt. Ich erkenne das Recht der Arbeiter an, sich zu organisieren und mit dem Management zu verhandeln, weil ich den angeborenen menschlichen Drang nach einem besseren Leben anerkenne. Als Realist verstehe ich, dass dieser Drang für viele – vielleicht sogar für die meisten – Menschen in dem Wunsch nach den bestmöglichen Arbeitsbedingungen und dem höchstmöglichen Lebensstandard zum Ausdruck kommt und sich in den traditionellen Forderungen nach kürzeren Arbeitszeiten und mehr Lohn manifestiert.

Allerdings gibt es Grenzen, die durch Faktoren wie Produktionserfordernisse und Gewinne vorgegeben sind und über die hinaus es für das Management unmöglich ist, die Arbeitszeit zu reduzieren und die Löhne zu erhöhen. Es liegt in der Verantwortung des Managements, die Arbeiter davon zu überzeugen, diese Grenzen klar aufzuzeigen und unwiderlegbare Fakten vorzulegen, um seinen Standpunkt zu verteidigen. Ich stimme zu, dass sich das Management in diesem Sinne mit der organisierten Arbeiterschaft auseinandersetzen muss – aber das ist eine Sache vernünftiger Argumente und kein Klassenkampf.

Ich habe gewiss keine Geduld mit der allzu bekannten Sorte von Menschen in Unternehmen, die gewohnheitsmäßig und wahllos die organisierte Arbeiterschaft anprangern. Schon oft habe ich beobachtet, dass die meisten lautstarken Gewerkschaftshasser genau die Vorteile für sich selbst fordern, für die sie die organisierte Arbeiterschaft verurteilen.

So zeigen zum Beispiel kürzlich durchgeführte Interviews mit jungen Führungskräften und Wirtschaftsstudenten, dass sich die Mehrheit gegen Gewerkschaften ausspricht. Gleichzeitig geben etwa 75 Prozent von ihnen Jobsicherheit als Hauptgrund an, warum sie für große Unternehmen arbeiten – oder arbeiten wollen:

- »Die Wahrscheinlichkeit, entlassen zu werden, ist sehr gering ...«
- »Regelmäßige Gehaltserhöhungen ...«
- »Altersvorsorge und Krankenversicherung ...«
- »Bezahlter Jahresurlaub ...«

Nun, ich würde keiner Führungskraft das missgönnen, was so viele von ihnen offensichtlich als ihr gutes Recht ansehen – sei es eine Festanstellung oder ein Jahresurlaub. Aber ich sehe keine Logik oder Folgerichtigkeit darin, dass der offensichtlich nach Sicherheit strebende Manager sich dem Streben der organisierten Arbeiter nach einem ähnlichen Maß an Sicherheit widersetzt.

Ob es einem gefällt oder nicht, Gewerkschaften werden bestehen bleiben – und damit auch die Errungenschaften, die sie für ihre Mitglieder erreicht haben. Die Zeiten, in denen ein Arbeiter 1 Dollar für zwölf Stunden Arbeit verdiente und der Prediger Henry Ward Becher öffentlich poltern konnte, dass ein Arbeiter, der sich nicht mit Brot und Wasser begnüge, »nicht zum Leben tauge«, sind vorbei.

Niemand außer den rückständigsten Exemplaren, die in den finsteren Sümpfen der reaktionären Randgruppen hausen, würde die Uhr zurück in die Ära der Ausbeuterbetriebe drehen wollen. Das aufgeklärte moderne Business versteht und respektiert die Notwendigkeit von Gewerkschaften, die der Arbeitshistoriker Frank Tannenbaum als »sichtbaren Beweis dafür, dass der Mensch keine Ware ist und dass er sich selbst nicht genügt« bezeichnet hat.

Der Geschäftsführer von Calumet & Hecla, H. Y. Bassett, hat die Auffassung des modernen Unternehmertums in seinem häufig zitierten Aufsatz »What Does Industry Expect of a Community?« zum Ausdruck gebracht. »Fortschrittliche Managements streiten nicht mit den Gewerkschaften, sondern sind im Gegenteil der Meinung, dass sie einen festen Platz in der heutigen Unternehmenswelt haben«, erklärt Bassett.

Die Äußerungen des verstorbenen Charles E. (»Engine Charlie«) Wilson zu den jährlichen Gehaltserhöhungen, die sich an der Steigerung der Lebenshaltungskosten ausrichten, spiegeln die Haltung fortschrittlicher Geschäftsleute gegenüber den von den Gewerkschaften in den letzten Jahren errungenen Sozialleistungen wider. »Wir beuten Maschinen aus, nicht Menschen«, sagte Wilson. »Es ist logisch, fair und vernünftig, die Kaufkraft einer Arbeitsstunde zu erhalten, und zwar mit Blick auf die Waren und Dienstleistungen, die der Arbeitnehmer kaufen muss.« Er war sich offensichtlich einer grundlegenden wirtschaftlichen Erkenntnis bewusst, die von weniger bedeutenden Geschäftsleuten unerklärlicherweise oft ignoriert oder übersehen wird – nämlich, dass der Arbeiter nicht mehr nur ein Arbeiter ist. Er ist auch ein Verbraucher, ein Kunde.

Das gesamte komplexe System der modernen Wirtschaft basiert auf der Massenproduktion. Und wo es Massenproduktion gibt, muss es auch Massenkonsum geben – Massenmärkte. Andernfalls gibt es nicht genügend Abnehmer für die Produktion, das Tempo der Wirtschaft verlangsamt sich und die Wirtschaft verkümmert.

Heutzutage bildet die Arbeitnehmerschaft ein beträchtliches Segment der Massenmärkte, die die von der Wirtschaft massenhaft produzierten Waren und Dienstleistungen konsumieren und nutzen. Der Wohlstand der Arbeiter – ihr guter Verdienst und die daraus resultierende hohe Kaufkraft – stellt einen wichtigen Faktor für den Wohlstand der Nation als Ganzes dar. Freie und ehrliche – und ich betone nachdrücklich die Worte frei und ehrlich – Gewerkschaften haben dazu beigetragen, den Lebensstandard nicht nur der amerikanischen Arbeiter, sondern aller amerikanischen Bürger zu erhöhen. Die Gewinne, die die Gewerkschaften am Verhandlungstisch erzielt haben, haben durch die Erhöhung der Kaufkraft der Arbeiter wesentlich zum Wachstum des Landes beigetragen. Bestimmte Kreise haben den Mythos genährt, dass die Arbeiterschaft darauf aus ist, das System der freien Marktwirtschaft zu zerstören. Ich für meinen Teil könnte dem nicht stärker widersprechen. Ich kann nicht erkennen, dass freie, ehrliche amerikanische Gewerkschaften eine Bedrohung für den amerikanischen Kapitalismus darstellen. Wenn überhaupt, dann sind sie eines der stärksten Bollwerke der Demokratie gegen politischen oder wirtschaftlichen Totalitarismus.

Ich habe beobachtet, dass die meisten amerikanischen Arbeiter sich sehr wohl der Tatsache bewusst sind, dass sie Sozialleistungen und einen Lebensstandard genießen, den sie in keinem anderen Land oder unter keinem anderen politischen oder wirtschaftlichen System jemals finden könnten. Die Mehrheit der amerikanischen Arbeiterführer ist sich der düsteren Alternativen zum System der freien Marktwirtschaft bewusst, und sie haben auch nichts übrig für diese Alternativen, egal, ob sie vom linken oder rechten politischen Lager kommen.

Die Tatsache, dass unsere Wirtschaft floriert – unser Bruttosozialprodukt übersteigt jetzt *eine halbe Billion Dollar pro Jahr* –, scheint mir ausreichend zu sein, um den Vorwurf zu widerlegen, dass die Arbeiterschaft diese Wirtschaft ruiniert oder zu ruinieren versucht. Ein noch überzeugenderer Beweis wird durch eine weitere Tatsache geliefert, die von chronischen Gewerkschaftshassern oft ignoriert oder einfach übersehen wird: Unsere freie Marktwirtschaft ist genau in der Zeit aufgeblüht, als die Gewerkschaften ihre größte Stärke erlangten.

»Unsere Mitglieder mögen nach höheren Löhnen, kürzeren Arbeitszeiten und Zusatzleistungen rufen«, sagte mir ein prominenter Gewerkschaftsführer. »Aber weder sie noch die Gewerkschaftsfunktionäre wollen das amerikanische System der freien Marktwirtschaft zerstören oder gar verändern. Die Arbeiterschaft weiß, dass sie einen großen Einfluss auf die Wirtschaft hat – aber sie will, dass die Wirtschaft erkennt, dass sie im Gegenzug einen ebenso großen Einfluss auf die Arbeiterschaft hat.«

Das ist durchaus vernünftig – und das sind nach meiner Erfahrung als Geschäftsmann und Arbeitgeber auch die beiden grundlegenden Ziele von Arbeitern und Gewerkschaften: Erstens will die Arbeiterschaft an dem Wohlstand teilhaben, den sie zu schaffen hilft. Zweitens will sie die Anerkennung ihrer Bedeutung – sie will nicht etwa, dass man sich dessen bewusst wird, wie viel Schwierigkeiten sie uns bereiten kann, sondern sie will, dass gewürdigt wird, dass sie schließlich die eigentliche Arbeit leistet bei der Herstellung der Waren und der Erbringung der Dienstleistungen, die die Unternehmen verkaufen.

An dem ersten Ziel ist nichts Unvernünftiges – vorausgesetzt, die Arbeitnehmer verstehen, dass Löhne und andere Vergütungen und Vorteile, die ihren Anteil am Wohlstand ausmachen, an die Produktion und die Gewinne gekoppelt sein *müssen*. Leider ist dies ein Grundprinzip, das viele Arbeiter – und sogar einige Gewerkschaftsführer – manchmal nicht begreifen. Das Management muss dieses Axiom bei jeder Gelegenheit im Gespräch mit den Arbeitern erläutern und seine Konsequenzen deutlich machen. Es sollten keine Mühen gescheut werden, um jeden Arbeiter mit der grundlegenden Wahrheit der Geschäftsarithmetik vertraut zu machen: dass ein Unternehmen, um zu überleben, mehr Geld einnehmen muss, als es ausgibt. Man muss der Arbeiterschaft klarmachen, dass es notwendig ist, die Produktionszahlen beizubehalten oder sogar zu erhöhen und einen angemessenen

Gewinn zu erwirtschaften, bevor Lohnerhöhungen ins Auge gefasst werden können. Ich habe die Erfahrung gemacht, dass dies in den meisten Fällen erfolgreich umgesetzt werden kann, vorausgesetzt, das Management kann seine Aussagen begründen.

Es gibt wirklich nicht viele legitime Gewerkschaftsführer, die den Wunsch haben, ein Unternehmen zu zerstören, das einen Vertrag mit ihrer Gewerkschaft hat. Die meisten werden sogar bei der Suche nach Möglichkeiten zur Produktionssteigerung kooperieren, wenn sie davon überzeugt sind, dass dies notwendig ist, um das Unternehmen liquide zu halten, oder wenn es eine bessere Bezahlung oder größere Sicherheit für die Mitglieder ihrer Gewerkschaft bedeutet. In solchen Fällen ist es Aufgabe des Managements, Überzeugungsarbeit zu leisten – mit Fakten. Es läuft alles auf eines hinaus: Wenn Kapital und Arbeit zusammenarbeiten, anstatt sich gegenseitig zu bekämpfen, können sie ihre materiellen Ziele erreichen – jeder kann an dem Wohlstand teilhaben, den ihre gemeinsamen Anstrengungen schaffen.

Der Arbeiterschaft zu helfen, dass sie ihr zweites Ziel verwirklicht sieht, ist nicht weniger wichtig. Um den Wunsch der Arbeiterschaft nach Anerkennung zu erfüllen, muss das Management ihnen genau das geben. Das Management muss zeigen, dass es die Bedeutung der Individuen, die die Arbeit tatsächlich ausführen, zu schätzen weiß. Die Verantwortung und Fähigkeit, dies zu erreichen, liegt größtenteils bei der einzelnen Führungskraft, die für den Arbeiter das Management repräsentiert und sogar verkörpert.

Ich bin immer wieder erstaunt über die Anzahl der Führungskräfte, die den Wert des persönlichen Kontakts mit den einfachen Mitarbeitern nicht erkennen. In manchen Unternehmen sieht ein Produktionsmitarbeiter eine hochrangige Führungskraft nur bei Inspektionstouren in voller Montur oder wenn die »hohen Tiere« des Unternehmens VIP-Besucher durch das Werk begleiten.

Ach ja. Und dann sind da noch die Besuche von Führungskräften, die gelegentlich von der PR-Abteilung des Unternehmens organisiert werden. Das Szenario für eine solche Expedition folgt in der Regel einer Routine wie dieser: Zu einer bestimmten Uhrzeit – meist am späten Vormittag oder am Nachmittag – betritt ein tadellos gekleideter Vizepräsident mit einer Schar emsiger Gefolgsleute das Werk. Zögernd und vorsichtig bahnt sich die Gruppe ihren Weg durch die Gänge zwischen den Reihen ungewohnter, lauter Maschinen und bleibt zum Beispiel vor einer Drehbank stehen. Der Vizepräsident zappelt, rückt seine Krawatte zurecht, zupft an seinen Manschetten und rückt selbstbewusst näher an die Drehbank heran. Er versucht, sich für die Arbeit an der Maschine zu interessieren, und tut so, als würde er sich mit dem Dreher unterhalten – dessen Name ihm gerade ins Ohr geflüstert wurde und den er leise vor sich hin nuschelt.

Zwei oder drei Fotografen zücken ihre Kameras und nehmen das düstere Szenario ins Visier. Blitzlichter flammen auf, der Vizepräsident murmelt etwas Unverständliches – und zieht sich mit seinem Gefolge eilig in die holzgetäfelte Ruhe der Firmenverwaltung in der Innenstadt zurück.

Ein Foto des Vizepräsidenten und des Drehers erscheint am nächsten Tag in der Lokalzeitung – und eine Woche später im Hausorgan der Firma. »Mr. Wilbur Knowall, der für das Personal zuständige Vizepräsident von Bollix and Company, hält engen Kontakt zu den Mitarbeitern der Firma«, heißt es in der Bildunterschrift. »Man sieht ihn bei einem seiner häufigen Gespräche am Arbeitsplatz mit Joe Smith, einem Dreher, der seit fast drei Jahren bei Bollix and Company beschäftigt ist.«

Was Joe Smith und seine Kollegen in der Produktion sagen, wenn sie das sehen, kann man sich am besten selbst ausmalen. Die Einzigen, die auf diesen durchsichtigen Trick hereinfallen, sind Mr. Wilbur Knowall und der sogenannte Public-Relations-Manager des Unternehmens.

Anständige Arbeiter ärgern sich über solche Stunts, da sie das verhöhnen, was man die Würde der Arbeit nennt – und das würde ich auch, wenn ich ein Angestellter von »Bollix and Company« wäre. Aber meine Einstellung zur Arbeit und zu den Arbeitern wurde auf den Ölfeldern geformt, wo die unbeugsame Regel herrschte: Der Mann, der für dich arbeitet, hat Anspruch auf einen anständigen Lohn, anständige Arbeitsbedingungen – und deinen Respekt.

Meine Jahre auf den Ölfeldern haben mich gelehrt, dass die Männer, die die *eigentliche* Arbeit verrichten, sehr wohl ein Anrecht auf anständige Löhne und Arbeitsbedingungen und auf den Respekt ihrer Arbeitgeber haben. Ich habe auch gelernt, dass nichts die Loyalität der Arbeiter so stark fördert oder die Arbeitsmoral schneller stärkt, als wenn ein Arbeitgeber die Bedeutung seiner Mitarbeiter würdigt und ein aufrichtiges Interesse an ihrem Wohlergehen zeigt.

»Ein Mann hat gerne das Gefühl, dass das, was er tut, wichtig ist – und dass der Chef ihn als Mensch ansieht und nicht nur als eine Nummer auf der Gehaltsliste«, so drückte es einmal ein erfahrener Bohrmeister mir gegenüber aus. »Ein Mann arbeitet immer besser, wenn er weiß, dass er ein Teil des Ganzen ist und nicht nur eine angeworbene Arbeitskraft – und es gibt ihm ein gutes Gefühl, wenn der Chef ab und zu vorbeikommt, um zu sehen, wie es ihm geht.«

Führungskräfte, die sich nachts den Kopf darüber zerbrechen, wie sie die Loyalität, die Moral und die Effizienz ihrer Mitarbeiter verbessern könnten, täten gut daran, sich die Worte dieses altgedienten Bohrmeisters an ihren Hut zu heften. Sie könnten Jahre damit verbringen, nach einer besseren Antwort oder einer zuverlässigeren Formel zu suchen. Billige Stunts und läppische Maßnahmen zur Steigerung der Moral sind definitiv *nicht* die Antwort. Der durchschnittliche Arbeiter durchschaut schnell die falschen Strategien, die sich unfähige oder unerfahrene Führungskräfte ausdenken.

Das Wichtigste ist, den Arbeiter wissen zu lassen, dass er und seine Arbeit für das Unternehmen von enormer Bedeutung sind – und daran zu glauben und es zu meinen. Eine Führungskraft, die nicht glaubt, dass die Mitarbeiter wirklich wichtig sind, hat kein Recht, Führungskraft zu sein, denn sie hat offensichtlich kein Augenmaß und weiß nicht, wie das Geschäft läuft.

Tatsächlich ist es nicht schwer, sich Situationen vorzustellen, in denen ein Stundenlohnempfänger weitaus wichtiger ist als ein fest angestellter Manager. Thomas Jones mag den erhabenen Titel des dritten stellvertretenden Vizepräsidenten tragen, und er mag – und tut es wahrscheinlich – sich für unentbehrlich halten. Aber ich würde vermuten, dass er weitaus entbehrlicher ist als, sagen wir, ein knallharter Stanzmaschinenbediener am Fließband. Sollte Jones plötzlich von der Bildfläche verschwinden, kann seine Sekretärin – und er hat mit Sicherheit mindestens eine – wahrscheinlich die Geschäfte führen, bis er zurückkehrt oder bis ein Ersatz für ihn gefunden wird. In jedem Fall wird die Firma auch ohne Jones weiterlaufen. Aber die Abwesenheit des Stanzers könnte eine Produktionsstraße verlangsamen oder sogar zum Stillstand bringen – und letztlich sind es die Produktionsstraße und die Produkte, die von ihr kommen, die am meisten zählen.

Die Führungskraft, die ihre Verantwortung versteht und wahrnimmt, nutzt jede sich bietende Gelegenheit, ihren Untergebenen zu zeigen, dass er ihre Arbeit für wichtig und wertvoll hält – und dass er sie als Mitarbeiter und als Individuen respektiert. Und sie zeigt ein aufrichtiges Interesse an ihrem Wohlergehen. Sie schmeichelt ihnen nicht, bevormundet sie nicht und verhätschelt sie nicht. Sie findet jedoch immer Zeit, eine besonders gut gemachte Arbeit zu kommentieren oder den Wert des Beitrags eines Mitarbeiters oder einer ganzen Abteilung zum Erfolg eines Projekts anzuerkennen. Kurzum, die Führungskraft zeigt durch Wort und Tat, dass sie und das Unternehmen sich der Existenz der Mitarbeiter und der Bedeutung ihrer Arbeit bewusst sind. Auf diese Weise trägt sie wesentlich dazu bei, die Moral der Mitarbeiter zu heben – und wenn die Moral steigt, steigen die Effizienz der Mitarbeiter und die Produktion, während gewinnmindernde Probleme wie Fehlzeiten und Personalfluktuation zurückgehen.

Die gute Führungskraft verschmäht es nicht, die Arbeitsbedingungen persönlich zu überprüfen, und ergreift sofortige Gegenmaßnahmen, wenn sie feststellt, dass sie unter dem Standard liegen. Ein kaputtes Waschbecken in der Toilette mag eine Kleinigkeit sein. Aber wenn die Führungskraft – als Vertreter des Managements – dafür sorgt, dass es repariert wird, bevor der Vertrauensmann die Angelegenheit vor den Beschwerdeausschuss bringen kann, dann macht die Führungskraft einen großen Schritt zum Aufbau guter Beziehungen zwischen Arbeitern und Management.

Glauben Sie mir, die Lösung vieler Probleme zwischen Arbeiterschaft und Management ist wirklich so einfach. Wenn die Wünsche und Forderungen der Arbeiter auf das Wesentliche reduziert und objektiv betrachtet werden, erscheinen sie nicht mehr als die tödliche, geschäftsvernichtende Bedrohung, als die sie oft dargestellt werden. Sie schrumpfen und werden völlig verständlich – und es gibt nichts Unnatürliches, Unmoralisches oder Subversives an ihnen. Die grundlegenden Wünsche und Forderungen der Arbeiter sind in jenem Spruch von dem Ölarbeiter kurz und bündig formuliert: das Recht auf anständige Löhne, anständige Arbeitsbedingungen und Respekt.

Führungskräfte, die diese erprobte und bewährte Regel akzeptieren und sich danach richten, sind in der Lage, mit der Arbeiterschaft bequem, erfolgreich und profitabel zu leben. Jeder erfolgreiche Geschäftsmann wird Ihnen sagen, dass es eine sinnvolle Aktion ist, zu lernen, mit der organisierten Arbeiterschaft gut auszukommen.

KAPITEL 9
WENN DER GESCHÄFTSMANN UNTER DRUCK GERÄT

Krisen, Rückschläge, Hindernisse – das wird jede Führungskraft im Laufe ihrer Karriere zweifellos erleben. Ein Mann oder eine Frau wird sich unter solchen Umständen nicht nur daran messen lassen müssen, wie er oder sie mit den Schwierigkeiten umgeht, sondern auch, wie man sie so lenkt, dass sie einem zum Vorteil gereichen. Das Geschäftsleben ist immer ein Kampf – um Umsatz, Verbesserungen, Effizienz –, und eine Führungskraft muss so führen, wie es ein General tun würde: mit dem Ziel, zu gewinnen.

Ich erinnere mich, dass ich in jungen Jahren eine unschätzbare Lektion von einem Mann gelernt habe, der schon damals umfangreiche Firmenbeteiligungen besaß und der später einer der reichsten Industriellen Amerikas wurde. Obwohl ich ihn recht gut kannte, hatte ich ihn mehrere Monate nicht mehr gesehen, bevor unsere Wege sich eines Tages in der Lobby eines Hotels in Chicago kreuzten.

»Wie läuft's denn so?«, fragte ich ihn, nachdem wir die üblichen Höflichkeitsfloskeln ausgetauscht hatten.

»Nicht gut – eigentlich ganz schrecklich, um ehrlich zu sein«, antwortete er mit einem gelassenen Lächeln. »Eine meiner Firmen ist von der Konkurrenz in Bedrängnis gebracht worden. Eine andere schreibt rote Zahlen – und eine dritte hat nicht das Geld, um ihre kurzfristigen Schulden zu bedienen, die diesen Monat fällig werden.«

»Du machst nicht den Eindruck, als würde dich das alles sonderlich beunruhigen«, bemerkte ich erstaunt. Es fiel mir schwer zu glauben, dass ein Geschäftsmann, der offensichtlich in so großen Schwierigkeiten steckte, so lässig mit seinen Problemen umgehen konnte.

»Verdammt, Paul, ich bin nicht im Geringsten besorgt«, antwortete er. »Um die Wahrheit zu sagen, ich brauchte so etwas, um mich aufzurütteln; alles lief schon viel zu lange völlig reibungslos. Eine gelegentliche Krise ist gut für einen Geschäftsmann. Es gibt keine bessere Übung für ihn, als ab und zu ein wenig Schlamassel bewältigen zu müssen.«

Später erfuhr ich, dass mein Freund weniger als sechs Monate gebraucht hatte, um den ganzen »Schlamassel« zu bereinigen. Trotz der Tatsache, dass er viele andere Unternehmen besaß oder kontrollierte, stürzte er sich mit Begeisterung in die Aufgabe, die drei schwächelnden Firmen persönlich neu zu organisieren und auf Vordermann zu bringen.

Er befreite die erste Firma schnell aus ihrer Schieflage, in die sie von ihren Konkurrenten getrieben worden war. Er begann, alte Produkte zu verbessern, neue zu entwickeln, und startete eine einfallsreiche, aggressive Verkaufskampagne, die den Spieß gegen die Konkurrenz umdrehte. Dann stellte er die zweite Firma wieder auf die Beine, indem er neue Richtlinien und Programme einführte, die Produktionskosten senkte und den Output erhöhte. Für die dritte Firma arrangierte er die Refinanzierung ihrer Verbindlichkeiten, nahm die notwendigen Änderungen im Management vor und brachte die Firma bald auf eine solide finanzielle Basis, wobei sie einen komfortablen Gewinn erzielte.

»Es war ein ziemlicher Kraftakt, die Dinge in Ordnung zu bringen«, sagte er mir einige Zeit später. »Aber ich habe es genossen – es macht immer mehr Spaß, einen harten Kampf zu gewinnen als einen leichten.«

»Widrigkeiten sind der erste Weg zur Wahrheit«, hat Lord Byron vor mehr als 100 Jahren festgestellt.

»Das Unglück ist der wahre Prüfstein des Menschen«, schrieben Francis Beaumont und John Fletcher im frühen 17. Jahrhundert.

Byron, Beaumont und Fletcher waren keine Geschäftsleute, und sie beschäftigten sich in ihren Schriften nicht mit der Wirtschaft. Dennoch sind die grundlegenden Wahrheiten, die in ihren Zeilen enthalten sind, für jeden heutigen Geschäftsmann und für jeden, der hofft, eine erfolgreiche Geschäftskarriere zu machen, anwendbar.

Eine Maschine, die perfekt funktioniert, braucht nur wenig Pflege. Gleichermaßen benötigt ein sehr erfolgreiches Unternehmen, das Jahr für Jahr ohne Probleme läuft, nicht viel mehr als einen Verwalter. Es sind keine außergewöhnlichen Fähigkeiten erforderlich, um ein solches Unternehmen zu führen. Doch leider gibt es das »perfekte Unternehmen« nicht. In jedem Unternehmen gibt es Tücken, Schwierigkeiten und Krisen. Für den Geschäftsmann oder Unternehmer – wie für jeden anderen Menschen auch – kommt die wahre Bewährungsprobe dann, wenn er mit Widrigkeiten konfrontiert wird.

Wie agieren und reagieren Führungskräfte oder Geschäftsleute, wenn sie unter Druck geraten, wenn sie in die Ecke getrieben werden?

Zunächst einmal gibt es diejenigen, die hilflos danebensitzen und zulassen, dass die Widrigkeiten, mit denen sie konfrontiert sind, sie völlig überwältigen. Sie sind wie Kaninchen: Wie gebannt von den Scheinwerfern eines Autos, das auf einer Landstraße auf sie zurast, sitzen sie da und machen keine Anstalten, sich zu retten – folglich geraten sie unter die Räder des Fahrzeugs. Solche Menschen unternehmen nichts, um den Lauf der Dinge zu ändern und eine Katastrophe zu verhindern, weil sie nicht in der Lage sind zu erfassen, was getan werden könnte oder sollte. Wenn sie schließlich von den Widrigkeiten überwältigt worden sind, sind sie fassungslos, völlig unfähig zu verstehen, was falsch gelaufen ist und warum.

Dann gibt es diejenigen, die kleinlaut kapitulieren oder ängstlich fliehen, sobald etwas schiefläuft. Solche Menschen haben wenig oder gar kein Augenmaß; sie neigen zur Panik und betrachten selbst kleinere Flauten und Rückschläge als unausweichliche Großkatastrophen. Während Personen der ersten Kategorie sich nicht wehren, weil sie nicht wissen, wie man kämpft, wehren sich Geschäftsleute, die dieser zweiten Gruppe zuzuordnen sind, nicht, weil sie Angst davor haben, aktiv zu werden.

Als Nächstes folgen jene Menschen, die auf Widrigkeiten in einer unvernünftigen, fast hysterischen Weise reagieren. Vor lauter Angst verlieren sie die Beherrschung, schlagen blind und unwirksam um sich und vergeuden ihre Energien in die falsche Richtung. Diese Menschen schimpfen und fluchen immer über die »unabwägbaren Schicksalsschläge« und die »miesen Kurseinbrüche«, von denen sie behaupten, sie wären für ihr Scheitern verantwortlich. Genauso unweigerlich versuchen sie, die Schuld für die missliche Lage, in der sie sich befinden, anderen in die Schuhe zu schieben.

Zu einer anderen Kategorie gehören jene Geschäftsleute, die sich mit guten, zähen – und sehr häufig durchaus erfolgreichen – Verteidigungsmaßnahmen zur Wehr setzen, wenn die Dinge aus dem Ruder zu laufen beginnen. Sie sind mutige, zuverlässige Individuen, die unbeirrt Gefahren begegnen und Probleme lösen, wenn sie entstehen, und dabei nach bestem Wissen und Gewissen handeln.

Aber da hört es auch schon auf. Ihr Denken ist darauf ausgerichtet, die Löcher im Deich nur dann zu stopfen, wenn sie auftauchen. Den Menschen in dieser Gruppe mangelt es an Vorstellungskraft und Initiative oder an Erfahrung, um den Bau völlig neuer und viel stärkerer Deiche zu planen, bei denen die Entstehung von Löchern weit weniger wahrscheinlich wäre.

Schließlich gibt es noch jene Geschäftsleute, die die wahren Führungspersönlichkeiten sind. Das sind die einfallsreichen, aggressiven Individuen, die ihre Geschäftsphilosophie auf das alte militärische Prinzip stützen, dass Angriff – oder zumindest ein energischer Gegenangriff – immer die beste Verteidigung ist. Natürlich können sie nicht immer gewinnen, und das tun sie auch nicht, aber kein General in der Weltgeschichte hat jemals *jede* Schlacht gewonnen, in die er gezogen ist.

Auf der anderen Seite – um die Analogie zwischen geschäftlichen Angelegenheiten und militärischen Operationen noch ein wenig weiterzuführen – sind diejenigen Generäle, die die Kriege gewinnen und den höchsten Prozentsatz an Siegen für sich verbuchen können, meistens auch die, die eine defensive Strategie ebenso gut beherrschen wie eine offensive.

Ein wahrhaft großer General betrachtet Rückschläge ruhig und kühl; er ist sich dessen voll bewusst, dass sie gelegentlich vorkommen müssen, und weigert sich, sich von ihnen einschüchtern zu lassen. Wenn er schon zurückgedrängt wird, versucht er zumindest zu verhindern, dass der Rückzug in eine kopflose Flucht umschlägt, und verwandelt dann geschickt den Abzug in eine geordnete Rückwärtsbewegung.

Auf diese Weise zieht er seine Truppen mit einem Minimum an zusätzlichen Verlusten von denen des Feindes ab und spart den Großteil seiner Einsatzkräfte und materiellen Ressourcen, so dass sie neu formiert und für einen Gegenangriff bereit gemacht werden können. Natürlich lässt er eine Nachhut zurück, um den Rückzug zu schützen. Die Verluste, die diese Deckungskräfte unweigerlich erleiden müssen, nimmt er mit philosophischem Stoizismus in Kauf, da er weiß, dass es manchmal notwendig ist, einen Teil zu opfern, um das Ganze zu retten.

Wenn seine Truppen ausgeruht und gestärkt sind und der Nachschub gesichert ist, startet der erfolgreiche General seinen sorgfältig geplanten Gegenangriff. Nachdem er die Lage mit großer Sorgfalt studiert und aus der Analyse des Vorangegangenen viel über die Fähigkeiten und das Verhalten des Feindes gelernt hat, verwendet er alle ihm zur Verfügung stehenden Mittel im Verbund. Er führt Täuschungs- und Ablenkungsangriffe aus, zielt mit seinen Hauptschlägen auf die schwächsten Punkte in der feindlichen Linie und hält seine Reserven zurück, bis er sie zur richtigen – zur entscheidenden – Zeit und am richtigen Ort einsetzen kann.

Wie der erfolgreiche militärische Führer weiß auch der erfolgreiche erfahrene Geschäftsmann, dass er nicht jede geschäftliche Situation meistern kann, dass er nicht aus jeder geschäftlichen »Schlacht« siegreich hervorgehen kann. Er weiß, dass er früher oder später auf Probleme stoßen wird, die sich nicht schnell und einfach lösen lassen, dass er auf Hindernisse stoßen wird, deren Überwindung viel Zeit und Mühe kostet oder die ihn sogar dazu zwingen, seine Schritte zurückzunehmen und einen neuen Weg einzuschlagen. Er weiß, dass Rückschläge und Verluste manchmal unvermeidlich sind.

Der erfahrene Geschäftsmann weiß, dass der Verlauf der Geschichte eines Unternehmens oder der Karriere eines Geschäftsmannes in einem Diagramm eine gezackte Linie ergibt. Die Grafik würde eine Reihe von abwechselnden Spitzen und Tiefpunkten widerspiegeln. Aber solche Höhen und Tiefen stören den gestandenen Geschäftsmann nicht übermäßig. Er erkennt, dass die entscheidende und substanziellste Aussage darin besteht, dass die Kurve am rechten Rand des Diagramms an einem Punkt endet, der höher ist als der Punkt, an dem sie auf der linken Seite beginnt.

Wahre Führungskräfte – die wirklichen *Leader* – zeigen ihre eindrucksvollsten Leistungen und ihre Brillanz oft genau in den Momenten, in denen sie vorübergehend in die Defensive geraten, in den Momenten, in denen sie unter Druck stehen. Und genau das ist es, was sie auszeichnet und über das Niveau anderer, weniger erfolgreicher Geschäftsleute hebt.

Nehmen wir zum Beispiel den Fall meines Freundes, der sich gleichzeitig mit drei ernsten Geschäftsproblemen konfrontiert sah. Es gab mehrere Möglichkeiten, wie dieser Geschäftsmann hätte vorgehen können. Er hätte nichts tun können und die Dinge ihren eigenen Lauf nehmen lassen können. Er hätte eine oder mehrere der Firmen schließen oder verkaufen können und das Geld, das er aus dem Verkauf oder den Verkäufen erzielte, dazu verwenden können, das zu retten, was an Firmen verblieben wäre. Er hätte sich damit begnügen können, die Löcher zu stopfen.

Aber er hat weder kapituliert noch ist er in Panik geraten. Er begnügte sich auch nicht damit, überstürzt zu handeln. Als guter General überblickte er die Lage gründlich, formierte seine Truppen neu, holte Ersatz und Verstärkung und machte seine Pläne. Dann, unter Aufbietung aller Ressourcen, startete er erfolgreiche Gegenangriffe an allen drei Fronten.

Die Geschichte der amerikanischen Wirtschaft und Industrie ist voll von Beispielen dafür, wie die großen Unternehmensführer der Nation schwere Rückschläge eigenhändig in große Triumphe verwandelten.

Henry Ford begann 1903 mit der Herstellung eigener Automobile. Im Jahr 1908 produzierte er das erste berühmte Model T und eroberte bald einen sehr großen Anteil des sich gerade erst entwickelnden US-Automobilmarktes.

Ford setzte die Massenproduktion des Model T bis 1927 fort und nahm in dieser Zeit nur wenige grundlegende Änderungen an dem vergleichsweise primitiven Modell vor. Aber schon 1926 stellte Chevrolet – Fords größter und gefährlichster Konkurrent im Niedrigpreissegment – leistungsfähigere, komfortablere und elegantere Autos her. Ford verwendete immer noch das fußpedalgesteuerte Planetengetriebe, Chevrolet dagegen hatte ein Schaltgetriebe. Chevrolet produzierte Modelle in attraktiven Farben; das Model T war immer noch nur in Schwarz erhältlich.

Die Autokäufer waren anspruchsvoller geworden. Sie wollten schnellere Autos, Komfort und Stil. Ford verlor schnell an Boden gegenüber Chevrolet. Die Ford-Verkäufe gingen alarmierend zurück, während die »Chevy«-Verkäufe in die Höhe schnellten. Der Trend war klar zu erkennen – und viele Experten sagten voraus, dass er unumkehrbar sei. Sie prophezeiten, dass Ford nie wieder aufholen könne; das Unternehmen sei auf dem besten Weg, eine weitere der vielen Automobilfirmen zu werden, die eine Zeit lang erfolgreich waren und dann doch scheiterten.

Diese Experten unterschätzten das aggressive Genie von Henry Ford. Er verlor an Boden gegenüber der Konkurrenz. Er saß in der Klemme. Aber er war weit davon entfernt, sich geschlagen zu geben – und noch weiter davon entfernt, eine Niederlage einzugestehen.

Im Frühjahr 1927 schloss Henry Ford seine riesige Fabrik. Obwohl angekündigt worden war, dass er ein neues Modell herausbringen würde, gab es viele Gerüchte, dass das Ford-Werk nie wieder öffnen würde oder dass, wenn doch, der neue Ford ein Blindgänger werden würde, nicht mehr als ein weiteres veraltetes Model T mit einem oberflächlichen Facelifting.

Dann, im Dezember 1927, brachte die Ford Motor Company ihr Model A auf den Markt. Henry Ford hatte alle seine Kräfte aufgeboten – Technik, Styling, Produktion und Vertrieb – und startete einen Gegenangriff, der die gesamte Konkurrenz pulverisierte – ein denkwürdiges Ereignis.

Ein ähnliches, wenn auch jüngeres Beispiel aus der Automobilindustrie lieferten American Motors und deren damaliger Chef, der energische George Romney. Angesichts sinkender Verkaufszahlen und steigender Verluste gelang American Motors und Romney mit den Rambler-Modellen ein spektakuläres Comeback.

Im Jahr 1952 machte die Chicagoer Fleischverpackungsfirma Wilson & Co. einen Verlust von 763 000 Dollar. James D. Cooney wurde im folgenden Jahr Präsident der Firma und einige seiner Mitarbeiter berichteten, wie »er die Firma auf den Kopf stellte und sie auf Vordermann brachte, um sie auf einen guten Weg zu bringen«. 1959 betrug der Gewinn von Wilson & Co. mehr als 9 500 000 Dollar.

Im Jahr 1933 waren die Aussichten für Banken und Bankiers mehr als düster. Die Wirtschaftskrise hatte ihren Höhepunkt erreicht. Die US-Regierung hatte am 6. März desselben Jahres den denkwürdigen »Bank Holiday« angeordnet. Mehr als 4 000 Banken im ganzen Land gingen 1933 bankrott, stellten ihren Betrieb ein oder wurden unter Konkursverwaltung gestellt.

Ein Bankier, der die weit verbreiteten Klagen über das drohende Unheil ignorierte und sein Bankgeschäft weiter vorantrieb, war Walter Bimson von der Valley National Bank in Arizona. Anstatt in die Defensive zu gehen und die Kreditpolitik zu verschärfen, machte sich Bimson daran, Kredite an geldbedürftige Bürger in Arizona zu »verkaufen«. Dass sich sein Einfallsreichtum und seine aggressive, mutige Politik auszahlten, beweist die Tatsache, dass die Valley National, die 1933 als kleine Bank in Arizona über Einlagen von weniger als 8 Millionen Dollar verfügte, sich heute damit rühmen darf, dass ihre Einlagen – und das ist phänomenal – auf über 765 Millionen Dollar angewachsen sind.

Im Jahr 1959 stieg Thomas E. Sunderland aus dem Ölgeschäft aus – und ins Obstgeschäft ein. Er übernahm die Geschäftsleitung der riesigen United Fruit Company und nahm damit einen Job an, vor dem sich viele andere Männer gefürchtet oder sich sogar geweigert hätten, ihn überhaupt in Betracht zu ziehen. Die Aussichten für die Zukunft von United Fruit waren nicht gerade rosig, als er den Chefposten antrat. Acht Jahre zuvor, im Jahr 1951, hatte das Unternehmen einen Gewinn von mehr als 50 Millionen Dollar erwirtschaftet. In den folgenden Jahren sank der Gewinn jedoch auf 12 Millionen Dollar im Jahr 1959 und noch tiefer auf weniger als 3 Millionen Dollar im Jahr 1960.

Thomas Sunderland bewies bald, dass er zu Recht zur Elite der Geschäftswelt zählt. Sunderland krempelte das riesige Unternehmen von Grund auf um. Selbstbewusst und enthusiastisch ging er massiv gegen alle Faktoren vor, die die Gewinne von United Fruit schwinden ließen. Er wechselte Personal aus, revidierte die Firmenpolitik, modernisierte die Methoden, reduzierte die Kosten und erhöhte die Effizienz. In Rekordzeit erzielte er bemerkenswerte Ergebnisse. Im Jahr 1961 meldete United Fruit, dass die Gewinne allein im zweiten Quartal 6,5 Millionen Dollar überschritten. Die Aktien des Unternehmens, die bis auf 17 Prozent eingebrochen waren, stiegen bis Januar 1962 auf 27 Prozent.

Jeder, der die amerikanische Geschäftswelt kennt, könnte zahllose weitere Beispiele anführen, die mit den wenigen, die ich genannt habe, vergleichbar sind. Alle würden dazu beitragen, zu belegen, dass der wirklich hochkarätige Geschäftsmann, wenn er in Fahrt ist, sehr oft Widrigkeiten und sogar drohendes Unheil noch in einen Erfolg zu verwandeln vermag.

Ich habe meinen Anteil an Missgeschicken und Rückschlägen erlebt. Ich habe ein Vermögen dafür ausgegeben, viele Tausend Fuß tief in den Boden zu bohren – und bin auf nichts als Sand gestoßen. Andere Bohrungen, die mich ein Vermögen gekostet haben, sind versiegt oder explodiert und verbrannt. Ich lernte bald, solche Misserfolge philosophisch hinzunehmen und mich nicht beirren zu lassen, denn ich erkannte, dass ich nicht lange im Geschäft bleiben konnte, wenn ich mich davon entmutigen ließ. Tatsächlich schien jeder Rückschlag als besonderer Ansporn und Stimulus zu dienen, es erneut zu versuchen – aber beim nächsten Mal noch entschlossener.

Es gab auch viele andere, komplexere Krisen und Schicksalsschläge. Ich erinnere mich zum Beispiel an den starken Einbruch der Rohölpreise im Jahr 1921, als der Ölpreis, der zuvor bei 3,50 Dollar pro Barrel lag, in weniger als zehn Tagen auf 1,75 Dollar pro Barrel fiel – und in den folgenden Tagen ging die Preisspirale noch weiter nach unten. Mindestens eines der Unternehmen, an denen ich eine substanzielle Beteiligung hielt, geriet durch den Preisverfall in Liquiditätsschwierigkeiten.

Als ich mich mit anderen Geschäftsführern des Unternehmens traf, gab es unter ihnen einige, die in Panik zu geraten drohten. Zum Glück blieb die Mehrheit ruhig und sachlich. Jeder Vorschlag, das Unternehmen zu schließen, wurde sofort verworfen. Stattdessen einigte man sich auf einen Stellenabbau, und die Vorstandsmitglieder erklärten sich bereit, das nötige Geld zu beschaffen, um das Unternehmen am Laufen zu halten. Sie stimmten auch zu, ihre Vergütung bis auf ein Minimum zu kürzen und die Gehälter des Managements zu reduzieren, bis die Krise vorbei war. Mit der Zeit stabilisierte sich der Erdölmarkt wieder – und sobald sich die Bedingungen wieder normalisierten, setzten der Vorstand und das Management ein ehrgeiziges Programm um, das den Umsatz und den Gewinn des Unternehmens innerhalb kürzester Zeit deutlich steigerte.

Ich erinnere mich auch lebhaft an eine denkwürdige Kampagne, die meine Partner und ich durchführten, um die Kontrolle über ein großes Unternehmen zu erlangen. Die amtierenden – und gut etablierten – Vorstandsmitglieder des Unternehmens bekämpften uns bei jedem Schritt erbittert. Obwohl unsere finanziellen Mittel weitaus geringer waren als die der Gegenseite, gelang es uns, etwas mehr zu tun, als uns nur zu behaupten, und der Konflikt wogte eine ganze Zeit lang hin und her.

Irgendwann spürte die Gegenseite, dass ich meine finanziellen Mittel durch den Kauf von Aktien des Unternehmens fast erschöpft hatte – und dass ich eine Zeit lang keine weiteren kaufen konnte. Da ich noch weit davon entfernt war, eine Mehrheitsbeteiligung an der Firma zu haben, glaubten die damaligen Mitglieder des Board of Directors, dass sie nun die Oberhand hätten. Schnell änderten sie ihre Taktik und beschlossen, die Angelegenheit von allen Aktionären entscheiden zu lassen.

Das bedeutete, dass wir direkt auf einen Kampf um die Aktionärsstimmrechte zusteuerten. In einem Anflug von ritterlicher Großzügigkeit schloss die Gegenseite eine Art »Gentleman's Agreement« mit unserer Seite. Um zu verhindern, dass der Kampf um die Stimmen der Aktionäre zu einer handfesten Auseinandersetzung ausartete, die dem Ruf des Unternehmens schaden könnte, sollte das Einwerben von Stimmrechtsvollmachten beiderseits auf einen vernünftig formulierten Brief beschränkt werden. Die beiden Briefe – einer mit der Aufforderung an die Aktionäre, ihre Stimmrechtsvollmachten dem amtierenden Vorstand zu geben – würden in demselben Umschlag an jeden Aktionär verschickt werden. Auf diese Weise hätte der einzelne Aktionär beide Seiten des Vorgangs vor sich und könnte selbst entscheiden, welchen der beiden Parteien er die zukünftige Leitung des Unternehmens zutrauen wollte.

Meine Partner und ich akzeptierten, ohne zu zögern, das, was wir für eine kulante Vereinbarung hielten. Unser Brief wurde ordnungsgemäß verfasst, vervielfältigt und zusammen mit dem von der Gegenseite vorbereiteten Brief abgeschickt. Als dies geschehen war, nahm ich an, dass die Würfel gefallen waren und dass nichts mehr getan werden müsste oder könnte, um das Ergebnis zu beeinflussen.

Dann, nur wenige Tage vor der geplanten Aktionärsversammlung, platzte einer meiner Assistenten in mein Büro. Sein Gesicht war wutentbrannt; er hielt ein Stück Papier in der Hand.

»Lesen Sie das mal!«, rief er und drückte mir das Papier in die Hand. Ich nahm es und stellte fest, dass es ein Brief war – ein *zweiter* Brief –, den die Opposition nur ein oder zwei Tage zuvor an die Aktionäre verschickt hatte. Und was für ein Brief das war!

Der Kern des unmissverständlichen Schreibens war ein heftiger persönlicher Angriff auf mich und eine höchst verwerfliche – und völlig unbegründete – Unterstellung, dass meine Motive, die Kontrolle über das Unternehmen anzustreben, höchst zweifelhaft seien. Ich rief meine Partner zusammen und hielt einen eiligen Kriegsrat ab. Was konnte man in diesem späten Stadium noch tun? Nicht viel, erklärten einige meiner Partner entmutigt. Es war nicht genug Zeit.

»Ich fürchte, das kostet uns Kopf und Kragen, Paul«, sagte einer der Männer und schüttelte resigniert den Kopf. »Nichts in diesem Brief ist wahr – aber es wird einen enormen Einfluss auf die Aktionäre haben. Da sie keine Möglichkeit haben, die erhobenen Vorwürfe zu überprüfen, werden sie auf Nummer sicher gehen und ihre Stimmrechte der anderen Seite geben.«

»Glaubt ihr wirklich, dass wir erledigt sind?«, fragte ich und schaute mich bei den Männern im Raum um. Einige Köpfe nickten zustimmend. Die Gesichter einiger anderer Männer zeigten, dass sie nicht ganz überzeugt waren, dass alles verloren sei. Ein paar meiner Partner deuteten an, dass sie die Niederlage nicht so einfach hinnehmen wollten.

»Quatsch!«, schnaubte einer von ihnen. »Wir haben noch eine Chance!«

»Das glaube ich auch«, sagte ich. »Jetzt lasst uns an die Arbeit gehen.«

Fieberhaft arbeiteten wir gegen eine viel zu knappe Deadline und verfassten unseren eigenen zweiten Brief. Im Gegensatz zu den Verleumdungen nannten wir Fakten und Zahlen, die jedes Argument und jeden Vorwurf der Konkurrenz entkräfteten.

Dann arbeiteten wir – Sekretärinnen, Angestellte, Bürokräfte, leitende Angestellte, meine Geschäftspartner und ich – den ganzen Tag und die Nacht hindurch, um die Briefe zu vervielfältigen, Umschläge an Tausende von Aktionären zu adressieren, die Briefe zu falten und zu kuvertieren und die Umschläge zu versiegeln und zu frankieren. Schließlich hatten wir die Mammutaufgabe fertiggestellt – und völlig erschöpfte Männer und Frauen trugen bündelweise Briefe zum nächsten Postamt, um sie zu verschicken.

Würden die Briefe die Aktionäre noch rechtzeitig erreichen? Wir konnten nur hoffen und abwarten, was bei der Aktionärsversammlung ein paar Tage später passieren würde. Aber so lange mussten wir nicht warten. Die Resonanz auf unseren zweiten Brief war unglaublich. Schon zwei Tage vor der Versammlung trafen die ersten Antworten von Aktionären ein.

»Wir könnten es noch schaffen«, bemerkte einer meiner Assistenten. Und wir schafften es. Die nüchternen Fakten, klar und deutlich dargelegt, erwiesen sich für die Aktionäre als überzeugender als die hitzigen, persönlichen Angriffe und unverantwortlichen Anschuldigungen, die von der Gegenseite vorgebracht worden waren. Zum Entsetzen der bisherigen Direktoren – und zur Freude meiner Partner und mir selbst – endete die Abstimmung auf der Aktionärsversammlung mit einem klaren Sieg für unsere Seite!

Vor ein paar Jahren schien es, als stünde ich vor einer weiteren ernsten – und potenziell katastrophalen – Situation. Die Explorations- und Bohraktivitäten eines Unternehmens, an dem ich sehr stark beteiligt war, deuteten darauf hin, dass die Gebiete im Nahen Osten, in denen es Bohrkonzessionen besaß, bald Rohöl in fantastischen Mengen fördern würden. Leider verhinderten verschiedene Faktoren und Beschränkungen, dass mehr als ein Bruchteil der Produktion in die Vereinigten Staaten importiert werden konnte.

Auf den ersten Blick waren die Aussichten alles andere als rosig. Schon bald würden riesige Mengen an Rohöl aus dem Boden sprudeln – doch wenn nicht schnell etwas unternommen würde, wäre das meiste davon praktisch wertlos. Rohöl ist schließlich nur ein Rohstoff. Es muss zu anderen Produkten raffiniert werden, die dann auch vertrieben und vermarktet werden müssen.

Im Laufe der Zeit, als immer mehr Quellen erschlossen wurden, gab es Leute, die mir offen vorhersagten, dass ich mich bald in einer Lage befinden würde, aus der ich mich nicht mehr würde befreien können. Nachdem wir Unsummen für den Erhalt der Konzession, die Exploration und die Bohrungen ausgegeben hatten, würde das Unternehmen mit Unmengen von Rohöl zurückbleiben, die es nicht vermarkten konnte. Es gab sogar Leute, die schadenfroh munkelten, dass es nicht mehr lange dauern würde, bis Paul Getty in ernsthaften finanziellen Schwierigkeiten stecken würde.

Ich gebe zu, es wurde langsam ungemütlich – aber es war bei Weitem nicht so ernst, dass es keinen Ausweg mehr gegeben hätte. Zum Leidwesen derjenigen, die vorhersagten, dass die Getty-Unternehmen bald in Fluten von überschüssigem Rohöl ertrinken würden, fanden wir – ja, wir schufen geradezu – neue Absatzmärkte für unsere Produktion. Wenn wir nicht unser gesamtes Rohöl zur Raffination und zum Verkauf in die Vereinigten Staaten verschiffen konnten, würden wir es eben anderswohin verschiffen, selbst wenn wir unsere eigenen Raffinerien in anderen Ländern kaufen oder bauen mussten. Und genau das taten wir, indem wir eine fast nagelneue Raffinerie in Italien kauften, eine weitere in Dänemark bauten und anderswo weitere Raffineriekapazitäten fanden. Inzwischen sind die Unternehmen von Getty natürlich eifrig auf der Suche nach noch *mehr* Rohöl im Nahen Osten und anderswo auf der Welt.

Erfahrungen wie diese – und es gab etliche davon – haben mich gelehrt, dass ein Geschäftsmann gerade dann am meisten nachdenken und kämpfen muss, wenn der Strom gegen ihn zu laufen scheint und seine Aussichten düster erscheinen. Oft kann er selbst die schlimmsten Geschäftssituationen zum Vorteil seines Unternehmens, seiner Aktionäre und seiner selbst wenden.

Der erfolgreiche Geschäftsmann – die wahre Führungspersönlichkeit – ist derjenige, der die Fähigkeit entwickelt, in Zeiten von Stress und im Angesicht von Rückschlägen die Fassung zu bewahren. Der junge Geschäftsmann sollte sich bemühen, diese und ähnliche Eigenschaften, die ich zuvor erwähnt habe, zu erwerben und zu entwickeln – und er sollte es sehr früh in seiner Karriere versuchen, denn es wird nicht lange dauern, bis sich die ersten Rückschläge und Schwierigkeiten vor ihm auftun. Die Art und Weise, wie er die ersten heiklen Situationen meistert, wird oft das Muster für den Rest seiner Karriere vorgeben.

Offensichtlich ist es für niemanden möglich, einem Geschäftsmann konkrete, detaillierte Ratschläge zu geben, was er tun oder nicht tun sollte, wenn er geschäftliche Rückschläge erleidet. Es gibt viel zu viele Variablen; jede Situation unterscheidet sich oft erheblich von der nächsten. Andererseits gibt es bestimmte Grundprinzipien, die jedem Geschäftsmann helfen, widrige Situationen zu meistern und Rückschläge in Erfolge zu verwandeln:

1. Egal, was passiert, geraten Sie nicht in Panik. Ein Mensch, der in Panik gerät, kann weder effektiv denken noch handeln. Ein gewisses Maß an Schwierigkeiten ist in jeder Geschäftskarriere unvermeidlich – wenn sie kommen, sollte man ihnen mit ruhiger Entschlossenheit begegnen.
2. Wenn etwas schiefläuft, ist es immer eine kluge Idee, sich kurzzeitig zurückzuziehen – gerade lange genug und weit genug, um die Situation objektiv betrachten und bewerten zu können.
3. In der Frühphase einer sich ungünstig entwickelnden Situation kann es notwendig und ratsam sein, etwas nachzugeben, die Dinge zu opfern, die am wenigsten wichtig und am entbehrlichsten sind. Aber es sollte ein kämpferischer Rückzug sein, eine rückläufige Aktion, die nur bis zu einem bestimmten Punkt und nicht weiter geht. Es darf niemals ein ungeordneter Rückzug sein.
4. Als Nächstes müssen alle Faktoren der Situation mit akribischer Sorgfalt untersucht werden. Alle möglichen Vorgehensweisen müssen abgewägt werden. Alle verfügbaren Ressourcen – sowohl mentale als auch finanzielle, kreative als auch praktische – müssen mobilisiert werden.
5. Gegenmaßnahmen müssen mit größter Sorgfalt und bis ins kleinste Detail geplant werden – aber auch für den Fall, dass unvorhergesehene Hindernisse auftauchen, müssen Alternativen in Betracht gezogen werden. Die Gegenmaßnahmen müssen in einem Umfang geplant werden, der mit den verfügbaren Ressourcen vereinbar ist – und die gesetzten Ziele müssen realisierbar sein. Seien Sie sich dessen bewusst, dass der Schwung eines richtig ausgeführten Gegenangriffs die angreifende Truppe sehr oft weit über den Punkt hinausträgt, von dem sie ursprünglich vertrieben wurde.

6. Wenn alles bereit ist, sollte man zuversichtlich, zielstrebig, aggressiv und vor allem enthusiastisch vorgehen. Es darf kein Zögern geben – und hier zählen die Entschlossenheit, die Persönlichkeit und die Energie der Führungskraft am meisten.

Der Unternehmer – ob Neuling oder alter Hase –, der sich nach diesen Grundsätzen richtet, wenn er Rückschläge erlitten hat, wird sicher nicht lange in der Ecke verharren, in die er gedrängt wurde.

KAPITEL 10
DAS UNGEMACH MIT DEM UNMÖGLICHEN

Gutes Urteilsvermögen und eine ungehinderte Vorstellungskraft sind zwei Qualitäten, die, wenn sie zusammenwirken, das »Unmögliche« möglich machen *können*. Eine gesunde Skepsis kombiniert mit Selbstvertrauen kann einem entschlossenen Menschen helfen, sich durchzusetzen gegen die allseits vorherrschende Tendenz der breiten Masse, andere zu entmutigen. Viele Beispiele bestätigen dies. Eine Führungskraft muss die Fähigkeit entwickeln, rational und sachkundig Entscheidungen zu treffen, und muss diese dann auch umsetzen – ungeachtet der Zweifel ob der Umsetzbarkeit des Ziels.

Vor nicht allzu langer Zeit war ich gezwungen, den Rücktritt einer hochrangigen Führungskraft in einem meiner Unternehmen zu fordern. Obwohl er intelligent, fleißig und erfahren war, hatte dieser Mann eine signifikante Schwäche, die sich als fatal für seine Karriere erwies – und die sich mit der Zeit auch als fatal für das Unternehmen hätte erweisen können. Er konnte einfach nicht zwischen dem Möglichen und dem Unmöglichen unterscheiden – und seine Kurzsichtigkeit erstreckte sich sowohl auf wichtige wie auf weniger wichtige Bereiche.

Typisch für seine kostspieligen Fehler war seine Neigung, Aufgaben zu übernehmen, von denen er hätte wissen müssen, dass sie offensichtlich unmöglich zu erfüllen waren. Typisch waren auch seine überschwänglich optimistischen – und völlig unrealistischen – Einschätzungen der Zeit, die er für die Ausführung eines Auftrags oder die Fertigstellung eines Projekts benötigen würde.

»Ja, das schaffen wir«, versprach er mit unverblümter Überzeugung – obwohl »es« nicht zu schaffen war. »Ich werde alles in drei Tagen für Sie fertig haben«, sagte er zuversichtlich – obwohl er wusste, dass die Arbeit drei Wochen dauern würde.

Vielleicht wurde er von einem zwanghaften Verlangen getrieben, die Menschen mit Versprechungen zu beeindrucken. Vielleicht war er von einer seltenen Form des Größenwahns befallen oder rechnete mit zufälligen Wundern, um die unmöglichen Ziele zu erreichen, die er so voreilig zu versprechen pflegte. Was auch immer die Gründe waren, er zog sich selbst – und seine Mitarbeiter, Untergebenen und Vorgesetzten – allmählich in einen Sumpf aus völlig unpraktischen Projekten, rückständiger Arbeit, stornierten Aufträgen und unvollständigen Projekten hinein, die wir dann absagen mussten, was zu finanziellen Verlusten für das Unternehmen führte.

Die Unfähigkeit dieser Führungskraft, zwischen dem Möglichen und dem Unmöglichen zu unterscheiden, verursachte Chaos im Unternehmen und verprellte die Kunden. Als er für seine Versäumnisse zur Rechenschaft gezogen wurde, bewies er erneut seine fatale Kurzsichtigkeit, da er nicht erkannte, dass man seine Fehler nicht ewig hinter fadenscheinigen Ausreden oder theatralischen Darstellungen verstecken kann. Er wandte jedoch beides an in dem vergeblichen Versuch, seinen Job zu retten, obwohl er doch bereits bewiesen hatte, dass er ihn nicht bewältigen konnte.

Ich glaube, es war François de La Rochefoucauld, der als Erster behauptete, dass »nichts unmöglich ist«. Meiner Meinung nach ist das blanker Unsinn, und ich lehne diese Theorie rundweg ab, wobei ich anmerken möchte, dass selbst La Rochefoucauld es für ratsam hielt, sein Motto später abzuändern, so dass es lautet: »Wenige Dinge sind an sich unmöglich.«

Ich bin geneigt, selbst diese revidierte Version mit Skepsis zu betrachten. Anstatt jedoch die Philosophien des Duc de La Rochefoucauld weiter anzuzweifeln, nehme ich an, dass unsere Definition des Wortes »wenige« sehr unterschiedlich sind, und lasse es dabei bewenden. Auf jeden Fall bezog er sich auf Dinge auf einer eher esoterischen Ebene – während ich mich mit den nüchternen Tatsachen des täglichen Lebens und insbesondere des Geschäftslebens beschäftige.

Ich bin der Meinung – und habe die entsprechenden Erfahrungen gemacht –, dass es eine große Anzahl von Dingen gibt, die unmöglich sind, und dass man ihnen in der Geschäftswelt häufig begegnet. Ich bin der festen Überzeugung, dass eine der wertvollsten Eigenschaften, die ein Geschäftsmann oder eine Führungskraft besitzen kann, die Fähigkeit ist, alle Faktoren in einer gegebenen Situation zu betrachten und abzuwägen und zu bestimmen, was machbar ist und was nicht – kurz, zwischen dem Möglichen und dem Unmöglichen zu unterscheiden. Diese Fähigkeit ist selten angeboren, sie wird vielmehr erworben und weiterentwickelt. Mit ihr erhöhen sich die Erfolgschancen eines Menschen deutlich. Ohne sie kann er nur bis zu einem gewissen Grad vorankommen – oder er wird gänzlich scheitern. Manch ein ansonsten fähiger – oder sogar großer – Mann ist gescheitert, weil es ihm an dieser Fähigkeit mangelte.

Ein Vergleich zwischen Julius Caesar und Kaiser Augustus zeigt, dass Julius grundsätzlich der Fähigere und Begabtere von beiden war. Aber Julius besaß nicht das Urteilsvermögen und das Augenmaß, um zwischen der Spreu des Unmöglichen und dem Weizen des Möglichen zu unterscheiden – und das ist es, was letztlich zu seinem Untergang und seiner Ermordung führte.

Kaiser Augustus hingegen erkannte, was realisierbare Ziele waren, strebte sie an und verwirklichte sie. Folglich regierte er viel länger als Julius, und seine Leistungen waren insgesamt viel konstruktiver und nachhaltiger.

Napoleon Bonaparte war ebenfalls ein fähiger und begabter Mensch – aber auch er wurde letzten Endes Opfer seiner eigenen Unfähigkeit, das Unmögliche als solches zu erkennen. Napoleon hatte – wie Julius Cäsar – keinen Sinn für Verhältnismäßigkeit, wie sein katastrophaler Einmarsch in Russland beweist. Er war nun mal vollkommen größenwahnsinnig, und so ignorierte er blindlings die immensen Entfernungen, die er zurücklegen musste, ebenso wie das ganz ungewohnte russische Klima und seine eigenen politischen Krisen zu Hause – alles ziemlich offensichtliche Faktoren, die seinen Feldzug schon zum Scheitern verurteilten, lange bevor seine Truppen ihren Marsch nach Osten antraten.

Nun wird ein Geschäftsmann, der scheitert, weil er nicht zwischen dem Möglichen und dem Unmöglichen unterscheiden kann, nicht im Sitzungssaal von den Vorstandsmitgliedern des Unternehmens erstochen – zumindest nicht im eigentlichen Sinne des Wortes. Er wird auch nicht für den Rest seines Lebens auf eine Insel im Südatlantik verbannt (es sei denn, das Unternehmen hat dort zufällig ein Tochterwerk oder eine Niederlassung). Nichtsdestotrotz wird sich die Praxis, sich mehr zuzumuten, als man wirklich zu leisten imstande ist, für die Karriere einer Führungskraft oder eines Geschäftsmannes als verhängnisvoll erweisen – und für sein Unternehmen.

Aber auch das Gegenteil ist der Fall, denn das Unmögliche ist mal Schelm und mal Dämon. Derjenige, der in der Lage ist, das Fünkchen des Möglichen in einer Situation zu erkennen, die von außen betrachtet mit unüberwindlichen Hindernissen behaftet zu sein scheint, wird sehr wahrscheinlich die reichsten Früchte ernten. Man muss nicht sehr lange suchen, um den Beweis dafür zu finden.

In den 1920er-Jahren galten die Ideen des autodidaktischen Ingenieurs Robert G. LeTourneau zum Bau riesiger Erdbewegungsmaschinen weithin als unpraktische Hirngespinste. LeTourneau wusste jedoch, dass er die Maschinen, die seine Kritiker für unbrauchbar hielten, tatsächlich herstellen konnte. Er baute seine riesigen Maschinen und die größte Firma für Erdbewegungsmaschinen des Landes – und revolutionierte so die gesamte Schwerbauindustrie.

1953, als er 65 Jahre alt wurde, verkaufte LeTourneau sein Unternehmen an Westinghouse Air Brake für einen Betrag von 31 Millionen Dollar. Außerdem verpflichtete er sich, in den nächsten fünf Jahren keine weiteren Erdbewegungsmaschinen zu produzieren. Man ging davon aus, dass es ihm nicht möglich sein würde, wieder ins Geschäft einzusteigen – nicht nur wegen seines Alters, sondern auch, weil er den größten Teil seines Geldes einer wohltätigen Stiftung hatte zukommen lassen. LeTourneau widerlegte jedoch die gängige Meinung. Im Jahr 1959 – im Alter von 71 Jahren – war er wieder voll im Geschäft. Er produzierte eine revolutionäre, elektrisch betriebene, mobile Offshore-Ölbohrplattform, von der übrigens einige Klugschwätzer behauptet hatten, sie könne »niemals gebaut werden und würde auch nicht funktionieren, wenn sie gebaut würde«. Zuletzt wurde Robert LeTourneau ein Umsatz von etwa 10 Millionen Dollar pro Jahr nachgesagt.

Nur wenige Menschen hielten das von der Weltwirtschaftskrise geprägte Jahr 1933 für ein gutes Jahr, um ein neues Unternehmen zu gründen. Zu denen, die anders dachten, gehörte der junge J. A. Ryder, der die Warnungen der Pessimisten, dass jedes neue Business zum Scheitern verurteilt sei, in den Wind schlug. Mit 125 Dollar seines verfügbaren »Kapitals« von 155 Dollar kaufte Ryder einen gebrauchten Lastwagen und machte sich selbstständig. Mit einem fast unheimlichen Talent dafür, das Mögliche in den aussichtslosesten Zeiten und

Situationen zu erkennen, baute er sein Geschäft weiter auf. Innerhalb von 25 Jahren schuf er ein LKW-Imperium mit einem Jahresbruttoumsatz von geschätzten 85 Millionen Dollar.

Kurz vor Ende des Zweiten Weltkriegs wurde First Lieutenant Melvin J. David für einige Tage von der Front beurlaubt und in ein Armee-Erholungszentrum nach Belgien geschickt. Eines Nachmittags bemerkte er einige belgische Dorfbewohner, die fleißig Reste von schwerem Draht in verschiedene Formen drehten und schweißten. Er sah, dass sie Lampenfüße, Ständer und andere nützliche und dekorative Gegenstände aus dem Draht herstellten, den sie auf den nahegelegenen Schlachtfeldern und den Schrotthalden der alliierten Versorgungslager gefunden hatten.

Die Arbeiten der Belgier brachten David auf eine Idee. Er sah die Möglichkeiten, Draht für die Massenproduktion einer breiten Palette von Industrie- und Konsumartikeln zu verwenden. Als er ein Jahr später aus der Armee entlassen wurde, ging er nach Südkalifornien und versuchte, seine Idee kommerziell umzusetzen. Als ihm gesagt wurde, dass seine Ideen nicht realistisch und nicht umsetzbar seien, setzte er sein geringes Kapital ein –1500 Dollar –, um seine erste Maschine zu entwerfen und zu bauen, und machte sich selbstständig. Heute ist Mel David's Melco Wire Products Company ein florierendes Unternehmen. Die Firma stellt alles her, von Büstenhaltern für Damenbadeanzüge bis hin zu wichtigen Teilen für Düsenflugzeuge – alles aus Draht.

Die Geschichte der amerikanischen Wirtschaft ist seit jeher voll von solchen Beispielen, die beweisen, dass Geschäftsleute bemerkenswerte Erfolge erzielen können, indem sie die Möglichkeit von Dingen oder Situationen erkennen, die andere für unmöglich halten. Die bedeutendsten Erfindungen und Fortschritte wurden auf genau diese Weise gemacht – und die erfolgreichsten Unternehmen und größten Vermögen entstanden ebenfalls so.

Ich bin im Jahr 1940 auf eine potenziell mögliche »unmögliche« Situation gestoßen – oder vielleicht sollte ich sagen, ich bin in sie hineingestolpert. Mein Cousin, der verstorbene Hal Seymour, und ich machten Urlaub in Mexiko und legten einen Zwischenstopp in Acapulco ein. Da das Klima, die Umgebung und das Meer sehr schön waren – und Schwimmen eine meiner Lieblingssportarten ist –, beschlossen wir, eine Weile zu bleiben.

Eines Tages – und ganz zufällig – lernte ich einen anderen Touristen kennen, der überschwänglich erklärte, er habe »den schönsten Strand der Welt« entdeckt, und mich fragte, ob er ihn mir zeigen solle. Ich stimmte zu und hätte in letzter Minute fast einen Rückzieher gemacht, als ich erfuhr, dass wir mit einem Lastwagen etwa 20 Kilometer durch den Tropenwald fahren mussten, um den Ort zu erreichen. Aber ich machte mich trotzdem auf, klammerte mich krampfhaft an der Seite eines uralten Lastwagens fest, der über einen groben Schotterweg rumpelte und holperte. Der Weg sah aus, als sei er seit dem Tag, an dem er von einem herumstreifenden Brontosaurus ausgetreten wurde, nicht mehr benutzt worden.

Mein erster Blick auf den Revolcadero-Strand entschädigte mich für die beschwerliche Anfahrt und war Balsam für meine blauen Flecken. Meine neue Bekanntschaft hatte nicht übertrieben. Es *war* der schönste Strand der Welt. Nach ein paar weiteren Besuchen fasste ich den Entschluss, mehrere Hundert Hektar des Grundstücks zu kaufen und darauf ein Luxus-Resort zu bauen.

Nun, die meisten Leute, die ich kenne, sind in der Regel bei den meisten Dingen unterschiedlicher Meinung, aber als ich meine Absichten bekannt gab, am Revolcadero Beach Land zu erwerben und zu bauen, waren die Reaktionen meines Umfelds ungewöhnlich einhellig.

»Unmöglich!«

Die Gründe, die sie anführten, um mein Vorhaben für unmöglich zu erklären, waren vielfältig – und, wie ich zugeben muss, auf den ersten Blick durchaus vernünftig. Das Land, das ich kaufen wollte, war völlig unbebaut; es würde schon ein Vermögen kosten, es nur zu roden. Es gab keine Straßen und keine Versorgungsleitungen; diese müssten zu horrenden Kosten gebaut und bereitgestellt werden. Revolcadero Beach war unbekannt und lag abseits der bekannten Wege; die Leute würden keine Luxushotelpreise in einem Resort bezahlen, das nicht an einem »angesagten« Ort lag. Die Art von Resort, die ich mir vorstellte, würde Bootsanleger und ein Yachtbecken benötigen; ein weiteres Vermögen wäre nötig, um sie zu bauen und auszubaggern. Europa befand sich bereits im Krieg – es war tollkühn, in einem fremden Land große Summen zu investieren.

Die Einwände häuften sich also. Sie waren unterschiedlicher Natur, summierten sich aber zu einem einzigen Wort: »Unmöglich!«

Ich dachte – ich *wusste* –, dass das Projekt durchaus möglich war. Allein die Erschließung des Grundstücks würde seinen Wert steigern. Die natürliche Schönheit von Revolcadero Beach und der Bau der Art von Hotel, das ich mir dort vorstellte, würden ausreichen, um das Resort »modern« zu machen. Die niedrigeren Arbeits- und Materialkosten in Mexiko würden die zusätzlichen Kosten für den Bau auf unberührtem Land zumindest teilweise ausgleichen. Diese und andere Überlegungen überzeugten mich – und ich kaufte das Grundstück. Kurz darauf wurde Pearl Harbor angegriffen, und die Vereinigten Staaten traten in den Zweiten Weltkrieg ein. Meine Pläne für Revolcadero Beach wurden vorerst einmal auf Eis gelegt.

Erst 1956 wurde das Hotel Pierre Marques am Revolcadero Beach eröffnet. Als es dann so weit war, entsprach das luxuriöse Resort-Hotel all meinen Erwartungen und sein sofortiger Erfolg übertraf alle Hoffnungen – ein weiteres »unmögliches« Projekt, das von Anfang an zu 100 Prozent möglich war. Es gibt viele andere Beispiele – große und kleine – davor und danach.

In den 1920er-Jahren war ein Bohrmeißel, der sich in einem Loch verkantete, in der Regel eine ernsthafte, teure Angelegenheit. Tagelang, ja wochenlang, wurde vergeblich nach dem Bohrereinsatz »gefischt«. In der Zwischenzeit konnte das Loch nicht tiefer gebohrt werden, die Kosten stiegen weiter an und häufig wurde das Öl, nach dem man bohrte, von nahegelegenen Bohrstellen abgezweigt.

»Fischen« wurde als einzig mögliches Mittel gegen ein Abbrechen des Bohreinsatzes akzeptiert; es schien keine praktikable Alternative zu geben. Dann, im Jahr 1927, hatte ein Unternehmen, an dem ich beteiligt war, einen Bruch auf einer Bohrstelle in Santa Fe Springs in Kalifornien. Mehrere Wochen wurden verschwendet, während die Mannschaft nach dem Bohreinsatz »fischte«. Da ich dachte, dass jeder mögliche neue Ansatz besser sei als keiner, ging ich zu einem Steinbruch in der Nähe des nächsten Friedhofs, wo ich einen sechs Fuß langen Marmorquader kaufte und ein Ende konisch zuschneiden ließ. Als ich damit zur Bohrstelle zurückkehrte, sagte ich den Bohrern, sie sollten ihn in das Loch werfen – was sie auch taten.

Die einfache Maßnahme funktionierte. Der schwere Granitschaft schlug den verkanteten Meißel aus dem Weg. Seitdem wurden Ablenkkeile aus Granit bei unzähligen Gelegenheiten in ähnlichen Situationen erfolgreich eingesetzt. In der Ölindustrie nennt man sie »Paul Getty Specials«.

In den 1940er-Jahren galt es als unmöglich, auf den Ölfeldern horizontal zu bohren. Ich war keineswegs davon überzeugt, dass es nicht mit einer neu entwickelten Technik unter Verwendung von flexiblen, gebogenen Rohren und einer Schlammpumpe möglich sei. Kurz nach dem Ende des Zweiten Weltkriegs ließ ich auf einer meiner Bohrstellen Versuche durchführen.

Die Technik wurde im Laufe dieser Versuche verbessert und verfeinert und erwies sich bald als vollkommen praktisch und effizient. Infolgedessen ist das horizontale Bohren heute ziemlich verbreitet. Viele ehemals schwierige und kostspielige Bohrprobleme lassen sich heute schnell und wirtschaftlich lösen.

Noch kürzlich, im Jahr 1957, behaupteten nicht wenige Experten und Beobachter der Ölindustrie, dass es unmöglich sei, eine automatisierte Ölraffinerie zu bauen. Tidewater baute noch im selben Jahr in Delaware eine solche Anlage, die seither selbst ihre Konstrukteure durch ihre störungsfreie Effizienz verblüfft hat.

In den letzten Jahren haben verschiedene »Experten« auch behauptet, dass der Markt für Öltanker übersättigt sei und es daher unmöglich sei, eine Tankerflotte profitabel zu betreiben. Die Getty-Unternehmen, die eine große Tankerflotte unterhalten, halten es durchaus für möglich, diese mit einem ordentlichen Gewinn zu betreiben – und haben weitere Supertanker vorbestellt.

Alle Topgeschäftsleute, die ich kenne, haben ihre größten Sprünge auf der Erfolgsleiter gemacht, weil sie in der Lage waren, das Mögliche in dem zu sehen, was andere als unmöglich verwarfen oder ignorierten. Und, so füge ich eilig und mit Nachdruck hinzu, sie haben es geschafft, keine großen Rückschritte machen zu müssen, weil sie *in der Regel* in der Lage waren, das Unmögliche zu erkennen und es tunlichst zu vermeiden. Ich sage »in der Regel«, weil jeder mal Fehler macht. Niemandes Bilanz ist makellos.

Ich habe mehr als nur einmal viel Geld investiert, um Tausende von Fuß in den Boden zu bohren, in dem Glauben, dass ich auf Öl stoßen würde – nur um dann ein knochentrockenes Loch zu finden.

Ich habe mehr als eine Pacht verkauft, weil ich es für unmöglich hielt, auf dem Grundstück Öl zu finden – und habe dann zu meinem

Leidwesen erfahren, dass der nächste Pächter anders dachte, eine Bohrung durchführte und auf Öl stieß.

Mir sind noch viele andere Fehler und Fehleinschätzungen unterlaufen – mehr, als mir an Tagen, an denen es wieder mal eng aussieht, lieb ist. Es gibt eben nicht tausend echte Schlagmänner. Wenn es so viele gäbe, wäre Baseball kein spannendes Spiel mehr – und wenn Geschäftsleute immer die richtigen Entscheidungen treffen würden, wäre das Business nicht das Business, oder?

Der Punkt, auf den ich hinauswill, ist, dass der erfolgreiche Geschäftsmann derjenige ist, der die richtige Wahl zwischen dem Möglichen und dem Unmöglichen häufiger trifft als nicht. Der erfahrene Geschäftsmann trifft solche Entscheidungen nicht durch zufälliges Rätselraten. Er entscheidet sich auch nicht für das eine oder andere, weil er eine Ahnung oder hellseherische Vorahnung hat. Vielmehr wird die Frage nach dem Möglichen und dem Unmöglichen sorgfältig überlegt und abgewogen.

Nein, es gibt keine starren Regeln oder Patentrezepte, um festzustellen, ob etwas machbar ist oder nicht. Wenn es sie gäbe, würde sich die Frage nicht stellen. Es *gibt* jedoch eine geordnete, logische Methode, mit der jede beliebige Geschäftssituation untersucht und abgewogen werden kann – und durch deren Anwendung das Risiko von Fehlern stark reduziert wird.

Der erfahrene Geschäftsmann, der sich mit dem möglicherweise Unmöglichen konfrontiert sieht, ordnet sein Denken und prüft alle Aspekte der Situation mit akribischer Objektivität. Er tut dies, indem er sich eine Reihe von Fragen stellt, von denen die wichtigsten die folgenden sind:

- Was – genau und im Einzelnen – ist die Situation, der Gegenstand oder das Problem, um das es geht?
- Was steht auf dem Spiel – was sind die Kosten, was sind die minimalen und maximalen Gewinne und Verluste des Unternehmens?

- Gibt es Präzedenzfälle und, wenn ja, können sie in diesem Fall als gültig und anwendbar angesehen werden?
- Was können andere Parteien – Käufer oder Verkäufer, Makler, Konkurrenten, Kunden und so weiter – in beiden Fällen gewinnen oder verlieren?
- Was sind die *bekannten* Hindernisse und Schwierigkeiten, mit denen das Unternehmen konfrontiert wird, wenn es weitermacht – und wie genau können sie überwunden werden?
- Welche weiteren Schwierigkeiten sind zu erwarten – und, wenn ja, welche Ressourcen stehen zur Verfügung und welche Schritte können unternommen werden, um sie zu bewältigen?
- Sind *alle* Fakten bekannt – könnte es zusätzliche, versteckte Fallstricke geben?
- Wie lange wird es dauern, die fraglichen Ziele zu erreichen, wenn die Entscheidung getroffen wird, das Projekt durchzuführen?
- Würde das Unternehmen mehr gewinnen, wenn es die gleiche Zeit und Mühe für etwas anderes aufwenden würde?
- Sind die Mitarbeiter, die für die Bearbeitung der Angelegenheit verantwortlich wären, voll qualifiziert und zuverlässig?

Sobald er die Antworten auf diese Fragen hat, wägt der Geschäftsmann sie ab, um festzustellen, ob das Unterfangen möglich oder unmöglich ist. Wenn die Waage stark in die eine oder andere Richtung ausschlägt, fällt ihm die Entscheidung nicht schwer. Halten sich die Vor- und Nachteile hingegen die Waage, muss er sein Urteilsvermögen, sein Augenmaß – und sogar seine Intuition in Geschäftsdingen – einsetzen, um zu entscheiden.

Der erfahrene Geschäftsmann geht diese Checkliste von Fragen im Geiste automatisch durch, wann immer er Zweifel an der Durchführbarkeit einer Geschäftssituation hat. Die junge Führungskraft oder der Anfänger im Geschäft tut unter solchen Umständen gut daran, sich mit Bleistift und Papier hinzusetzen und die Fragen und seine Soll- und Haben-Antworten aufzulisten. Der Anfänger wird wahrscheinlich eine klare – und manchmal völlig neue und andere – Sicht auf das Problem bekommen, mit dem er konfrontiert ist, wenn er die Pro- und Kontra-Argumente und die diversen relevanten Faktoren schwarz auf weiß sieht. Er hat dann eine detaillierte Bestandsaufnahme der Vor- und Nachteile, des potenziellen Nutzens und der potenziellen Gefahren aller Elemente vor sich, die das Gesamtkonzept bilden.

Bei der Betrachtung des Gesamtbildes sieht der Neuling sehr schnell Perspektiven und Aspekte, Schwächen und Stärken, Möglichkeiten und Alternativen, Potenziale und Fallstricke, die ihm bisher entgangen sind oder über die er sich noch keine Gedanken gemacht hat. Wenn er das alles vor Augen hat, ist er wie ein Schachspieler, der seine eigenen Figuren und die des Gegners auf dem Brett studiert, um dann seine Taktik und Strategie zu planen und die Gegenzüge des Gegners zu antizipieren.

Diese Analogie zum Schachspiel lässt sich durchaus noch weiterführen. Wie der Schachspieler kann die Führungskraft oder der Geschäftsmann vorhersehen, welcher Angriff oder welches Defensivmanöver ihm oder seinem Gegner taktische Vorteile ermöglicht. Aber wie dem auch sei, letztendlich muss er eine Entscheidung treffen. Möglich – oder unmöglich? Soll er spielen, Verluste hinnehmen oder die Partie aufgeben?

Im Geschäftsleben, wie auch im Schach, hängt die endgültige Entscheidung immer und unweigerlich von dem wichtigsten aller Faktoren in jeder Situation ab: dem Urteilsvermögen des Betreffenden.

Möglich – oder unmöglich? Sobald Sie ein Unternehmen haben, liegt die Entscheidung bei *Ihnen*.

TEIL 3
DER WERT VON MEINUNGS-VIELFALT, KULTUR UND NONKON-FORMISMUS

KAPITEL 11
DIE AUSSTERBENDEN AMERIKANISCHEN ANDERSDENKENDEN

Kürzlich gab ich in London eine Dinnerparty für eine recht bunt gemischte Gruppe von Freunden und Bekannten. Unter den Gästen war ein überzeugter Sozialist, den ich seit vielen Jahren kenne. Als das Tischgespräch ins Stocken geriet, ergriff er die Gelegenheit, einen politischen Monolog zu halten, in dem er Ansichten vertrat, die eindeutig »links« waren.

Zu meiner Belustigung sah sich einer meiner weiteren Gäste, ein amerikanischer Geschäftsmann, der gerade Urlaub in London machte, später genötigt, mich zu fragen, wie ich, als »führender Kapitalist«, die Anwesenheit eines solch wilden Radikalen an meinem Esstisch tolerieren könne.

»Haben Sie keine Angst, einen Mann wie ihn um sich zu haben, der all diese gefährlichen Theorien von sich gibt?«, fragte er.

Mit ernster Miene versuchte ich zu erklären, dass der Sozialismus in Großbritannien eine völlig respektable politische Ideologie ist, und fügte – um, wie ich hoffte, den richtigen Ton eines britischen Snobs anzuschlagen – hinzu, dass Sozialisten sogar von Ihrer Majestät, der Königin, im Buckingham Palace empfangen werden.

Ich versicherte meinem besorgten Landsmann, dass ich die Theorien, die wir gehört hatten, nicht wirklich für gefährlich hielt. Ich sagte, ich hoffe, dass meine eigenen Überzeugungen nicht auf einem so unsicheren Fundament gebaut seien, als dass eine zehnminütige Tirade eines fanatischen Sozialisten sie untergraben oder mich korrumpieren könne.

Meine Argumente schienen nicht sehr viel Eindruck zu machen. Ich vermute stark, dass der aufgebrachte Geschäftsmann beim Verlassen der Dinnerparty dachte, dass ich im besten Fall durch den Kontakt mit einer subversiven fremden Ideologie kontaminiert und im schlimmsten Fall zu einem dieser Salonlöwen geworden sei, von denen er so viel gehört hatte. Um ehrlich zu sein, er gehört zu den leider viel zu zahlreichen Amerikanern, die in den letzten Jahren eine liberale Sichtweise und den Sinn für Humor und Fairness verloren zu haben scheinen. Sie haben eine Tendenz entwickelt, eine abweichende Meinung automatisch mit mangelnder Loyalität gleichzusetzen. Sie betrachten jede Kritik an unseren bestehenden sozialen, wirtschaftlichen und politischen Verhältnissen als Aufruhr und Umsturz.

Nun, ich bin ganz sicher weder ein Salonlöwe noch in irgendeiner Weise politisch links anzusiedeln. Es erscheint mir kaum nötig, dass ausgerechnet ich betone, dass ich entschieden gegen die Verstaatlichung von Unternehmen und ein energischer Verfechter der freien Marktwirtschaft bin. Ich kann mir nicht vorstellen, mich unter einem sozialistischen Regime wohlzufühlen. Und ich kann mir auch nicht vorstellen, dass ein solches Regime mich mit viel Wohlwollen betrachten würde.

Die politischen Implikationen der Anekdote, die ich zitiert habe, sind völlig nebensächlich und rein zufällig. Ich habe sie nur benutzt, um eine Manifestation dessen zu verbildlichen, was ich als ein zeitgenössisches amerikanisches Phänomen empfinde und was meiner Meinung nach beunruhigend, bedauernswert und sogar wirklich gefährlich ist. Ich beziehe mich auf die wachsende Abneigung der Amerikaner, Kritik an irgendetwas zu üben, und ihre zunehmende Tendenz, diejenigen zu verurteilen, die, wenn auch in immer geringerer Zahl, dennoch ihre Unzufriedenheit und Kritik äußern wollen.

Lassen Sie mich ganz klar zum Ausdruck bringen, dass ich keine besondere Vorliebe für eine bestimmte Ideologie, Partei, Gruppe oder Denkschule hege, die irgendwelche Veränderungen in unseren Sitten, Gebräuchen oder Institutionen herbeiführen will oder könnte. Ich bin kein Reformer, kein Weltverbesserer, kein Sozialphilosoph, kein politischer oder wirtschaftlicher Theoretiker. Ich betrachte mich jedoch als Realist genug, um zu erkennen, dass die jetzige nicht die beste aller möglichen Welten ist – und es auch nie war und nie sein wird. Die Vorstellung, dass irgendein *Status quo* perfekt und dauerhaft ist, dass man unter keinen Umständen Fragen stellen, Zweifel äußern oder Verbesserungen anstreben darf, kann nur zu Selbstzufriedenheit, dann zu Stagnation und schließlich zum Zusammenbruch führen. Es nützt nichts, so zu tun, als ob nirgendwo etwas falsch liefe, denn es gibt immer und überall etwas – sei es im Großen oder im Kleinen –, das falsch läuft. Menschen und Kulturen können nur nach Perfektion streben. Es ist jedoch höchst unwahrscheinlich, dass sie diese jemals erreichen werden.

Sehr oft bleibt es dem Andersdenkenden überlassen, auf das hinzuweisen, was falsch ist. Er ist ein Skeptiker, der zweifelt, hinterfragt und nachforscht – und daher eher in der Lage ist, Mängel, Schwächen und Missstände zu erkennen als seine selbstgefälligen Mitmenschen. Der Andersdenkende ist auch wacher und sensibler für die Strömungen eines sich anbahnenden Wandels. Er ist daher häufig ein Prophet des Unvermeidlichen, der zum Handeln oder zur Veränderung aufruft, solange noch Zeit ist, freiwillig zu handeln und Veränderungen vorzunehmen.

So berühmte amerikanische Kritiker der Vergangenheit wie die Journalistin Ida Tarbell und ihre männlichen Kollegen Lincoln Steffens,

William Allen White und H. L. Mencken wurden von einigen ihrer Zeitgenossen als Schmutzfinken und noch viel Schlimmeres bezeichnet. Dennoch wurde ihnen faires Gehör geschenkt. Keiner schlug ernsthaft vor, ihnen einen Maulkorb zu verpassen. Niemand hatte Angst davor, ihren Ansichten ausgesetzt zu sein. Ihre bissigen Kommentare, harten Anprangerungen und Enthüllungen halfen, viele notwendige Veränderungen und Verbesserungen herbeizuführen, von denen selbst die rückständigsten Konservativen von heute zugeben werden, dass sie gemacht werden mussten und, einmal gemacht, allgemein von Nutzen waren.

Aber selbst wenn der Andersdenkende ein falscher Prophet ist und vor Gefahren oder Problemen warnt, die nicht wirklich existieren, leistet er der Gesellschaft dennoch einen wichtigen und wertvollen Dienst. Er fügt dem Leben Würze, Esprit und eine erfrischende Qualität hinzu. Es mag sein, dass er nichts als Kontroversen hervorruft, aber wenn er sprechen darf und gehört und vernommen wird, hat er dazu beigetragen, die Fantasie anderer zu beflügeln.

Vor Jahren gab es in Amerika viele ruppige, idealistische Andersdenkende. Sie zögerten nie, sich mit Minderheiten oder sogar der Mehrheit anzulegen. Sie konzentrierten sich auf die wichtigen Fragen des Tages. Sie brachten ihre Meinungen furchtlos und auch mal zugespitzt zum Ausdruck, egal, wie unpopulär diese Meinungen auch sein mochten. Heute sind die Stimmen der Andersdenkenden zu einem kaum hörbaren Flüstern verstummt. Heutige Exemplare dieser aussterbenden Spezies sind in der Regel ängstliche und entmannte Parodien ihrer selbst, ähnlich wie die mittelalterlichen Pedanten, die über die absurde Frage debattierten, wie viele Engel auf einem Stecknadelkopf tanzen können.

Die Andersdenkenden von heute richten ihre Aufmerksamkeit vor allem auf belanglose Bagatellen und vergeuden ihre Energie darauf. Wo die Ida Tarbells und H. L. Menckens Frontalangriffe auf Festungen vornahmen, schießen sie auf Luftschlösser. Angeblich ernsthafte Intellektuelle streiten sich endlos über so lächerliche Trivialitäten wie den künstlerischen Wert oder die politischen Implikationen eines Wandgemäldes in einem ländlichen Postamt. In der Zwischenzeit wird die Öffentlichkeit in eine gefährliche Schläfrigkeit eingelullt, mit Einheitsbrei und handfesten Unwahrheiten gefüttert, von denen viele von Interessengruppen und gut organisierten Propagandamaschinen verbreitet werden.

Es ist kaum verwunderlich, dass die öffentliche Meinung so abgestumpft und eingeschränkt ist, dass kein Raum mehr bleibt für die intensive Betrachtung der wichtigen Themen des Tages. Wenn der Vertrag eines halbgebildeten Radiomoderators gekündigt wird – aus welchem Grund auch immer –, werden seine ehemaligen Arbeitgeber prompt mit wütenden Briefen, Telegrammen und Anrufen überschwemmt, in denen der Protest gegen die »Ungerechtigkeit« und »Schikane« zum Ausdruck kommt. Wenn dagegen eine Interessengruppe mit zweifelhaften Motiven den Rücktritt eines angesehenen Staatsdieners erzwingt, gibt es nur sehr wenig Protest aus der Bevölkerung.

Wenn ein Fanmagazin für Kinofilme die schauspielerischen Talente eines vollbusigen Starlets verunglimpft, führt das sofort zu einer flächendeckenden Reaktion einer voreingenommenen Öffentlichkeit. Aber wenn ein wichtiges Gesetz in einer staatlichen Legislative oder im Kongress der Vereinigten Staaten anhängig ist, wird die Angelegenheit normalerweise von der überwältigenden Mehrheit der Bürger ignoriert. Es bleibt den selbstsüchtigen Interessengruppen und professionellen Lobbyisten überlassen, die Gesetzgeber über die Einstellung und Meinung der Öffentlichkeit zu dem betreffenden Gesetzesentwurf zu informieren. Gleichgültigkeit und Apathie sind wie ein trügerisch tiefer Tümpel.

Einige unserer Zeitungen und Zeitschriften sind mehr mit dem Wohlergehen ihrer Inserenten beschäftigt als mit der Verbreitung von Nachrichten und der Erörterung von Themen von nachhaltiger Bedeutung. Ich erinnere mich an eine kürzlich erschienene Ausgabe einer bekannten Zeitung, die einem Artikel, der beweisen sollte, dass man mit *einer guten Gelatineform ein glücklicheres Leben zu Hause führen kann*, zwei volle und üppig bebilderte Seiten widmete. In der gleichen Ausgabe wurde in drei Absätzen über eine Regierungskrise in einer lateinamerikanischen Republik berichtet, eine weitreichende Änderung in der Zivilschutzpolitik wurde in elf Zeilen abgehandelt und eine knappe halbe Spalte wurde einer Zusammenfassung der legislativen Maßnahmen gewidmet, die in dieser Woche im Kapitol getroffen wurden.

Redaktionspolitik? »Langsam ist der Punkt erreicht, an dem man sich für Mütter, Babys und streunende Hunde und gegen Verbrechen und Spucken auf der Straße stark machen darf – und das war's dann auch schon«, beschwerte sich ein altgedienter Zeitungsredakteur vor Kurzem bei mir, nicht ohne Bitterkeit. Das ist natürlich die wenig maßvolle Übertreibung eines verärgerten Menschen. Dennoch sollte jedem regelmäßigen Zeitungsleser schmerzlich bewusst sein, dass an seiner Aussage zumindest etwas Wahres dran ist.

Aber Zeitungen und Zeitschriften sind bei Weitem nicht die einzigen – und nicht einmal die schlimmsten – Übeltäter. Radio, Fernsehen, Kinofilme, populärwissenschaftliche Bücher – sie alle tragen einen beträchtlichen Teil zu dem Konditionierungsprozess bei, der zur Verdummung des Denkens und zur Unterdrückung von abweichenden Meinungen auf allen außer den banalsten Ebenen führt. Das Ausmaß, in dem einige dieser Medien versuchen, Kontroversen zu vermeiden und ihre eigenen engen Interessen zu schützen, ist oft kaum zu glauben. Eine Geschichte, die ich kürzlich von einem entrüsteten Mitarbeiter eines Radiosenders hörte, illustriert dies anschaulich: Offenbar hatte ein großer Radiosender eine Sendung eines bekannten Geistlichen abgesetzt, der einen 15-minütigen Vortrag über »Die Unantastbarkeit der Ehe« hätte halten sollen.

Warum wurde dem Geistlichen der Sendeplatz gestrichen? Der Präsident einer Firma, die beträchtliche Werbezeit von dem Sender gekauft hatte, war damals in einen heftigen Scheidungsskandal verwickelt. Das Management des Radiosenders hatte Angst, dass dieser Sponsor denken könne, die Bemerkungen des Geistlichen seien gegen ihn gerichtet!

Es ist vielleicht bezeichnend, dass einige der prägnantesten und vernichtendsten Kommentare zu unseren zeitgenössischen Sitten, Gebräuchen und Institutionen heute von Stand-up-Comedians der sogenannten Sick School stammen. Dies scheint darauf hinzudeuten, dass der heutige Kritiker seine bitteren Pillen beschönigen muss, um gehört zu werden, aber dass, selbst wenn er dies tut, es zumindest eine implizite Missbilligung seiner abweichenden Meinung gibt. Warum sonst würde die Öffentlichkeit seine schneidenden, ironischen Kommentare als »krank« bezeichnen?

Meine Meinung ist, dass es nichts Krankes an Dissens und Kritik gibt. Es gibt einen großen Bedarf an beidem in unserer gegenwärtigen Gesellschaft. Ich bin der festen Überzeugung, dass es jetzt, mehr als je zuvor in unserer Geschichte, wichtig ist, dass nicht nur unsere Intellektuellen, sondern auch unsere Durchschnittsbürger hinterfragen, Zweifel hegen, prüfen, kritisieren und widersprechen. Die Unterdrückung von Dissens, von abweichender Meinung, ist nicht nur eine Negation unserer verfassungsmäßigen Garantien der freien Meinungsäußerung, sondern auch eine Abkehr von den grundlegendsten und wertvollsten demokratischen Prinzipien. Nur wenn es offene Diskussionen und Argumente gibt, die auf uneingeschränkter Kritik basieren, kann es ein Ende der wachsenden Tendenz zur Selbstgefälligkeit geben. Und nur wenn die Selbstgefälligkeit verschwindet, wird es den Vereinigten Staaten möglich sein, ihren kraftvollen, individualistischen Drang nach Fortschritt, Verbesserung und einer Vorrangstellung in der Welt umfänglich auszuleben und zu nutzen.

In einer freien Gesellschaft sollte nichts, was in irgendeiner Weise das Leben oder das Wohlergehen der Allgemeinheit beeinflusst, jemals gegen Prüfung und Kritik gefeit sein. Sei es unsere Außenpolitik, die Beziehungen zwischen Arbeitgebern und der organisierten Arbeiterschaft, das Bildungssystem oder was auch immer. Es gibt immer eine Rechtfertigung und die Notwendigkeit für eine kontinuierliche, kritische Überprüfung.

Da ich drei konkrete Bereiche von öffentlichem Interesse erwähnt habe, wollen wir sie als Beispiele nehmen und jeweils einen kurzen Blick darauf werfen. Beginnen wir mit einer einzelnen Facette unserer Außenpolitik, um meinen Punkt zu veranschaulichen. Es wird viel Zeit, Geld und Energie in die Bemühungen investiert, das amerikanische Credo zu verbreiten und den American Way of Life im Ausland zu verkaufen. Riesige Summen wurden ausgegeben, um Straßen in Ländern zu bauen, die kaum Autos haben. Unsere Regierung hat für die Errichtung von riesigen Bürogebäuden in Ländern bezahlt, in denen die Menschen in Lehmhütten leben. Kostspielige Messen wurden in unterentwickelten Ländern abgehalten, um amerikanische Kühlschränke, Fernsehgeräte, Elektroherde und Teppichböden zu zeigen. Wir akzeptieren all diese Dinge als alltägliche Gemeinplätze unseres Lebens; aber der Durchschnittsbürger der Länder, in denen wir uns mit unserem materiellen Reichtum brüsten, sieht all diese Gegenstände als unerreichbaren – und oft unbegreiflichen – Luxus an.

Dies scheint keine sehr vernünftige Art zu sein, sich mit Menschen anzufreunden, die unterernährt, schlecht gekleidet und schlecht untergebracht sind, es sei denn, wir bieten ihnen konkrete, sofort umsetzbare Programme an, mit denen sie selbst diesen Luxus erlangen können. Es ist eigentlich unbegreiflich, dass einige unserer leitenden Köpfe in der Entwicklungshilfe diese selbstverständlichen Wahrheiten nicht erkannt haben. Fakt ist aber, dass sie es nicht begriffen haben. Und soweit ich weiß, gibt es immer noch welche, die schlichtweg von ihrem Naturell her unfähig sind, das Problem in einer angemessenen Weise zu erfassen.

Diese und andere Formen der Blindheit haben Amerikas ehrgeizige und lobenswerte Programme zur Freundschaft und Hilfe für benachteiligte Menschen in fremden Ländern behindert. Anstatt diesen Menschen Hoffnung und Zuversicht zu geben, haben unsere Repräsentanten oft nichts anderes getan, als den Kontrast zwischen der Armut des Gastlandes und dem Reichtum Amerikas ins Scheinwerferlicht zu rücken. Das Ergebnis ist, dass die Ressentiments zunehmen und die Kluft zwischen den rückständigen Nationen und uns größer wird.

Diese Situationen und Zustände bestehen schon seit etlichen Jahren. Doch bis vor Kurzem galt es bestenfalls als geschmacklos und schlimmstenfalls als subversiv, die Allmacht derjenigen infrage zu stellen, die unsere Hilfsprogramme in Übersee leiteten.

Was die Beziehungen zwischen der amerikanischen Arbeiterschaft und den Gewerkschaften einerseits und den Arbeitgebern andererseits betrifft, so leben einige Geschäftsleute immer noch den Stil des »Laissez-faire«-Kapitalismus, in dem man machen konnte, was man wollte, egal, was die Öffentlichkeit dazu sagte – doch diese Zeiten sind eigentlich und Gott sei Dank schon längst vorbei. Diese Geschäftsleute widersetzen sich jedem Vorstoß, der das Leben der einfachen Arbeiter verbessern könnte. Kurz gesagt, sie betrachten die Arbeiterschaft als ihren natürlichen Feind und nicht als ihren natürlichen Verbündeten in einer gemeinsamen Anstrengung. Auf der anderen Seite hat eine ganze Reihe von Arbeiterführern aufgehört, Arbeiterführer zu sein. Stattdessen sind sie zu Führungskräften in einer neuen und unabhängigen Industrie geworden, die sich »Arbeiterschaft« nennt. Diese Form der Arbeiterschaft hat nur ein offensichtliches Ziel: mit der Wirtschaft und Industrie zu konkurrieren und ihnen die Dinge so schwer und unrentabel wie möglich zu machen.

Klar ist, dass es auf beiden Seiten der Beziehung Fehler und Missstände gibt. Doch jeder, der das Management kritisiert, wird schnell den Zorn der Industrieverbände auf sich ziehen. Derjenige, der die Arbeiterschaft oder ihre Anführer kritisiert, wird sich mit dem Zorn der Gewerkschaften und anderer Verbände auseinandersetzen müssen. Im ersten Fall wird er als Radikaler beschimpft werden. Im zweiten Fall wird man ihm vorwerfen, ein Reaktionär zu sein. Folglich gibt es nur wenige, die bereit sind, beide Seiten frei und objektiv zu kritisieren. Es bleibt nur die höchst voreingenommene Kritik der einen Seite durch die andere.

Unser Bildungssystem? Ein erschreckend hoher Prozentsatz unserer Highschool- und College-Absolventen weist Defizite im Lesen, Schreiben und einfachen Rechnen auf. Ihre Kenntnisse in Geografie sind schwach, in Geschichte vage und konfus. Mit unserem Bildungssystem stimmt offensichtlich etwas nicht. Es liegt nicht außerhalb des Bereichs des Denkbaren, dass zumindest mit einigen unserer Schullehrer auch etwas nicht stimmt. Aber der Himmel helfe jedem, der es wagt, solche ketzerischen Ansichten zu äußern.

Die Öffentlichkeit ist durch einen seltsamen Prozess der Gehirnwäsche zu der Überzeugung gelangt, dass unsere Schulen heilig und unantastbar sind, über jede Kritik oder Frage erhaben. Unsere Lehrer werden dabei mit überragenden Qualitäten ausgestattet: Sie werden als lange leidende, überarbeitete und unterbezahlte Märtyrer dargestellt, die sich auf den Altären der Bildung opfern. Jede Kritik an Schulen oder Lehrern führt zu einem Sturm der Entrüstung. Lehrergruppen – und, von ihnen angestachelt, Eltern-Lehrer-Verbände – sind schnell zum Gegenangriff bereit. Der Kritiker wird als Unmensch charakterisiert, der Kinder hasst und die Zivilisation zerstören und eine Rückkehr des finsteren Mittelalters herbeiführen will.

Nach Angaben des amerikanischen Bildungsministeriums sind die Gehälter der amerikanischen Lehrer in den letzten 50 Jahren um mehr als 1000 Prozent gestiegen. Das Durchschnittsgehalt eines Lehrers liegt heute (1961) bei über 4 000 Dollar pro Jahr. Würde irgendjemand, der bei klarem Verstand ist, sagen, dass die Qualität unserer Bildungsstandards im letzten halben Jahrhundert vergleichbar gestiegen ist – oder überhaupt gestiegen ist?

Nun, ich habe diese drei Beispiele nicht ausgewählt, weil ich irgendwelche besonderen Vorwürfe zu erheben habe. Ich sage nicht, dass unsere Außenpolitik schlecht ist, und auch nicht, dass sie notwendigerweise eine große Reform braucht. Ich will weder dem Kapitalismus noch der Arbeiterschaft die Schuld an irgendwelchen wirtschaftlichen Missständen geben. In keiner Weise möchte ich andeuten, dass ich glaube, alle unsere Schullehrer seien inkompetent oder verdienten kein großes Lob oder hohes Gehalt. Ich habe die Beispiele willkürlich gewählt, um lediglich auf den Trugschluss hinzuweisen, dass immer und überall alles in Ordnung ist. Es gibt immer zahlreiche Dinge, in allen Bereichen unserer Gesellschaft, die untersucht, kritisch geprüft und bewertet – und dann möglicherweise verändert und verbessert – werden müssen.

Die breite Öffentlichkeit darf sich nicht von verkrusteten Bürokraten, egoistischen Minderheiten oder Organisationen, die aus eigenen, keineswegs selbstlosen Gründen den *Status quo* erhalten wollen, von der Suche nach notwendigen Reformen abhalten lassen. Damit unsere Gesellschaft und ihre Institutionen gestärkt werden können, muss es Dissens geben. Es muss Andersdenkende geben, die die Fehler und Missstände, die es gibt oder die sich entwickeln können, aufspüren und aufzeigen.

»Aber die meisten Menschen haben heute das Gefühl, dass sie es sich nicht leisten können, von der vorherrschenden Meinung abzuweichen«, erklärte mir kürzlich ein mäßig erfolgreicher Fabrikant. »Sie haben Angst, dass sie ihre Jobs, Kunden oder Gewinne verlieren, wenn sie versuchen, sich gegen mächtige Interessengruppen zu stellen. Man muss schon Multimillionär sein, um sich heutzutage sicher genug zu fühlen, um seine Meinung zu sagen.«

Zufällig *bin* ich Multimillionär, aber ich denke nicht, dass ich allein aus diesem Grund ein »Andersdenkender« sein kann, wenn ich mich dafür entscheide, einer zu sein. Ich glaube nicht, dass das der Fall ist. Ich glaube, der wahre Grund dafür, dass es in letzter Zeit so wenig Dissens gibt, ist, dass die Amerikaner viel zu zufrieden mit ihrem Los und ihren Errungenschaften sind. Wir sind alle gleichgültig und selbstgefällig geworden. Da wir zu bequem sind, wollen wir nichts sehen, sagen oder hören, was die Ruhe unserer rosigen Existenz stören könnte.

Aber ich spüre, dass sich ein starker Wind der Veränderung ankündigt. Ich bin der Meinung, dass Amerika und seine Menschen langsam wach werden und erkennen, dass das selbstgefällige und die Sinne benebelnde Gelage vorbei ist. Der Kater beginnt sich bereits bemerkbar zu machen – aber er hat einen höchst positiven Effekt. Mit trüben Augen fangen wir an, die schweren Fehler und tödlichen Gefahren in der »Alles ist gut und könnte nicht besser sein«-Haltung zu sehen, die so lange von einigen unserer Leitfiguren und den Auguren an der Madison Avenue verbreitet wurde. Ich bin überzeugt, dass das amerikanische Volk bereit ist, seinen Verstand und seine Nation zurückzufordern, dass es sie von den Interessengruppen, egoistischen Minderheiten und Geschäftemachern zurückerobern wird, an die es sie in den letzten Jahren regelmäßig verloren hat. Ich prophezeie, dass die scheinbar aussterbenden amerikanischen Andersdenkenden bald wieder auf der amerikanischen Bühne auftauchen und sich wieder Gehör verschaffen werden – und sie werden wieder faires Gehör finden. Es wird eine Freude und eine große Erleichterung sein, sie wieder willkommen zu heißen. Die Zukunft der Nation wird heller sein – und viel sicherer – für die Rückkehr dieser Art Menschen!

KAPITEL 12
DIE GEBILDETEN BARBAREN

Ein auflagenstarkes europäisches Magazin veröffentlichte kürzlich eine Karikatur, die einen mit einer Kamera ausgerüsteten amerikanischen Touristen und einen Touristenführer zeigt, die vor einer Anlage griechischer Tempelruinen stehen. »Erster Weltkrieg oder Zweiter Weltkrieg?«, fragt der Amerikaner in der Bildunterschrift.

Obwohl dies für Sie oder mich nicht besonders lustig klingen mag, wurde die Karikatur überall auf dem Kontinent nachgedruckt. Unzählige Europäer lachten herzlich über das, was sie für eine treffende Verhöhnung des typischen amerikanischen Touristen hielten. Während die Menschen im Ausland seit Langem die amerikanische Führungsrolle – und sogar die Überlegenheit in Wissenschaft und Technologie – anerkennen und loben, haben sie sich schon oft über das kulturelle Analphabetentum lustig gemacht, das die Amerikaner und insbesondere die amerikanischen Männer so oft an den Tag legen.

Der Kurator eines berühmten französischen Kunstmuseums hat mir erzählt, dass er selbst in den größten und heterogensten Menschenmengen, die in seine Ausstellungen kommen, die meisten amerikanischen Männer sofort ausmachen kann. »Es liegt an ihrem Gang«, behauptet er. »In dem Moment, in dem der durchschnittliche amerikanische Mann durch die Türen tritt, nimmt er eine unheimlich selbstbewusste, halb stolzierende, halb schlurfende Haltung ein, die zu sagen scheint: ›Ich will nicht wirklich hier sein. Ich wäre viel lieber in einer Bar oder würde mir ein Baseballspiel ansehen.‹«

Meiner Meinung nach kann man die kulturellen Unzulänglichkeiten des Durchschnittsamerikaners mit denen der gebildeten Barbaren im alten Rom vergleichen. Diese Barbaren hatten gelernt, Latein zu sprechen – und oft auch zu lesen und zu schreiben. Sie eigneten sich römische Kleidungsgewohnheiten und Umgangsformen an. Viele von ihnen beherrschten mühelos die Techniken und Herangehensweisen des römischen Handels, der Fertigungspraktiken und des Militärwesens – aber sie blieben trotzdem Barbaren. Sie entwickelten kein Verständnis, keine Wertschätzung oder Liebe für die Kunst und Kultur der großen Zivilisation um sie herum.

Der kulturscheue amerikanische Mann ist seit Jahrzehnten ein Klischee der Karikaturisten, sowohl im Inland als auch im Ausland – und das aus gutem Grund. Die traditionelle Mehrheitsmeinung in den Vereinigten Staaten scheint seit Langem zu sein, dass Kultur etwas für Frauen, Langhaarige und Weichlinge ist – nicht für gestandene, »echte« Männer. So ist es kaum verwunderlich, dass amerikanische Frauen im Allgemeinen kulturell viel weiter entwickelt sind als amerikanische Männer.

Da ich einen Großteil meiner Zeit im Ausland verbringe, habe ich viele Gelegenheiten, die Reaktionen meiner Landsleute auf das hochentwickelte kulturelle Klima fremder Länder zu beobachten. Ehrlich gesagt, bin ich oft schockiert und entsetzt über ihr augenscheinliches Desinteresse an allem, was auch nur im Entferntesten mit Kultur zu tun hat. Ein anschauliches – und, wie ich fürchte, nur allzu repräsentatives – Beispiel für das, was ich meine, findet sich in der Geschichte eines Treffens, das ich vor einiger Zeit mit einem alten Freund in London hatte. Mein Freund, ein wohlhabender amerikanischer Industrieller, machte auf dem Weg nach Europa einen Zwischenstopp in London. Er rief mich von seinem Hotel aus an und wir verabredeten uns zum gemeinsamen Mittagessen. Nachdem wir gegessen hatten, schlug ich vor, dass wir ein paar Stunden investieren sollten, um uns die Wallace Collection anzusehen. Ich wusste, dass mein Begleiter dieses fabelhafte Haus voller antiker Möbel und klassischer Kunst noch nie gesehen hatte. Ich selbst war begierig darauf, die Wallace Collection wieder zu besuchen und noch einmal die unbezahlbaren Schätze zu sehen, die dort ausgestellt sind. Mein Freund jedoch verschluckte sich fast bei dem Vorschlag.

»Meine Güte, Paul!«, stieß er entrüstet hervor. »Ich habe nur zwei Tage in London, und ich werde sicher nicht einen ganzen Nachmittag darauf verschwenden, in einer muffigen Kunstgalerie herumzulaufen. Du kannst dir gern Antiquitäten und Ölgemälde ansehen. *Ich* werde mir die Mädchen im Windmill ansehen!«

Des Weiteren erinnere ich mich an das düstere Szenario, das sich vor nicht allzu langer Zeit in einer Pariser Hotellobby abspielte, als ich Gastgeber für zwei amerikanische Paare war, die zum ersten Mal Paris besuchten. Ich stand schweigend daneben, während die Ehemänner und Gattinnen debattierten, was sie an diesem Abend tun wollten.

Die beiden Frauen wollten eine abendliche Sondervorstellung einer zeitgenössischen Skulpturensammlung besuchen, die von allen Kunstkritikern hoch gelobt worden war. Die Ehemänner waren entschieden dagegen.

»Zum Teufel, ich weiß, wie eine Statue aussieht!«, schnaubte einer der Männer. »Lasst uns stattdessen in einen Nachtklub gehen!«

Der andere Mann stimmte ihm begeistert zu. Die Ehefrauen kapitulierten, und ich als Gastgeber machte so gut ich konnte eine gute Miene und fügte mich in das Unvermeidliche. Infolgedessen verbrachten wir alle den Abend in einem stickigen, verqualmten Nachtklub mit Bühne, der genauso aussah wie alle anderen stickigen, verqualmten Nachtklubs auf der Welt, und hörten einer viertklassigen Jazzband zu, die eine fünftklassige Bühnenshow untermalte.

Nun, ich habe nichts gegen Nachtklubs oder gegen Jazzbands oder gegen Bühnenshows. Ich genieße alle drei – vorausgesetzt, sie sind gut, und vorausgesetzt, ich muss sie nicht ständig besuchen. Aber ich kann nicht verstehen, warum so viele Amerikaner Tausende von Kilometern in eine Weltkulturmetropole wie Paris reisen und dann ihre Zeit in Nachtklubs verbringen.

Zahllose ähnliche Erfahrungen, wie ich sie geschildert habe, haben mich zu der Überzeugung gebracht, dass der Vergleich zwischen modernen amerikanischen Männern und den gebildeten Barbaren des alten Roms doch nicht so weit hergeholt ist. Ich habe festgestellt, dass die Mehrheit der amerikanischen Männer wirklich glaubt, dass es etwas Verweichlichtes ist – wenn nicht sogar etwas geradezu subversiv Unamerikanisches –, Interesse an Literatur, Theater, Kunst, klassischer Musik, Oper, Ballett oder irgendeiner anderen Art von kulturellen Ausdrucksformen zu zeigen. Es ist geradezu ihre Hybris, dass sie zu »männlich« und »viril« für solch verweichlichte Dinge sind, dass sie sich lieber mit Basketball als mit Bach oder Brueghel und lieber mit Poker als mit Plato oder Pirandello beschäftigen.

Leider ist diese Kulturphobie keine Anomalie, die nur den ungebildeten Banausen in unserer Gesellschaft eigen ist. Sie findet sich in erschreckendem Ausmaß sogar unter sehr erfolgreichen und ansonsten intelligenten und gebildeten Menschen. Ich habe mehr als einen Mann, der an einer der renommiertesten Universitäten der USA studiert hat, lauthals verkünden hören, dass er sich in einem Opernhaus, einer Konzerthalle oder einer Kunstgalerie »niemals blicken lassen würde«. Ich kenne viele hochrangige Geschäftsleute und Führungskräfte mit Ivy-League-Hintergrund, die den Unterschied zwischen einem Corot und Chrom nicht kennen – und denen es auch egal ist.

Diese »antikulturelle« Voreingenommenheit scheint auf den meisten Ebenen der amerikanischen Gesellschaft zu gedeihen. Sie spiegelt sich in Tausenden von Facetten des amerikanischen Lebens wider. Die widerliche, schwachsinnige Kost, die dem Radio-, Fernseh- und Kinopublikum aufgetischt wird – und vermutlich von ihnen genossen wird –, ist ein beliebiges Beispiel. Der vergleichsweise spärliche Besuch von Museen und Kunstausstellungen ist ein weiteres. Nur ein winziger Prozentsatz der Bevölkerung liest bedeutende Bücher oder hört sich bedeutende Musik an. Es ist zweifelhaft, ob einer von zehn Amerikanern in der Lage wäre, zwischen einer dorischen und einer ionischen Säule zu unterscheiden. Abgesehen von Amateurtheatergruppen oder Wanderbühnen gibt es außerhalb von New York City kaum seriöse Theaterhäuser.

Die Amerikaner rühmen sich gerne, dass die Vereinigten Staaten die reichste Nation der Welt sei. Sie scheinen aber kaum zu bemerken, dass im Verhältnis zu seinem materiellen Reichtum und Wohlstand das amerikanische Volk selbst kulturell arm, wenn nicht gar verarmt ist.

Der weitreichende und mächtige Einfluss der traditionellen amerikanischen Kulturscheu wurde, wie ich finde, während des Präsidentschaftswahlkampfes 1960 recht deutlich veranschaulicht. Der Musikredakteur der US-Zeitschrift *Saturday Review* stellte beiden Präsidentschaftskandidaten die zwei folgenden Fragen:

1. Sind Sie für die Einrichtung des Postens eines Kultusministers mit Kabinettsrang?
2. Inwieweit glauben Sie, dass die Regierung bei der Unterstützung von Museen, Symphonieorchestern, Opernhäusern und so weiter helfen sollte?

Berichten zufolge lehnten beide Kandidaten die Einführung eines Kabinettspostens für einen Kulturminister ab. Keiner der beiden Kandidaten schien der Meinung zu sein, dass die staatliche Unterstützung für kulturelle Aktivitäten, Institutionen und Projekte im Inland über das hinausgehen sollte, was bereits der Library of Congress und der National Gallery bereitgestellt wird.

Dies soll keineswegs eine Kritik an unserem verstorbenen Präsidenten John F. Kennedy oder an Richard M. Nixon sein. Ich nehme vielmehr an, dass ihre Antworten auf Anraten ihrer politischen Berater erfolgten, die sie zweifellos gewarnt hatten, vorsichtig zu sein und zu vermeiden, dass ihre Namen in irgendeiner verfänglichen Weise mit den »Langhaarigen« in Verbindung gebracht würden.

Was die erste Frage anbelangt, so fühle ich mich kaum qualifiziert, über das Für und Wider zu befinden. Es steht mir nicht zu, zu beurteilen, ob ein Kultusminister gut oder schlecht für die Nation wäre. Ich bin jedoch ein Steuerzahler. Als solcher kann ich mich des Eindrucks nicht erwehren, dass ein paar Bundesmillionen, die für kulturelle Aktivitäten ausgegeben werden, mindestens genauso gut angelegt wären wie die zahllosen zweistelligen Millionenbeträge, die jedes Jahr für bürokratischen Papierkram verschwendet werden. Sicherlich hätten alle unsere Bürger einen viel größeren Nutzen von solchen Ausgaben als von kostspieliger »Kirchturmpolitik«, die in fast jedem Bundeshaushalt zu finden ist.

Die Vereinigten Staaten sind die einzige große Nation auf der Erde, die ihre kulturellen Einrichtungen nicht bis zu einem gewissen Grad mit öffentlichen Mitteln fördert. Zwar hat die US-Regierung in den letzten Jahren große Summen ausgegeben, um Künstler, Musiker, ganze Kunstausstellungen, Symphonieorchester und Theater- und Tanztruppen auf weltumspannende Reisen zu schicken, um die amerikanische Kultur zu Propagandazwecken im Ausland zu verbreiten. Dies sind durchaus wertvolle Projekte, die viel dazu beitragen, das amerikanische Prestige in fremden Ländern zu verbessern. Es ist jedoch ein grotesker Widerspruch, dass dieselbe US-Regierung keinen Cent dafür ausgibt, die Kultur in Amerika zu verbreiten und damit das kulturelle Niveau unserer eigenen Leute zu steigern!

Mir kommt es so vor, als gäbe es eine Alice-im-Wunderland-Mentalität bei den Überlegungen, die hinter alldem stehen mögen. Ich bin weder ein Politiker noch ein Wirtschaftsexperte der Regierung. Aber es scheint mir, dass, wenn die US-Regierung gesetzlich verpflichtet ist, dafür zu sorgen, dass die Bürger der Nation in den Genuss von einwandfreien Lebensmitteln, transkontinentalen Autobahnen und täglichen Postzustellungen kommen können, die Regierung zumindest auch eine moralische Verpflichtung hat, dafür zu sorgen, dass die Menschen die Möglichkeiten und die entsprechenden Einrichtungen haben, um sich kulturell weiterzubilden.

Nur ein Zehntel von 1 Prozent – ein Tausendstel – des jährlichen Bundeshaushalts würde ausreichen, um ein umfangreiches Programm zur Unterstützung kultureller Einrichtungen und Aktivitäten im ganzen Land zu finanzieren. Es ist kaum übertrieben, den Wert unserer kulturellen Gegenwart und Zukunft zu betonen, wenn man sagt, dass sie mindestens ein Tausendstel unserer Bundessteuereinnahmen wert sind!

Die Geschichte zeigt, dass Zivilisationen vor allem durch ihre künstlerischen und kulturellen Errungenschaften überdauern. Wir haben die von den Zivilisationen der Antike geschlagenen Schlachten und gewonnenen Kriege vergessen, aber wir bewundern ihre Architektur, Kunst, Malerei, Poesie und Musik. Die Größe von Nationen und Völkern liegt in ihrer Kultur, nicht in ihren Eroberungen. Themistokles wird in den meisten Geschichtsbüchern nur eine oder zwei Zeilen gewidmet. Aber Aristophanes, Aischylos, Phidias oder

Sokrates, die alle im selben Jahrhundert wie Themistokles lebten, sind unsterblich. Die Erlasse und Dekrete der römischen Kaiser sind weitgehend vergessen. Die Poesie von Horaz und Virgil lebt ewig weiter. Die Namen Medici, Sforza und Visconti gewinnen ihren größten Glanz durch das Mäzenatentum dieser Adelsfamilien für da Vinci, Michelangelo, Raffael und andere unvergessliche Künstler. Was sind Gneisenau und Scharnhorst im Vergleich zu ihren Landsleuten und Zeitgenossen Beethoven, Schubert, Goethe und Heine? Zweifellos wird auch den verstocktesten Kulturverweigerern unter unseren heutigen Bildungsbarbaren ersichtlich, worauf ich hinauswill.

Nichtsdestotrotz bestehen viel zu viele amerikanische Männer darauf, dass sie keine Notwendigkeit darin sehen, ein kulturelles Interesse oder eine Wertschätzung für die Künste zu entfalten. Manche sagen, sie hätten »keine Zeit« für Kultur. Und doch verbringen sie Woche für Woche Dutzende von Stunden in Country Clubs, vertrödeln hier und dort die Zeit, lassen sich in ihren Sesseln zu Hause nieder und starren mit leerem Blick auf die hirnlosen Banalitäten, die über die Bildschirme ihrer Fernsehgeräte flimmern.

Ich habe festgestellt, dass eine entmutigende Anzahl von Geschäftsleuten und Führungskräften – jung und alt – hartnäckig behauptet, dass sich »Geschäft und Kultur nicht vereinbaren lassen«. Sie klammern sich an die Vorstellung, dass Geschäftsleute weder das Temperament noch die Geduld haben, etwas »Künstlerisches« zu verstehen und wertzuschätzen. Sie scheinen zu befürchten, dass die Teilnahme an kulturellen Aktivitäten sie irgendwie »verweichlichen« und sie weniger fähig machen könnte, mit den harten Realitäten der Geschäftswelt zurechtzukommen. Zweifellos sind dies die schwächsten und abwegigsten aller denkbaren Argumente.

Die erfolgreichsten kaufmännischen und industriellen Führungskräfte der Welt sind seit jeher als Kunstmäzene und tatkräftige Unterstützer jeglicher kulturellen Aktivitäten in Erscheinung getreten. Es gibt auch unzählige Beweise dafür, dass die kommerzielle und industrielle Entwicklung alles andere als unvereinbar mit dem kulturellen Fortschritt ist. Tatsächlich verleiht sie der Kultur ihren stärksten Entwicklungsimpuls. So lässt sich zum Beispiel belegen, dass die Künste in wohlhabenden, hoch kommerzialisierten und industrialisierten Nationen immer am stärksten aufgeblüht sind.

Ein hervorragendes Beispiel dafür ist die Republik Venedig, die fast acht Jahrhunderte lang den Handel in Europa und Asien beherrschte. Die venezianischen Händler waren so gewieft und so materialistisch wie kaum jemand sonst auf der Welt. Die Venezianer waren auch hervorragende Industrielle und beherrschten bereits Produktionstechniken mehr als 600 Jahre bevor das erste Fließband in den Vereinigten Staaten in Erscheinung trat. Das gigantische *Arsenal* in Venedig war darauf ausgerichtet, mindestens ein voll ausgestattetes Seeschiff am Tag zu bauen, und zwar in einem einzigen Fertigungsprozess, der mit der Kiellegung des Schiffes begann und mit der Bewaffnung und Versorgung des Schiffes endete.

Alles in allem waren die Venezianer nüchterne, profitorientierte Kaufleute und vielseitige Hersteller. Zudem waren sie in ihrem Tagesgeschäft mit weit mehr Risiken und Problemen konfrontiert als jeder moderne Geschäftsmann. Dennoch waren sie es, die den Dogenpalast, den goldverzierten Markusdom, die großen Palazzi entlang des Canale Grande und unzählige andere prächtige Bauwerke errichteten und sie mit Werken von unvergleichlicher Schönheit füllten.

Tintoretto, Tizian, Veronese und viele andere Meister schufen in und für das »kaufmännische« Venedig ihre größten Werke. Die von Kanälen durchzogene Stadt dieser zähen und abgebrühten Kaufleute und Handwerker wurde zu einem künstlerischen Weltwunder – und das ist sie bis heute geblieben. Die Schönheit und ästhetische Erhabenheit Venedigs haben überdauert – Monumente nicht nur für die Künstler, die diese Schönheit schufen, sondern auch für die Geschäftsleute, in deren Auftrag sie geschaffen wurde.

In der heutigen Zeit hat der kulturelle Fortschritt sicherlich mit der industriellen und kommerziellen Expansion in Nationen wie England, Frankreich, Italien und Schweden – um nur einige zu nennen – Schritt gehalten. Weder die Geschäftsleute noch die Bevölkerung in diesen Ländern interessieren sich heute weniger für kulturelle Aktivitäten als noch vor Jahren, Jahrzehnten oder Generationen. Ganz im Gegenteil. Es ist offensichtlich, dass sie, obwohl ihr Leben komplexer geworden ist und sich ihr Lebensrhythmus stark beschleunigt hat, immer noch die Kunstgalerien, Museen, Konzertsäle, Theater und Opernhäuser füllen.

Diese Menschen haben eine Lektion gelernt, die vielen Amerikanern guttäte. Sie haben gelernt, dass Kultur viele Vorzüge und Vorteile mit sich bringt – unter anderem ein besseres, erfüllteres Leben, große innere Zufriedenheit sowie geistige und emotionale Frische und Inspiration.

Amerikaner, die ins Ausland reisen, sind oft verwundert, wenn sie Müllmänner oder Straßenkehrer bei ihrer Arbeit die Melodie von Opern oder Konzerten singen oder summen hören. Wenn sie zufällig die Sprache des Landes kennen, das sie besuchen, sind amerikanische Touristen sogar noch überraschter, wenn sie – wie es häufig vorkommt – zuhören können, wie sich zwei Kellner in einem Restaurant oder Hotelangestellte heftig über die jeweiligen Vorzüge verschiedener impressionistischer Maler oder klassischer Bühnenautoren streiten.

Viele Amerikaner, die geschäftlich nach Übersee reisen, sind geradezu überfordert, wenn ihre ausländischen Gesprächspartner ihre Geschäftsgespräche mit Verweisen – und Zitaten – von großen Autoren, Dichtern, Dramatikern und Philosophen durchsetzen, über die Amerikaner nur äußerst vage Kenntnisse besitzen.

Das Traurigste von allem sind jene amerikanischen Geschäftsleute, denen ich in Europa begegnet bin, die ins Ausland reisten, um zu kaufen oder zu investieren, und von den europäischen Geschäftspartnern erwarteten, dass sie sie in bester Madison-Avenue-Tradition unterhalten – mit wilden Nächten in der Stadt. Ich habe mit ernstem Gesicht und, wie ich hoffe, mit angemessenem Mitgefühl den kläglichen Schilderungen einiger dieser Männer zugehört, die jammerten, dass sie statt der erwarteten Champagner-Orgien in die Oper oder ins Ballett geschleppt wurden.

Worauf ich hinauswill, ist, dass der Normalbürger in den meisten zivilisierten Ländern – ob Arbeiter oder Industriemagnat – ein lebhaftes Interesse an allen Formen des kulturellen und künstlerischen Ausdrucks hat und diese sehr schätzt.

Es gibt, so vermute ich, mehrere wichtige Gründe für die Gleichgültigkeit – wenn nicht sogar offene Feindseligkeit – der Mehrheit der amerikanischen Männer gegenüber allen Dingen, die sich als »Kunst« oder »Kultur« klassifizieren lassen. Einige der Ursachen sind in unserem puritanischen Erbe zu finden. Die frühen amerikanischen Puritaner, die an ihren strengen, extrem calvinistischen Doktrinen festhielten, setzten Kunst mit Sünde gleich, brandmarkten die meiste Musik als fleischlich und zügellos, mieden Literatur, die nicht aus religiösen Traktaten oder theologischen Abhandlungen bestand, und verurteilten praktisch alle kulturellen Aktivitäten als frivol und sündhaft. Nach Ansicht der Puritaner war alles, was nicht nüchtern und kühl funktional war, *a priori* ausschweifend und entartet.

Obwohl die Puritaner anfangs nur eine Minderheit waren und durch spätere Einflüsse nichtpuritanischer Herkunft im amerikanischen Schmelztiegel völlig untergingen, ist der Einfluss des puritanischen Erbes auf das amerikanische Denken und Verhalten bis heute zu spüren.

Dann gibt es noch die koloniale und revolutionäre Tradition, die von so vielen angeblichen Autoritäten völlig falsch dargestellt wird, als hätten sie einen vollständigen Bruch mit allem gefordert, was europäisch war, einschließlich der »dekadenten« Kulturen Englands und des Kontinents.

Die Gründerväter wollten nichts dergleichen. Sie strebten die politische Unabhängigkeit von England an und wollten die Monarchie und den Adel aus dem amerikanischen System eliminieren. Aber die meisten führenden Persönlichkeiten der amerikanischen Revolution hofften, die kulturellen Traditionen der Alten Welt zu bewahren und die hoch entwickelte Kunst und Kultur Englands und Europas in die Neue Welt zu übertragen.

Benjamin Franklin, George Washington, John Adams – um nur drei zu nennen – waren allesamt Männer mit ausgeprägtem kulturellen Interesse. Jeder, der jemals Thomas Jeffersons Haus in Monticello besucht hat, muss beeindruckt gewesen sein von dem makellosen Geschmack, der sich in der Architektur und Einrichtung des Hauses dieses Mannes widerspiegelt, der die literarischen Werke der Antike in Griechisch und Latein las.

Tatsächlich muss man sich nur die Architektur der Hauptstadt der USA ansehen, um die Theorie zu widerlegen, dass die Gründer der Vereinigten Staaten fremde künstlerische und kulturelle Einflüsse vermeiden wollten. Das Kapitol und das Weiße Haus, die beide kurz nach dem Ende des Revolutionskriegs entworfen wurden, sind hervorragende Beispiele. Das Kapitol erinnert stark an den Petersdom in Rom. Es gibt eine verblüffende Ähnlichkeit zwischen der Frontfassade des Weißen Hauses und der des Anwesens des Herzogs von Leinster in Dublin, auf das der Architekt James Hoban seine Entwürfe für das Verwaltungsgebäude gründete.

Trotz der Vielzahl unwiderlegbarer Gegenbeweise gibt es immer noch Ultrapatrioten und Berufschauvinisten, die glauben, dass die koloniale Tradition eine Ablehnung der klassischen – und insbesondere der europäischen oder ausländischen – Kunst und Kultur mit sich brachte. Von diesem irreführenden Konzept ist es nur ein kurzer Schritt zu der Theorie, dass *alle* kulturellen Aktivitäten unamerikanisch und für waschechte Amerikaner unpassend seien.

Als ob diese Einflüsse – die puritanischen und die sogenannten pseudokolonialen Traditionen – nicht schon genug wären, wurde die Einstellung des durchschnittlichen amerikanischen Mannes zur Kultur durch den Mythos des amerikanischen Frontier-Erbes weiter verzerrt. Der raubeinige, im Allgemeinen ungebildete und oft ungehobelte Grenzer wurde vor langer Zeit zu der Leitfigur, nach der sich Generationen von amerikanischen Männern unbewusst richteten. In dem Glauben, dass sie die lobenswerten Eigenschaften ihrer Pioniervorfahren nachahmen, spotten viele Männer in den USA über jede Kunst, die über das Niveau eines romantisch-sentimentalen Naturgemäldes hinausgeht, und über jede Musik, die nicht auf einem Honky-Tonk-Klavier gespielt oder von einem autodidaktischen Banjospieler und einem Amateur-Geiger geschrammelt werden kann.

Die Figur des Faust- und Revolverkampf liebenden und Kultur verachtenden Pioniers mag vielleicht ins gängige Bild passen, aber sie ist irreführend. Es gab sowohl viele kultivierte Männer – ebenso wie Männer, die sich nach Kultur sehnten – als auch Kneipenschläger und Revolverhelden im amerikanischen Grenzland. Zwei Beispiele für raue, harte Städte, die eine wichtige Rolle bei der Expansion Amerikas nach Westen spielten – San Francisco und Denver –, sind vielleicht bezeichnend. San Franciscos »Barbary Coast« und Denvers »Holladay Street« waren wahrscheinlich die verruchtesten und wildesten Enklaven im ganzen Wilden Westen. Dennoch gab es nur wenige östliche Metropolen, die kulturelle Projekte so schnell und unermüdlich unterstützten wie San Francisco und Denver, selbst in ihren turbulenten Anfangsjahren.

Die Einwohner San Franciscos hatten schon immer eine Vorliebe für Musik und Kunst – selbst in den Tagen, als die Stadt noch ein Eldorado der Goldgräber war. Es gibt heute nur wenige Metropolen in den Vereinigten Staaten, die ein höheres allgemeines Niveau an Lebensart und Kultur aufweisen als San Francisco – und die kulturellen Traditionen der Stadt reichen weit über ein Jahrhundert zurück.

Denver hatte seine Occidental Hall und das Tabor Grand Opera House – Letzteres wurde von H. A. W. Tabor erbaut, einem so grobschlächtigen Charakter, wie man ihn in der amerikanischen Geschichte nur finden kann. Das Tabor Grand Opera House war ein Vorzeigeobjekt des Westens. Opern, Konzerte und Vorträge fanden dort statt – und die Einwohner von Denver füllten das Auditorium, hörten aufmerksam und, wenn man zeitgenössischen Berichten Glauben schenken darf, anerkennend zu.

Ich glaube, ich bin durchaus qualifiziert, mich persönlich zu dem Mythos zu äußern, die amerikanischen Grenzer und Siedler hätten Kultur gemieden. Meine eigenen Vorfahren kamen im 18. Jahrhundert in die Vereinigten Staaten. Sie waren Pioniere, hauptsächlich Farmer, die nach Amerika kamen, um sich in der Einöde eine Zukunft aufzubauen. Nach einem von ihnen, James Getty, wurde Gettysburg, Pennsylvania, benannt. Nach den Zeugnissen zu urteilen, die diese Menschen hinterließen, hungerten sie und viele ihrer Zeitgenossen nach Kultur und Wissen in jeglicher Form. Sie lasen eifrig und gaben Bücher – vor allem die Klassiker – von Hand zu Hand weiter. Sie träumten von dem Tag, an dem sie gute Ölgemälde an den Wänden der schönen Häuser haben würden, die sie zu bauen hofften. Sie versuchten, ihren Kindern beizubringen, anspruchsvolle Literatur, Kunst und Musik zu schätzen und zu lieben.

Mein eigener Vater wurde 1855 auf einer Farm in Ohio geboren – und zwar auf einer sehr ärmlichen und unrentablen Farm. Seine verwitwete Mutter war verarmt und das Leben war alles andere als einfach und leicht. Dennoch war das Verlangen nach intellektueller und kultureller Bereicherung groß. Mein Vater schlug sich durch die Schule und das College, und was ihn besonders mit Stolz erfüllte, war seine Mitgliedschaft im Literaturklub der Universität.

Ich selbst bekam eine geballte Ladung Leben an Amerikas Last Frontier mit, als mein Vater, meine Mutter und ich 1904 in das Gebiet von Oklahoma zogen. Die Siedlungen aus Holzplatten und rohen Kiefern waren über Nacht um die neu entdeckten Ölfelder und die neu errichteten Bohrstellen herum wie Pilze aus dem Boden geschossen. Die meisten erwachsenen Männer trugen Revolver um die Hüfte geschnallt; Schießereien waren an der Tagesordnung.

Die Ölfeldarbeiter und Wildcatters waren sicherlich hart, zäh und männlich, aber ich kann mich daran erinnern, dass viele der Hartgesottensten unter ihnen ihren Sonntagsanzug anzogen und nach Oklahoma City oder Tulsa fuhren, um sich den Auftritt einer Operntruppe oder eines Konzertkünstlers auf Durchreise anzuhören.

Als sie reich wurden, kauften oder bauten viele Ölmänner – man könnte sogar sagen, die meisten – Häuser und erwarben dafür Gemälde, Skulpturen und antike Möbel und Teppiche. Sie fuhren auch in den Osten, nach New York, um Theaterstücke, Opern und Konzerte anzusehen.

Zugegeben, ihr Geschmack war selten wirklich kultiviert oder ausgereift – zumindest nicht am Anfang. Aber es bleibt die Tatsache, dass diese rauen, unbeugsamen Männer nach künstlerischer Schönheit *verlangten* und sich aktiv für kulturelle Dinge *interessierten* und sie zu schätzen wussten. Sie waren keineswegs die Kulturphobiker, für die so viele moderne Amerikaner alle Grenzer und Pioniere halten und deren imaginärem Beispiel sie nacheifern wollen, um sich als robuste, knallharte, männliche Männer zu profilieren.

Es gibt sicher noch andere Faktoren, die dazu beitragen, dass es unter den amerikanischen Männern einen so hohen Anteil an gebildeten Barbaren gibt – aber unabhängig von den Ursachen sind die Ergebnisse eben bedauerlich.

Das Traurigste an der ganzen Situation ist, dass die Vereinigten Staaten über hervorragende kulturelle Institutionen und Einrichtungen verfügen. Amerikanische Sinfonieorchester und Opernhäuser gehören zu den besten der Welt. Sowohl öffentliche als auch private amerikanische Museen und Kunstgalerien haben einige der weltweit größten Sammlungen von Gemälden, Skulpturen, Wandteppichen, antiken Möbeln – Kunst in all ihren Formen und aus allen historischen Epochen – zusammengetragen.

Es gibt großartige Musik auf Schallplatten und Tonbändern. Schöne Werke von zeitgenössischen Malern und Bildhauern und ansprechende Reproduktionen von Meisterwerken sind für die meisten Amerikaner durchaus erschwinglich. Die großen Klassiker der Literatur sind in Editionen erhältlich, die nur wenige Cents pro Band kosten. Kurse in Kunst- und Musikverständnis, Literatur, Poesie und Theater werden nicht nur in den öffentlichen Schulen und Colleges, sondern auch in der Erwachsenenbildung angeboten.

Es ist tragisch, dass nur ein vergleichsweise winziger Bruchteil der Bevölkerung – und insbesondere der männlichen Bevölkerung – die unzähligen Einrichtungen und Möglichkeiten wahrnimmt, die im ganzen Land angeboten werden.

Sinfonieorchester und Opernhäuser schließen ihre Spielzeiten oft mit erschütternden Defiziten ab. Es gibt nur wenige Kunstmuseen und Galerien, die regelmäßig hohe Besucherzahlen verzeichnen können. Für jedes gekaufte Album mit E-Musik oder klassischer Musik werden unzählige Platten verkauft, die das Gejammer irgendeiner vollbusigen Chanteuse oder eines schwerhörigen Schlagersängers enthalten. Für jeden Band seriöser Literatur wird eine noch größere Anzahl reißerischer, schlecht geschriebener Romane verkauft. Abgesehen von einigen wenigen Teilen des Landes sind Kurse und Veranstaltungen zu kulturellen Themen selten bis nie voll besetzt. Lehrer und Professoren, die solche Kurse leiten, haben mir erzählt, dass ein Kurs, für den 30 oder 40 Studenten eingeschrieben sein sollten, meist nur 6 bis 8 Teilnehmer hat.

Amerikaner, und besonders amerikanische Männer, müssen begreifen, dass ein Verständnis und eine Wertschätzung von Literatur, Theater, Kunst, Musik – kurz, von Kultur – ihnen eine umfassendere, bessere Grundlage im Leben geben und sie befähigen wird, das Leben mehr und vollständiger zu genießen. Dadurch werden sie ausgeglichener und vielseitiger, mit Interessen, die die Sinne erfreuen und sie innerlich befriedigen und erfüllen.

Ein kulturelles Interesse bewirkt keineswegs, dass ein Mann seine Maskulinität verliert oder dass er verweichlicht, vielmehr macht es ihn zu einem vollständigeren Mann und zu einem vollständigeren Menschen. Es stimuliert und vitalisiert ihn als Individuum – und schärft seinen Geschmack, seine Empfindsamkeit und seine Wahrnehmung für alle Dinge des Lebens.

Der kultivierte Mann ist fast ausnahmslos ein selbstbewusster, weltgewandter und absolut souveräner Mann. Er erkennt, schätzt und genießt die subtilen Schattierungen und Nuancen, die in den intellektuellen, emotionalen und sogar physischen Sphären der menschlichen Existenz zu finden sind – und in den Beziehungen zwischen den Menschen. Ob im Sitzungssaal oder in häuslicher Umgebung, er ist viel besser in der Lage, seine männliche Rolle zu spielen als der schwerfällige und grobschlächtige gebildete Barbar.

Man muss sich weder Kultur aufzwingen noch andere Interessen aufgeben, um in den Genuss der Vorzüge und des Vergnügens kultureller Aktivitäten zu kommen. Die eigenen Vorlieben, Geschmäcker und Kenntnisse sollte man langsam und schrittweise entwickeln – und dann ausgiebig genießen. Kultur ist wie ein guter Wein, den man in der Gesellschaft einer schönen Frau trinkt. Er sollte nie einfach runtergespült, sondern genippt und ausgekostet werden.

KAPITEL 13

DER GLEICH-GESCHALTETE MENSCH

In seltenen Momenten, wenn ich ganz in universellen Gedanken versunken bin, blitzt der vage Verdacht auf, dass ich im Grunde ein Anarchist bin. Nicht, dass ich den Drang verspüre, hochexplosives Material in Palastgärten oder in den Vorzimmern der Parlamente zu verstecken; ich hege gewiss keinen Groll gegen alte Erzherzöge oder junge Zaren.

Meine flüchtigen anarchistischen Tendenzen sind rein klassischer Natur. Ich verwende das Wort Anarchist in dem Sinne, wie es von den alten Griechen verstanden wurde. Sie betrachteten den Anarchisten wie selbstverständlich als einen ziemlich respektablen – wenn auch denkbar vehementen – Gegner des staatlichen Eingriffs in die Rechte des Einzelnen, frei zu denken und zu handeln. In diesem Sinne sehe ich mich als Anarchist – ich bedauere das Wachstum der Regierung und den immer stärker werdenden Trend zur Regulierung und, was am schlimmsten ist, zur Standardisierung menschlicher Handlungen.

Ich halte mich jedoch nie lange mit solchen Gedanken auf, denn kein Mensch sieht sich gerne als Anachronismus, der sich hoffnungslos an überholte Konzepte klammert. Als Realist muss ich zugeben, dass im *guerre à outrance,* in der unerbittlichen Auseinandersetzung zwischen den Rechten des Einzelnen und den Vorrechten des Staates, Letztere eindeutig als Sieger hervorgegangen sind.

Den allgegenwärtigen Staat, »Big Government«, gibt es schon seit geraumer Zeit – und er wird immer größer. Der staatliche Verwaltungsapparat, der »bürokratische Planer«, verliert sich im Zusammenspiel mit den elektronischen Möglichkeiten in einer Situation, die täglich mehr und mehr zu einer Lochkartenwelt mutiert. Angeführt von einer starken, kontrollierenden Regierung – die den Ton angibt – bewegen wir uns schnell und unaufhaltsam in die Ära der vollständig strukturierten Gesellschaft, die Bienenstock-Utopie der Bürokraten, in der es nur noch ein einziges großes, gleichklingendes Summen geben wird.

Ich persönlich empfinde diese Aussicht als düster, aber ich verstehe, dass das, was für den einen eine Zwangsjacke ist, für den anderen eine locker sitzende Toga sein kann. Selbst Wörter wie »vorwärts« und »rückwärts« sind relative Begriffe; ihre Bedeutung hängt davon ab, wo man steht, bevor man sich in Bewegung setzt. Es gibt zweifellos viele, denen die geplante und angeordnete – wenn auch nicht sehr mutige – neue Welt der Zukunft als der sicherste aller möglichen Zufluchtsorte erscheint.

Nichtsdestotrotz sollte es jedem klar sein, dass die vollständig durchorganisierte Gesellschaft ihren Mitgliedern immer stärkere Beschränkungen auferlegen und die meisten – und möglicherweise alle – unserer bestehenden sozialen und wirtschaftlichen Strukturen drastisch verändern wird. Aber diese Veränderungen werden nicht wirklich neu sein – nur endgültig und allumfassend. Sie finden schon seit langer Zeit mehr oder weniger allmählich statt; der Trend zur Vereinheitlichung der Gesellschaft ist seit Jahrhunderten offensichtlich.

In den antiken griechischen Stadtstaaten wurde auf Individualität in fast allen Dingen Wert gelegt. Doch mit dem Aufkommen des Kaisertums setzte sich die Bewegung zur Gleichförmigkeit durch.

Im Römischen Reich wurden zum Beispiel so unterschiedliche Dinge wie Gesetze, Rechtsprechung, Kleidungsvorschriften und Geschäftspraktiken erheblich standardisiert. Die von Rom exportierte Kultur, Sitten, Umgangsformen und Gebräuche hinterließen bei den unterworfenen und verbündeten Völkern einen bleibenden Eindruck und wurden von vielen Schichten bereitwillig angenommen und nachgeahmt. Tempel, Amphitheater, Wohnstätten und andere Bauwerke, die von den römischen Legionen in den entlegenen Gebieten des Reiches errichtet wurden, waren, abgesehen vielleicht von der Größe, praktisch identisch mit ähnlichen Bauwerken in Rom. Der künstlerische Stil und die Techniken, die in einer Porträtbüste aus dem 2. Jahrhundert zu sehen sind, die in einer römischen Ruine in Syrien gefunden wurde, sind praktisch nicht von denen zu unterscheiden, die in einer Büste aus dem 2. Jahrhundert zu sehen sind, die an den Ufern des Tibers ausgegraben wurde.

Es ist nicht abwegig anzunehmen, dass, wenn das Römische Reich überlebt hätte, sich die Zivilisationen Europas, des Nahen Ostens und Nordafrikas vielleicht nach den von Rom etablierten prototypischen Mustern entwickelt hätten. Das Imperium brach jedoch zusammen. Das geordnete Ganze wurde in unzählige Splitter zerschlagen. Selbst Latein, lange Zeit die Sprache der westlichen Zivilisation, wurde in unzählige Sprachen und Dialekte aufgespalten. Damit wurde der Trend zur Vereinheitlichung vorübergehend gestoppt. Zahllose hochindividualistische Stammesgesellschaften und kleinere Fürstentümer ersetzten die stark organisierte kaiserliche Regierung. Der chaotische Flickenteppich blieb bestehen, bis schließlich das im finsteren Mittelalter entstandene Feudalsystem verkümmerte und verschwand. Dann, mit dem Aufkommen starker Zentralregierungen, begann wieder ein deutlicher Trend zur Vereinheitlichung und Standardisierung.

Diese Entwicklung hat sich in den letzten vier- oder fünfhundert Jahren stetig fortgesetzt. In den jüngeren Generationen haben die wachsende Bevölkerung, die zunehmenden sozialen und wirtschaftlichen Probleme und andere Faktoren, wie zum Beispiel die stark verbesserten Kommunikationsmöglichkeiten, den Trend verstärkt und zu einer immer schnelleren Entwicklung geführt. Heute ist die Tendenz zur Standardisierung fast überall auf dem Globus zu beobachten. Die einheimische Trachtenmode wurde in vielen Ländern weitgehend abgelegt; es ist üblich, sich westlich zu kleiden. Die Damenmode, die an einem Tag in Paris festgelegt wird, wird innerhalb von Stunden von Presse, Rundfunk und Fernsehen auf allen Kontinenten aufgegriffen; innerhalb einer Woche ist sie in weiten Teilen der Welt zum Must-have geworden. Es gibt keinen großen Unterschied zwischen dem Aussehen beispielsweise von Kühlschränken, die in England gebaut werden, und solchen, die in den Vereinigten Staaten, Frankreich, Italien oder Deutschland hergestellt werden. Wenn sich ein architektonischer Stil in einem Land durchsetzt, kann man sicher sein, dass er in kürzester Zeit auch in einem Dutzend anderer Länder umgesetzt werden wird.

In einer zunehmend komplexen Gesellschaft liegt es in der Natur des Staates, starken Druck in Richtung Systematisierung und Standardisierung auszuüben, was wiederum dazu dient, riesige und äußerst komplexe bürokratische Systeme zu schaffen. Diese Entwicklung kann man heutzutage beobachten. In der Regierung (wie auch in überdimensionalen Großunternehmen, die regierungsähnliche Managementpraktiken übernommen haben) tendiert der Versuch, starre Verfahren für die winzigsten Aktivitäten zu etablieren, dazu, die Auferlegung einer strukturierten Konformität zu garantieren. Man braucht kaum zu betonen, dass all dies als besonders verlockend für den Typus von Arbeitssuchenden oder Angestellten klingt, dem es an Mut und Einfallsreichtum mangelt und der sich wie ein dösender Embryo in der Behaglichkeit eines vollständig regulierten Lebens sonnt.

Die bürokratischen Labyrinthe der Regierung reproduzieren sich selbst, vermehren sich selbst und neigen dazu, sich in immer mehr Detailbereiche zu untergliedern – und sie werden immer komplizierter, unübersichtlicher und allgegenwärtiger. Ich behaupte nicht, dass hinter alldem ein böser Wille steckt. Es ist einfach so, wie die Dinge sind, einfach so, wie sie sich entwickelt haben und sich weiterentwickeln.

Die Geschichte unseres eigenen Landes liefert ein erhellendes Beispiel dafür, wie sich Nationen auf eine strukturierte Gesellschaft zubewegen. Ursprünglich waren die Vereinigten Staaten von Amerika 13 eher lose föderierte Staaten, die sich der These verschrieben hatten, dass die Regierung auf ein Minimum beschränkt und die individuelle Freiheit möglichst unterstützt werden sollte, doch haben sich die Vereinigten Staaten seit der Unterzeichnung der Unabhängigkeitserklärung stark verändert. Das moderne Amerika ist ein Land mit nationalen, bundesstaatlichen und lokalen Regierungen, die unendlich viel mächtiger sind, als es sich unsere Gründungsväter jemals vorgestellt haben. Heute ist die Hand der Regierung fast in jedem Bereich menschlicher Aktivitäten zu spüren – sie reguliert, schreibt vor, verbietet und normiert.

Es stimmt, die Bürger unserer Nation sind so frei wie jedes andere Volk auf der Erde, weit mehr als die meisten. Aber *wie* frei sind sie wirklich? In welchem Ausmaß hat die Regierung bereits in ihre Persönlichkeitsrechte und ihr Recht auf Leben, Freiheit und das Streben nach Glück eingegriffen?

Ich denke, der durchschnittliche Amerikaner wäre erstaunt, wenn er erkennen würde, wie viele alltägliche Dinge er *nicht* tun darf, es sei denn, er hält sich an die von der Regierung gesetzten Standards und erhält von der Regierung die Erlaubnis, sie überhaupt zu tun. Ich bezweifle eher, dass die meisten Menschen jemals darüber nachgedacht haben.

Zum Beispiel kann der durchschnittliche amerikanische Bürger ohne Genehmigung staatlicher Behörden keine Flasche Bier verkaufen, nicht heiraten, nicht jagen oder fischen gehen, kein Auto fahren oder auch nur einen Hund als Haustier halten. An den meisten Orten in den Vereinigten Staaten kann er keine Paraden veranstalten, kein Haus bauen und nicht einmal ein Badezimmer an sein Haus anbauen, wenn er nicht vorher eine behördliche Genehmigung erhält. Er darf nicht einmal eine Zoohandlung, eine Pension oder einen Kiosk betreiben ohne Lizenz oder Genehmigungen von Stellen wie der Polizei, dem Gesundheitsamt, der Feuerwehr und so weiter – Bürokratie ohne Ende.

Von dem Moment an, in dem er geboren wird und seine Geburtsurkunde ausgefüllt und registriert wird, ist der durchschnittliche Amerikaner ein markiertes menschliches Wesen. Sein Leben, seine Gewohnheiten und seine Aktivitäten werden zum Anliegen unzähliger bürokratischer Ämter und Behörden, die ihn und alles, was er tun könnte, bis zu dem Tag, an dem er stirbt, und sogar danach, registrieren, einschreiben, überprüfen, überwachen und regulieren.

Der freie Amerikaner *muss* in einem bestimmten Alter in der Schule angemeldet werden und dort für eine vorgeschriebene Zeit bleiben, um in – zumindest einigen – vorgeschriebenen Fächer unterrichtet zu werden. Männliche Mitglieder der Bevölkerung müssen sich bei der Einberufungsbehörde registrieren lassen. Sie bleiben, so der Stand im Jahr 1961, für viele Jahre wehrpflichtig. Wenn sie einberufen werden, müssen sie für eine bestimmte Zeit in den Streitkräften dienen. Die meisten Amerikaner – unabhängig von ihrem Geschlecht – müssen sich bei den Ämtern für Sozialversicherung, Arbeiterunfallversicherung, Einkommenssteuer, Volkszählung und anderen Ämtern der Bundes-, Landes-, Bezirks- oder Stadtregierung anmelden.

Nun, ich möchte klarstellen, dass ich diese Anforderungen für notwendig und nützlich halte. Offensichtlich muss es in unserer komplexen Zivilisation Gesetze und Normen geben. Die uneingeschränkte Jagd würde schnell alle Wildtiere ausrotten, Autofahrer ohne Führerschein würden das ohnehin schon entsetzliche Chaos auf unseren verstopften Straßen und Autobahnen noch erheblich vergrößern. Einem Einzelnen kann nicht erlaubt werden, eine schäbige Hütte zu errichten, wo andere sich schöne Häuser gebaut haben; noch sollte ihm erlaubt werden, eine Pension zu betreiben, die keinen Brandschutz hat oder eine Bedrohung für die Gesundheit ihrer Gäste darstellt. Die Sicherheit der Nation in einer krisengeschüttelten Welt hängt von ihren Streitkräften ab, daher die Notwendigkeit der Wehrpflicht. Sicherlich würde kein vernünftiger Mensch die Volkszählung abschaffen wollen. Regierung, Gesetze, Kontrolle und Regulierung – und sogar die damit einhergehende Bürokratie – sind unerlässlich, wenn eine Nation mit 190 Millionen Menschen existieren und funktionieren soll, wenn es nicht zu völligem Chaos und schließlich zur Zerstörung kommen soll.

Ich möchte wiederholen und sehr deutlich machen, dass ich kein regierungsfeindlicher Reaktionär bin. Ich behaupte nicht, dass die von mir angeführten Restriktionen unvertretbar sind. Sie sind meiner Meinung nach in jeder Hinsicht notwendig, da ihr Zweck darin besteht, das Leben sicherer und angenehmer für alle zu machen.

Es geht nicht darum, dass irgendeine dieser Maßnahmen gut oder schlecht ist. Der Punkt ist einfach, dass sie *existieren*, dass sie umgesetzt und durchgesetzt werden und alle Bürger betreffen. Sie werden hier nur erwähnt, um zu demonstrieren, in welchem Ausmaß wir bereits in einer regulierten Gesellschaft leben.

Ein weiterer Beweis dafür ist die vielfältige Art und Weise, in der staatliche Behörden auf allen Ebenen Handel und Wirtschaft der Nation kontrollieren. Ob es einem gefällt oder nicht, das sogenannte System der freien Marktwirtschaft ist nicht annähernd so frei, wie es sich manche vorstellen mögen. Allein die Bundesregierung hat etwa 30 *unabhängige* Regulierungsbehörden, die große Macht und Einfluss auf praktisch jeden Aspekt der US-Wirtschaft ausüben.

Nehmen wir zum Beispiel die Aufgaben und Verantwortlichkeiten von nur drei dieser Behörden. Die Interstate Commerce Commission legt Tarife fest und vergibt Konzessionen für Eisenbahnen, Binnenschifffahrtslinien, LKW- und Pipeline-Unternehmen. Das Civil Aeronautics Board legt Flugrouten, Tarife und Sicherheitsstandards für Fluggesellschaften fest. Die Federal Communications Commission bestimmt, wer Radio- oder Fernsehsender betreiben darf (oder nicht). Zusätzlich zu diesen unabhängigen Regulierungsbehörden gibt es eine Vielzahl anderer Bundesämter und -stellen, die Einfluss nehmen und in unterschiedlichem Maße direkte und indirekte Kontrolle über die Wirtschaft und die Geschäfte des Landes ausüben. Die landwirtschaftliche Produktion wird durch Subventionen, Anbauflächenkontrollen und andere Methoden reguliert – und die Auswirkungen sind nicht nur für den Landwirt spürbar, sondern auch für den Transportunternehmer, den Lebensmittelgroßhändler, den Einzelhändler und den Verbraucher. Die Regierung beeinflusst die Geschäftsaktivitäten und die Expansion, indem sie die Diskontsätze der Zentralbank, Zölle, Steuern und unzählige andere Mittel erhöht oder senkt. Was auch immer sie in diese Richtung tut, spiegelt sich bald in Produktions- und Verkaufszahlen, Beschäftigungsstatistiken und Preisindizes wider.

Kurz gesagt, »Big Government« schwingt zahllose große Keulen über die amerikanische Geschäftswelt und die amerikanische Wirtschaft. Und wenn ich von »Big Government« spreche, dann meine ich nicht nur die Bundesregierung. Die verschiedenen Bundesstaaten – und sogar Countys und Städte – lizenzieren, besteuern, inspizieren und regulieren Unternehmen in ihrem Zuständigkeitsbereich. Es sollte kaum nötig sein zu erwähnen, dass es nur ein kleiner Schritt von einer solchen Wirtschaftsregulierung, wie sie derzeit existiert, zur Etablierung einer vollständig regulierten Wirtschaft ist. Und – ob zum Guten oder zum Schlechten – alle erkennbaren Anzeichen deuten eher auf mehr als auf weniger wirtschaftliche Regulierung in der Zukunft hin.

Da die Regierung als Vorbild dient, ist es nicht verwunderlich, dass viele Staatsbürger das scheinbar Unvermeidliche vorwegnehmen und sich zügig den standardisierten Mustern anpassen. Unternehmen, die ihre eigenen Bürokratien aufbauen, und Individuen, die sich um Konformität bemühen, schwimmen lediglich mit dem Strom, der unsere Gesellschaft in Richtung einer endgültigen, von oben nach unten verlaufenden »Strukturierung« trägt. Vieles deutet darauf hin, dass es bald so weit ist, dass die Zivilisation, die die homogenisierte Milch hervorgebracht hat, bald den homogenisierten Menschen hervorbringen wird.

Vor nicht allzu langer Zeit war die US-Regierung sehr besorgt über den Mangel an wissenschaftlichem und technischem Personal in den Vereinigten Staaten und rief deshalb ein Programm ins Leben, das junge Menschen dazu ermutigen soll, Wissenschaftler und Ingenieure zu werden. Bislang wurde eine Methode angewandt, die darauf abzielt, junge Menschen dazu zu bewegen, diese Berufe zu wählen. Öffentliche Statements von nationalen Führungspersönlichkeiten und anderen prominenten Personen sowie breit angelegte Werbekampagnen zielen darauf ab, Wissenschaft und Ingenieurwesen attraktiv zu machen, die Fantasie der jungen Menschen zu beflügeln und den Schülern in Highschools und Colleges die Idee nahezubringen, solche Karrieren zu verfolgen. Riesige Geldzuwendungen finanzieren den Ausbau von Ausbildungseinrichtungen an Universitäten und Hochschulen und ermöglichen es diesen Institutionen, Stipendien und Fellowships in einem noch nie dagewesenen Umfang anzubieten.

All dies ist absolut notwendig und sehr gut. Aber in Anbetracht des Trends sollte es für jeden einigermaßen fantasievollen Menschen nicht allzu schwer sein, sich einen Tag vorzustellen, an dem die Regierung den Einzelnen nicht mehr nur *motiviert*, sondern *zwingt*, bestimmte Berufe oder Laufbahnen zu ergreifen.

Man muss kein Science-Fiction-Fan sein, um sich vorzustellen, wie dies in einer voll durchprogrammierten Gesellschaft erreicht werden könnte. Irgendwo in einem Regierungsgebäude surrt ein elektronischer Computer, der berechnet, wie viele neue Ärzte das Land in sechs Jahren benötigt. Die gewonnenen Daten werden in eine andere Maschine eingespeist, die prompt Lochkarten ausspuckt, auf denen die Namen der Highschool-Absolventen der Nation stehen, die im medizinischen Teil des Berufseignungstests am besten abgeschnitten haben. Innerhalb weniger Tage erhalten die Schüler mit der Post ihre Berufszuweisungsbescheide.

Die Vorstellung, dass sich ein solches System irgendwann in der Zukunft durchsetzen könnte, ist nicht länger ein Hirngespinst. Es ist eine ausgesprochen reale Möglichkeit. Wir haben den »Point of no Return« im Wettlauf um die Etablierung der strukturierten Gesellschaft bereits überschritten.

»Aber dann steuern wir doch auf eine komplette Reglementierung zu!«, wird der Leser wahrscheinlich protestieren. Nun, das tun wir – und das tun wir nicht. Ich gebe zu, dass der Unterschied zwischen einer strukturierten Gesellschaft und einer reglementierten

Gesellschaft auf den ersten Blick vielleicht nicht allzu offensichtlich ist. Aber es gibt Unterschiede – und zwar sehr große Unterschiede. Obwohl ich nicht sagen kann, dass ich überglücklich wäre, in einer der beiden Gesellschaften zu leben, würde ich, wenn ich die Wahl hätte, ganz sicher die erste wählen.

Nach dem allgemeinen Verständnis ist die reglementierte Gesellschaft eine, die durch Totalitarismus und Diktatur erzeugt wird. Sie wird von einer eigennützigen und zynischen Minderheit mit rücksichtslosen Methoden und unter völliger Missachtung der Rechte, des Wohlergehens und der Menschenwürde der Mehrheit geschaffen, betrieben und kontrolliert. In ihr existiert die Mehrheit nur, um den Zielen und Zwecken der herrschenden Minderheit zu dienen. Zumindest für mich impliziert die reglementierte Gesellschaft alle klassischen Begleiterscheinungen einer Diktatur – Terror, Konzentrationslager – und das Ende jeder Menschenwürde.

Auf der anderen Seite ist die strukturierte Gesellschaft, wie ich sie verstehe, eine, die sich mit der Zustimmung – sei es aktiv oder stillschweigend – der Mehrheit ihrer Mitglieder entwickelt. Obwohl sie organisiert, reguliert, standardisiert und programmiert ist, besteht ihr Ziel immer noch darin, das größte Wohl für die Mehrheit zu erreichen, ohne repressive Maßnahmen gegen jemanden anzuwenden. Und zumindest in diesem Zusammenhang sind die regierenden Elemente in einer solchen Gesellschaft wohlwollend und altruistisch in ihren Absichten. Sie stützen sich nicht auf manipulierte Schauprozesse oder Nacht-und-Nebel-Dekrete, um zu regieren.

Vereinfacht gesagt, ist die reglementierte Gesellschaft der Orwell'sche Albtraum, während die strukturierte Gesellschaft eine trübe, eintönige Utopie des Sozialtheoretikers ist. Die vollständig strukturierte Zivilisation wird ihren Mitgliedern vollständige Sicherheit bieten, buchstäblich von der Wiege bis zur Bahre. Die Bedürfnisse des Einzelnen werden definiert, antizipiert und erfüllt – nicht durch seine eigene Voraussicht und seine Fähigkeiten, sondern durch staatliche Experten und Verwalter. Sie werden ihn beobachten – und über ihn wachen. Sie werden ihn klassifizieren, seine Potenziale bewerten, ihm seine Aufgaben zuweisen, sein Leben kontrollieren und ihn in die Form pressen, die sie für diejenige halten, in die er passt oder passen sollte. Sie werden diese Dinge natürlich zu seinem »eigenen Wohl« und zum »Wohl der Gesellschaft als Ganzes« tun.

Theoretisch jedenfalls wird es in diesem Erewhon'schen Ameisenstaat sehr wenig Unsicherheit und Entbehrungen geben. Das Individuum wird nur mit wenigen der Ängste konfrontiert, denen es in einer freien Wettbewerbsgesellschaft begegnen kann. Sein Fortschritt im Leben wird eine maßvolle Entwicklung auf einer sauber strukturierten Leiter sein. Er wird von einer gesichtslosen Stufe zur nächsten klettern, unter ständiger Überwachung durch diejenigen, die dazu bestimmt sind, die Sprossen zu bewachen. »Ein Platz für jeden – und jeder an seinem Platz« wird das Leitprinzip sein.

Das alles verspricht, eher langweilig zu werden. Was auch immer die strukturierte Gesellschaft sonst noch bieten mag oder nicht, sie wird dem Einzelnen definitiv weder Abenteuer noch Inspiration bieten – und kaum eine Herausforderung. Der Mensch wird langsam in der ihm vorgezeichneten Bahn vorankommen, wohl wissend, was ihn bei jedem Schritt erwartet.

Viele Kräfte sind am Werk, um dieses Zeitalter des homogenisierten Menschen voranzutreiben. Jede trägt ihren Teil dazu bei, den Boden und den Konditionierungsprozess vorzubereiten, der die Mehrheit dazu bringen wird, dessen Umsetzung ohne großes Murren hinzunehmen.

Ich bin bereits ausführlich auf die Rolle der Regierung eingegangen, die dazu neigt, dem gesellschaftlichen Makrokosmos die Strukturen aufzuzwängen, die sie für ihre bürokratischen Mikrokosmen übernommen hat. Auch die Wirtschaft beschleunigt das Aufkommen der strukturierten Gesellschaft – und, als denkbare Konsequenz, ihren eigenen Untergang – durch ihre immer stärker werdende Tendenz zur Überorganisation, mehr Wert auf Verfahrensregeln als auf Produktion zu legen und sich mehr um Ausschusssitzungen als um Kunden zu kümmern.

Diejenigen Unternehmer, die sich am meisten über die bürokratische Einmischung der Regierung beschweren, verlieren sich in ihren eigenen bürokratischen Labyrinthen. Viel zu viele verlieren sich in Organigrammen, Verwaltungsanweisungen und fünftausendfachen Memoranden und machen sich mehr Sorgen um ihren Papierkram als um ihre Geschäfte.

Die Gewerkschaften tragen ihren Teil dazu bei, indem sie – nur ein Beispiel – unflexibel darauf bestehen, dass das Dienstalter und nicht die Verdienste und die Effizienz der Maßstab für die Berechtigung zur Beförderung sind. So bekommt die Person, die ihre Zeit absitzt, den Vorrang gegenüber denjenigen Arbeitern, die hart und ehrlich arbeiten.

Schulen und Hochschulen leisten wiederum ihren nicht unerheblichen Beitrag zu dieser Situation, indem sie überspezialisierte Absolventen hervorbringen, deren Wissen und Horizonte stark eingeschränkt sind. Ein bedauerlich großer Prozentsatz der Schüler verlässt ihre Schulen derart fertig zugeschnitten, dass sie nur noch in denkbar eng gefasste Berufsprofile passen.

Der Einzelne trägt dazu bei, den Trend zu einem vorprogrammierten Gesellschafts- und Wirtschaftssystem zu forcieren, indem er es selbstgefällig, ja fast einfältig, hinnimmt. In vielen Fällen stürzen sich Menschen Hals über Kopf in die Konformität, um die Ersten zu sein, die die zweifelhaften Früchte genießen, die sie im sicher strukturierten Nirwana zu finden hoffen. Sehr viele haben den Anbruch der gleichgeschalteten Zivilisation bereits vorweggenommen, aber es gibt immer noch diejenigen, die sich weigern, sich den Kulten der Konformisten, Status-Fixierten und Überorganisierten anzuschließen, denjenigen, die den Supermythos der »Sicherheit um jeden Preis« verbreiten.

Man könnte sich fragen, was der Einzelne in einer zunehmend standardisierten Gesellschaft, die von einer vereinheitlichenden und verdummenden Regierung beherrscht wird, tun kann, um sich davor zu schützen, ein gleichgeschalteter Mensch zu werden. Meiner Meinung nach kann er eine Menge tun.

In erster Linie gilt: Wer gewarnt ist, ist gewappnet. Der Mensch, der ein Individualist sein will, der sein Leben selbst bestimmen will und der sich ein hohes Maß an Willens- und Handlungsfreiheit bewahren will, sollte auf jene Aktivitäten und Handlungsweisen achten, die ihn unbewusst in die Falle der Gleichschaltung führen könnten. Zum Beispiel sind solche vergleichsweise einfachen Dinge wie Zeitung lesen und sich die Meinungen anderer anhören – alles mit einem offenen Geist und einem gesunden Schuss Skepsis versehen – eine große Hilfe. Wann immer der Einzelne mit der Notwendigkeit konfrontiert wird, eine Entscheidung zu treffen – sei es beim Wählen, bei der Entscheidung für einen Beruf oder einen Arbeitsplatz, beim Kauf von etwas oder was auch immer –, sollte die Frage, ob er dieses oder jenes tun will (oder denkt, dass er es tun will), nicht die alleinige Überlegung sein, die die Entscheidung bestimmt. Der Einzelne muss sich auch fragen, ob die Wahl sein Leben einschränkt oder ihn anfälliger für die Kräfte in unserer Gesellschaft macht, die dazu neigen, Menschen gleichzuschalten.

Jeder Mensch, der Wert auf Individualität legt, wird seine Motive, etwas zu wollen, sorgfältig prüfen und sich fragen, ob er seine Wahl trifft, weil es sicher, geborgen und einfach zu sein scheint. Er wird sich bemühen, etwas unter dem Gesichtspunkt anzunehmen oder abzulehnen, dass er so viel Flexibilität und persönliche Freiheit wie möglich behalten kann. Er wird verstehen, dass, wie hoch der Preis für Mut und Selbstbestimmung auch sein mag, die Belohnung in Form von persönlicher Befriedigung letztendlich weitaus größer ist, als wenn er passiv zulässt, dass er von Kindesbeinen an von Regierungen und Institutionen, die ihm zwar vielleicht Gutes wollen, aber seinen Individualismus abwürgen, vor sich hergetrieben wird.

Ich bin davon überzeugt, dass es immer Menschen geben wird, die jedes System ablehnen, das sie als bloße Nummern, als Codelöcher in einer Lochkarte betrachtet. Zwar wird die komplett durchstrukturierte Gesellschaft für die biederen Konformisten und für diejenigen, denen es an Vorstellungskraft, Initiative, Selbstvertrauen und Selbstachtung fehlt, der Himmel auf Erden sein. Aber es wird immer Individualisten geben und sie werden sich immer bemerkbar machen, wenn sie ihre Individualität behaupten. Es hat immer solche Menschen geben – und es wird sie auch immer geben –, die sich nicht damit zufriedengeben, dass ihr Leben systematisiert wird. Was auch immer die Kräfte gegen sie sein mögen, sie leben ihr eigenes Leben und erreichen ihre Ziele aus eigener Kraft.

Ich kann ehrlich gesagt nicht behaupten, dass ich die Aussichten insgesamt für sehr rosig halte. Ich glaube, dass mehr und mehr Regulierung, Standardisierung und Uniformität praktisch unvermeidlich sind – wenn auch aus keinem anderen Grund als dem, dass die Bevölkerungen und die sozialen und wirtschaftlichen Probleme zu komplex geworden sind, um auf andere Weise bewältigt zu werden.

Es gibt jedoch Hoffnung für jeden Menschen, der ein Individualist bleiben will. Er kann sich selbst behaupten und sich weigern, sich anzupassen. Er wird auf sich allein gestellt sein, das ist wahr, doch obwohl er nicht die Sicherheit haben wird, die diejenigen genießen, die sich anpassen, wird es keine Grenzen geben für das, was er erreichen kann.

Es sollte für niemanden allzu schwer sein, der Versuchung zu widerstehen, sich in das Schema des strukturierten Menschen zu zwängen. Man muss sich nur daran erinnern, dass eine Spur zwar sicher sein kann – aber in dem Maße, wie sie abgenutzt wird, zuerst zu einer Furche mutiert und schließlich zu einem Grab.

TEIL 4
DIE KUNST DES INVESTMENTS

KAPITEL 14
DER WALL-STREET-INVESTOR

Am Montag, den 28. Mai 1962 brachen die Kurse an der New Yorker Börse unter einer Lawine von Verkaufsorders rapide ein. Der Dow-Jones-Index stürzte um fast 35 Punkte ab und verzeichnete damit den größten Tagesverlust seit über 32 Jahren. Zum ersten Mal seit 1960 war er unter die 600er-Marke gesackt und erreichte ein Tagestief von 576,93 Punkten.

Am Ende des Tages lagen die Kurse vieler großer Börsentitel zwischen 30 und 80 Prozent unter ihren Höchstständen von 1962. Die an der American Stock Exchange (AMEX) und im Freiverkehr gehandelten Aktien folgten kurz darauf und gingen ebenfalls in den Sturzflug. Die Journalisten reagierten mit Schlagzeilen auf die Entwicklungen, der Ticker konnte gar nicht mehr mithalten:

Black-Monday-Panik an der Wall Street
Anleger verlieren Milliarden nach Börsensturz
Nation befürchtet Debakel wie 1929

So lauteten die Schreckensmeldungen, die nach Börsenschluss in New York auf den Titelseiten der Zeitungen des Landes erschienen. Als die späteren Ausgaben der Zeitungen die Verlagshäuser verließen, boten Experten und Analysten, Ökonomen und Fachgelehrte ihre Erklärungen, rückblickenden Diagnosen und spontanen Prognosen an. Wie so oft in solchen Situationen versuchten einige der Besserwisser und Hellseher, die Folgen des Zusammenbruchs schönzureden, während andere ein fast schon sadistisches Vergnügen daran zu haben schienen, noch Schlimmeres zu prophezeien.

Zwei Tage später stürzten sich diverse Korrespondenten von Zeitungen und Nachrichtenagenturen auf mich. Sie wollten meine Meinung hören und wissen, wie ich reagieren würde, und fragten mich, was ich wegen des Einbruchs der Aktienkurse tun würde. Ich sagte ihnen ganz offen, dass ich zwar von ganzem Herzen mit jedem Mitgefühl hatte, der aufgrund der Marktentwicklungen Geld verloren hatte, dass ich aber wenig oder gar keinen Grund zur Beunruhigung und absolut keinen Grund zur Panik sähe.

Die aktuelle Konjunkturlage war insgesamt günstig und, was noch wichtiger war, sie versprach, in Zukunft noch besser zu werden. Weder mit der amerikanischen Wirtschaft noch mit der großen Mehrheit der Unternehmen, deren Aktien an der New Yorker Börse notiert waren, war grundsätzlich etwas nicht in Ordnung. Meiner Meinung nach waren einige Aktien stark überbewertet. Irrationale Käufe hatten ihre Preise auf völlig unrealistische Niveaus getrieben. Der Einbruch am 28. Mai war eine unvermeidliche Folge.

Ich sagte, ich hätte das Gefühl, dass sich der Aktienmarkt nun in einer viel gesünderen und sicherlich in einer viel realistischeren Lage befände, eben weil die Preise endlich angepasst worden seien. Meine Antwort auf die Frage, was ich nun zu tun gedenke, war einfach: Ich hatte Aktien gekauft.

»Ich wäre dumm, wenn ich *nicht* kaufen würde«, erklärte ich einem jungen Journalisten, der aussah, als ob er dachte, ich sei von Sinnen, weil ich kaufte, während alle anderen zu verkaufen schienen. »Die meisten erfahrenen Anleger tun zweifellos dasselbe«, fuhr ich fort und fühlte mich dabei ein wenig wie ein Schulmeister, der einen Schnellkurs in den ersten Grundsätzen des Investierens abhält. »Sie schnappen sich die guten Aktienangebote, die aufgrund der emotional bedingten Verkaufswelle verfügbar sind.«

Da ich mich in der Erdölindustrie bestens auskannte, kaufte ich Ölaktien. Bis zum Ende des Handelstages an der New Yorker Börse am 29. Mai hatten meine Broker mehrere Zehntausend Aktien für mein Konto gekauft. Ich muss betonen, dass ich die Aktien zur *Kapitalanlage* und nicht zur Spekulation gekauft hatte. Ich beabsichtigte, sie zu halten, denn ich glaubte, dass sie in den nächsten Jahren weiter an Wert gewinnen würden.

Es ist seit Langem üblich, dass Journalisten und Wirtschaftsredakteure bei »ungewöhnlichen« Börsenentwicklungen erfolgreiche Geschäftsleute und Investoren befragen. Die daraus gewonnenen Meinungen, Informationen und Ratschläge werden dann veröffentlicht, angeblich zur Orientierung für weniger versierte Anleger. Seit ich denken kann, warnen altgediente Geschäftsleute und Investoren – darunter auch ich – vor den Gefahren irrationaler Aktienspekulationen und betonen immer wieder, dass Aktienzertifikate Besitzurkunden an Unternehmen sind und *keine* Wettscheine.

Wunderheiler-Strategien, die einem schnell zu Reichtum verhelfen, funktionieren einfach nicht. Wenn sie funktionieren würden, wäre jeder Mensch auf der Welt Millionär. Das gilt für den Börsenhandel genauso wie für jede andere Form der unternehmerischen Tätigkeit.

Verstehen Sie mich nicht falsch. Es ist möglich, an der Börse Geld zu verdienen – und zwar sehr viel Geld. Aber das geht nicht über Nacht oder durch planloses Kaufen und Verkaufen. Die großen Gewinne gehen an den intelligenten, besonnenen und geduldigen

Anleger, nicht an den rücksichtslosen und übereifrigen Spekulanten. Umgekehrt ist es der Spekulant, der die Verluste erleidet, wenn der Markt einen plötzlichen Abschwung nimmt. Der erfahrene Anleger kauft seine Aktien, wenn sie niedrig bewertet sind, hält sie mit Blick auf ihren prognostizierten langfristigen Anstieg und nimmt die zwischenzeitlichen Tiefs und Einbrüche in Kauf.

»Kaufen Sie, wenn die Aktienkurse niedrig sind – je niedriger, desto besser –, und halten Sie an Ihren Wertpapieren fest«, riet mir ein sehr erfolgreicher Finanzier vor Jahren, als ich anfing, Aktien zu kaufen. »Setzen Sie auf die Trends und machen Sie sich keine Gedanken über die Schwankungen. Konzentrieren Sie sich auf die langfristigen Verläufe und ignorieren Sie die sporadischen Auf- und Abschwünge.«

Viele Menschen, die Aktien kaufen, scheinen diese einfachen Prinzipien nicht begreifen zu können. Sie kaufen nicht, wenn die Preise niedrig sind. Sie haben Angst vor Schnäppchen. Sie warten, bis eine Aktie steigt – und dann kaufen sie, weil sie glauben, dass sie auf diese Weise in eine sichere Sache einsteigen. Sehr oft kaufen sie zu spät – kurz bevor eine Aktie einen ihrer Höchststände erreicht hat. Dann werden sie kalt erwischt und erleiden Verluste, wenn der Kurs auch nur ein paar Punkte einbricht.

Typisch für solche Leute ist ein Bekannter von mir, mit dem ich einmal, es war im Jahr 1955, zu Mittag aß. Wir sprachen über viele Dinge – auch über die Börse. Im Laufe des Gesprächs erwähnte ich zufällig, dass die Aktien der Firma X zu einem Kurs von 4,5 verkauft würden und dass ich der Meinung sei, die Aktie würde im Preis steigen.

Ende 1957 stand die Aktie bei 11,25. Später erfuhr ich, dass mein Bekannter die Aktie zwei Jahre lang im Auge behalten hatte, und als sie 11,25 erreicht hatte, beschloss er schließlich, dass es nun sicher sei, zu kaufen, und erwarb mehrere Hundert Aktien. Er sah mit Freude zu, wie die Aktie in den nächsten sechs Monaten auf 13,5 kletterte. Dann gab es einen Einbruch. Die X-Aktien fielen auf 10 und blieben dort. Mein zögerlicher Bekannter verkaufte seine Aktien und machte dabei Verluste. Diejenigen von uns, die früh gekauft hatten, hielten durch, denn die Wertpapiere waren mehr als doppelt so viel wert, wie wir für sie bezahlt hatten.

Schließlich stieg die Aktie wieder an und legte noch einige Punkte zu, um ein weiteres, recht stabiles Kursniveau zu erreichen. Heute liegt sie bei etwa 15 – und diejenigen von uns, die früh gekauft haben, halten weiterhin an ihr fest. Ich möchte hinzufügen, dass wir im Laufe der Jahre auch zufriedenstellende Dividenden auf die Aktie eingenommen haben.

Mit dem Kauf von Stammaktien begann ich mitten in der Weltwirtschaftskrise. Die Preise waren auf dem Tiefpunkt, und es gab nicht viele Aktienkäufer. Die meisten Leute mit Geld zum Anlegen waren nicht in der Lage, den Wald (den potenziellen Gewinn) vor lauter Bäumen (ihre weitgehend unbegründeten Ängste) zu sehen. Ich hatte Vertrauen in die Zukunft der amerikanischen Wirtschaft und erkannte, dass die Aktien vieler völlig gesunder Unternehmen mit gutem Potenzial nur zu einem Bruchteil ihres wahren Wertes verkauft wurden.

Als ich im Jahr 1932 zum ersten Mal Aktien der Tide Water Associated Oil Company kaufte, lag der Kurs bei nur 2,12 Dollar pro Aktie. Der durchschnittliche Preis pro Aktie im Freihandel stieg stetig an, wie unten dargestellt:

- 1933 8,23 Dollar
- 1934 9,39 Dollar
- 1935 11,61 Dollar
- 1936 15,54 Dollar
- 1937 20,83 Dollar

Der Kurs fiel während des Einbruchs von 1938, aber das war nur eine sporadische Erschütterung. Ich hielt nicht nur an den Aktien fest, die ich besaß, sondern kaufte noch welche hinzu.

Meine Zuversicht sollte sich in den folgenden Jahren voll und ganz auszahlen, denn der Wert der Aktie stieg um ein Vielfaches, und ich kassierte – zusammen mit den anderen Aktionären – auch noch stattliche Dividenden.

Im Mai 1932 begann ich auch mit dem Kauf von Aktien der Petroleum Corporation. In jenem Monat kaufte ich 10 000 Aktien zum Preis von 3,45 Dollar pro Aktie. Ich kaufte stetig weiter, bis ich am 14. September 1933 insgesamt 190 000 Aktien besaß. In diesem Monat waren die Aktien fast 15 Dollar pro Stück wert; die durchschnittlichen Kosten pro Aktie meiner 190 000 Aktien betrugen nur 6,537 Dollar.

Für diese beiden Beispiele, die auf meinen eigenen Erfahrungen beruhen, habe ich auf die Zeit der Weltwirtschaftskrise zurückgegriffen. Ich könnte noch weitere aus dieser Zeit und aus späteren Zeiten anführen. Einige Aktien, die ich heute besitze, sind mehr als das 100-Fache dessen wert, was ich ursprünglich für sie bezahlt habe. Aber viele andere Anleger haben noch größere Erfolge erzielt. Weitere Beispiele würden nur dazu dienen, dieselbe Grundwahrheit weiter zu unterstreichen, eine, die jeder Anleger und angehende Investor tunlichst beherzigen sollte:

> *Solide Aktien, die zur Kapitalanlage gekauft werden, wenn ihre Kurse niedrig sind, und die langfristig gehalten werden, bringen mit großer Wahrscheinlichkeit hohe Gewinne durch Dividenden und Wertsteigerungen.*

Dies ist ein offenkundiges »Geheimnis« erfolgreicher Aktienkäufe, das von einer großen Anzahl von Menschen aber nicht beachtet wird. Es gibt noch andere, nicht so geheime Geheimnisse, die Anleger lernen und als feste Regeln bei ihren Börsengeschäften berücksichtigen sollten.

Sehr wichtig ist unter anderem die Maxime, dass niemand jemals eine Aktie kaufen sollte, ohne so viel wie möglich über das Unternehmen zu wissen, das sie ausgibt. In mehr Fällen, als seriöse Börsenmakler aufzählen möchten, haben sogenannte Investoren darauf bestanden, eine große Anzahl von Aktien von Unternehmen zu kaufen, ohne auch nur die geringste Ahnung zu haben, was diese Unternehmen eigentlich tun oder produzieren.

Meiner Meinung nach sollte der Normalbürger den Kauf von Stammaktien, die mit Stimmrechten behaftet sind, als Investition von überschüssigem Kapital betrachten, mit dem Ziel, eine jährliche Rendite auf dieses Kapital zu erzielen und das Kapital schließlich so weit wie möglich zu vermehren.

Der Normalbürger beginnt mit dem »Investieren«, indem er ein Sparkonto eröffnet oder eine Lebensversicherung kauft oder einen Vertrag zur Altersvorsorge abschließt. Für gewöhnlich geht er dazu über, Staatsanleihen zu kaufen. Später, wenn er erfahrener und selbstsicherer ist, kann er sich entscheiden, in Stammaktien zu investieren. Falls und wenn er dies tut, sollte er zu seinem eigenen Schutz und Vorteil einige bestimmte Regeln befolgen.

Im Wesentlichen sollte der durchschnittliche Anleger nur solche Stammaktien kaufen, die an einer großen Börse notiert sind. Hierfür gibt es viele gute Gründe. Einige nicht börsennotierte Aktien sind wertlos – Scheinaktien, die von unseriösen Unternehmen vertrieben werden. Selbst wenn die nicht börsennotierten Aktien legitim sind, stellt der Käufer oft fest, dass er mit seiner Investition »gebunden« ist; es ist häufig schwierig, ein nicht börsennotiertes Wertpapier wieder zu verkaufen.

Wer börsennotierte Aktien kauft oder verkauft, kann immer sicher sein, dass er einen fairen und vertrauenswürdigen Preis zahlt oder erhält, da er von Käufern und Verkäufern nach dem Gesetz von Angebot und Nachfrage auf einem freien Markt festgelegt worden ist. Das Gleiche kann nicht immer für nicht börsennotierte Aktien gesagt werden, die zu künstlich hohen Preisen festgesetzt werden können oder in einigen Fällen überhaupt keinen Wert haben.

Stammaktien sollten gekauft werden, wenn ihre Preise niedrig sind, nicht, nachdem sie während einer Hausse auf ein hohes Niveau gestiegen sind. Kaufen Sie, wenn alle anderen verkaufen, und halten Sie durch, bis alle anderen kaufen – das ist mehr als nur ein eingängiger Slogan. Es ist die Essenz eines jeden erfolgreichen Investments.

Die Geschichte zeigt, dass der Gesamttrend der Aktienkurse – wie der allgemeine Trend der Lebenshaltungskosten, Löhne und von fast allem anderen – nach oben zeigt. Natürlich gab es und wird es immer wieder Talfahrten, Einbrüche, Rezessionen und sogar Wirtschaftskrisen geben, aber auf diese folgen immer Erholungen, die die meisten Aktienkurse auf neue Höchststände treiben. Unter der Prämisse, dass eine Aktie und das dahinterstehende Unternehmen solide sind, kann ein Anleger kaum verlieren, wenn er Aktien am Tiefpunkt kauft und sie hält, bis der unvermeidliche Aufwärtszyklus in Schwung kommt.

Dabei erkennt der kluge Anleger, dass es nicht mehr möglich ist, den Aktienmarkt als Ganzes zu betrachten. Der heutige Aktienmarkt ist viel zu umfangreich und komplex, als dass man eine pauschale, verallgemeinernde Vorhersage über den Verlauf des Marktes als solches machen könnte.

Es ist unerlässlich, den heutigen Aktienmarkt in Form von Aktiengruppen zu betrachten, aber es reicht nicht aus, sie nur als, sagen wir, Industriewerte oder Flugzeuge und so weiter zu klassifizieren.

Wir befinden uns in einer Ära ständiger und revolutionärer wissenschaftlicher und technologischer Veränderungen und Fortschritte. Nicht nur einzelne Firmen, sondern auch ganze Branchen müssen sich an ihrer Fähigkeit messen lassen, mit den Anforderungen der Zukunft Schritt zu halten. Der Kapitalanleger muss sicher sein, dass weder die Produkte des Unternehmens, in das er investiert, noch die jeweilige Branche selbst in wenigen Jahren veraltet sein werden.

Zu Beginn des 20. Jahrhunderts erkannten weitsichtige Menschen, dass Automobile eine größere Zukunft haben als Kutschen und dass die Aktien von Autoreifenherstellern eine bessere Anlage sind als die Aktien von Firmen, die Wagenräder herstellen.

Die Straßenbahnindustrie war ein gutes Geschäft – bis die Straßenbahnen von Bussen verdrängt wurden. Flugzeughersteller, die darauf bestanden, nur mit Segeltuch bespannte Flugzeuge zu produzieren, nachdem der Tag des Ganzmetallflugzeugs angebrochen war, hatten wenig Zukunft. Heute ist es viel wahrscheinlicher, dass ein Hersteller von Düsen- oder Propellerflugzeugen im Geschäft ist und Geld verdient, als einer, der darauf besteht, dreimotorige Transportflugzeuge mit Kolbenantrieb zu produzieren.

Es ist in der Tat überraschend, dass so viele Anleger Geschäftssituationen nicht erkennen, die nur unwesentlich weniger offensichtlich sind als diese veralteten oder weit hergeholten Beispiele. Sie kaufen Aktien von strauchelnden oder sterbenden Firmen und Branchen und ignorieren verlockende Gelegenheiten, sich in Unternehmen und Branchen einzukaufen, die mit der Zeit nur noch wachsen können.

Daraus folgt, dass ein Anleger so viel wie möglich über das Unternehmen wissen muss, von dem er Aktien kauft. Im Folgenden sind einige der Fragen aufgeführt, auf die er zufriedenstellende Antworten erhalten sollte, bevor er sein Geld investiert:

1. Welche Historie hat das Unternehmen? Handelt es sich um ein solides und seriöses Unternehmen und verfügt es über ein fähiges, effizientes und erfahrenes Management?
2. Produziert oder handelt das Unternehmen mit Waren oder Dienstleistungen, für die in absehbarer Zukunft weiterhin Nachfrage bestehen wird?
3. Ist das Unternehmen in einem Bereich tätig, der nicht bedrohlich mit Konkurrenz überfüllt ist, und ist es wettbewerbsfähig aufgestellt?
4. Ist die Unternehmenspolitik und -tätigkeit weitsichtig und ambitioniert, ohne zu einer ungerechtfertigten und gefährlichen Überexpansion zu verleiten?
5. Hält die Unternehmensbilanz der kritischen und unvoreingenommenen Prüfung durch einen Wirtschaftsprüfer stand?
6. Weist das Unternehmen eine zufriedenstellende Ertragslage auf?
7. Wurden regelmäßig angemessene Dividenden an die Aktionäre ausgeschüttet? Wenn Dividendenzahlungen ausblieben, gab es dafür gute und ausreichende Gründe?
8. Befindet sich das Unternehmen sowohl bei der lang- als auch bei der kurzfristigen Kreditaufnahme in einem sicheren Rahmen?
9. Sind die Kursschwankungen der Aktie in den letzten Jahren ohne heftige und scheinbar unerklärliche Ausreißer nach oben oder unten erfolgt?
10. Übersteigt der Wert des realisierbaren Nettovermögens des Unternehmens pro Aktie den Börsenwert einer Stammaktie zu dem Zeitpunkt, an dem der Anleger den Kauf in Erwägung zieht?

Viele Aktienkäufer versäumen es, diese Fragen zu stellen. In einigen Fällen kauften sie die Aktien von Unternehmen, die seit einiger Zeit keinen Gewinn mehr auswiesen. Aber die Aktien waren »heiß«, wie Spekulanten zu sagen pflegen, und stiegen innerhalb weniger Wochen oder sogar Tage um ein Vielfaches über ihren Emissionspreis. Dann plötzlich erkannte jemand, dass die Nachfrage nur durch irrationale Käufe erzeugt worden war – und die Preise stürzten wieder ab.

Ich wiederhole, dass ich persönlich der Meinung bin, dass ausgewählte – und ich möchte noch einmal das Wort »*ausgewählt*« betonen – Stammaktien ausgezeichnete Investitionen sind. Es gibt heute zahlreiche gute Wertpapiere auf dem Markt. Darunter sind viele Aktien, die von Unternehmen ausgegeben werden, deren realisierbares Nettovermögen zwei-, drei-, viermal und sogar noch höher ist als der Börsenwert ihrer ausgegebenen Aktien.

Was bedeutet das für den Anleger? Nun, nehmen wir zum Beispiel an, dass die fiktive Firma XYZ realisierbare Vermögenswerte im Wert von 20 Millionen Dollar hat. Gleichzeitig hat sie eine Million Stammaktien im Umlauf und die Aktien werden zu einem Preis von 10 Dollar pro Aktie verkauft. Die Arithmetik ist einfach. Der Nettowert der realisierbaren Vermögenswerte des Unternehmens in Höhe von 20 Millionen Dollar ist doppelt so hoch wie der Gesamtwert der ausstehenden Stammaktien in Höhe von 10 Millionen Dollar. Wer also eine Stammaktie der Firma XYZ zu 10 Dollar kauft, erwirbt Vermögenswerte im Wert von tatsächlich vorhandenen 20 Dollar.

Solche Situationen sind nicht annähernd so ungewöhnlich, wie man sich vielleicht vorstellt – und der kluge, erfahrene Anleger nimmt sich die Zeit und Mühe, sie aufzuspüren. Gelegentlich – obwohl solche Fälle zugegebenermaßen selten sind – entdecken besonders scharfsinnige Anleger Unternehmen, die nicht ausgeschüttete Überschüsse in Höhe eines beträchtlichen Prozentsatzes des Marktwerts der ausstehenden Stammaktien haben. Jeder, der Aktien eines solchen Unternehmens kauft, erwirbt tatsächlich einen Geldbetrag, der einem beträchtlichen Teil seiner Investition entspricht, sowie einen Anteil an den anderen Vermögenswerten des Unternehmens.

Ich möchte jedoch darauf hinweisen, dass das genaue Gegenteil ebenso der Fall sein kann und dass der Anleger trotzdem auf der sicheren Seite steht. Eine Person muss nicht unbedingt Aktien eines Unternehmens kaufen, dessen Tresore vor Bargeld überquellen, um eine solide Investition zu tätigen. Es gibt viele Situationen, in denen ein völlig gesundes Unternehmen sehr knapp an Bargeld sein kann.

Ein weiteres wertvolles Anlegergeheimnis ist, dass die Besitzer von soliden Wertpapieren niemals in Panik verfallen und ihre Bestände abstoßen dürfen, wenn die Kurse einbrechen. Viele Menschen sind während eines Kurseinbruchs schon einmal panisch geworden und haben ihre Aktien verkauft, wenn sie ein paar Punkte gefallen sind, nur um dann festzustellen, dass die Kurse schon bald wieder stiegen.

Der professionelle oder erfahrene semiprofessionelle Anleger hat wenig mit den Spekulanten gemein, die hoffnungsvoll auf dem Markt zocken, wenn die Kurse in die Höhe schießen. Der erfahrene Investor sucht objektiv nach günstigen Wachstumswerten, die er kauft und hält und mit denen er in der Regel über Jahre hinweg satte Gewinne einfährt. Er setzt auf das Klima – und trifft alle notwendigen Vorkehrungen, um eventuelle Börsenstürme überstehen zu können.

Es gibt immer noch den hartnäckigen Irrglauben, dass der Kleinanleger oder Hobby-Investor der Gnade der Großinvestoren und der Wall-Street-Finanziers ausgeliefert ist. Das mag in den düsteren, fernen und bedauernswerten Tagen von Jay Gould der Fall gewesen sein, aber nichts könnte heute weiter von der Wahrheit entfernt sein. Kein rücksichtsloser, raffgieriger Wall-Street-Tycoon kann heutzutage den Markt manipulieren oder die Aktien einer ganzen Branche in die Enge treiben. Zum einen werden Börsentransaktionen von hocheffizienten und mächtigen Überwachungsorganisationen wie der US-Börsenaufsichtsbehörde, der U.S. Securities and Exchange Commission (SEC), streng reguliert. Zum anderen befinden sich die

Stammaktien der meisten großen Unternehmen im Besitz von Tausenden und Zehntausenden von Privatpersonen, Organisationen, Investmentfondsgruppen und so weiter. »Große« Kapitalanleger besitzen selten mehr als einen vergleichsweise kleinen Prozentsatz der Stammaktien eines großen Unternehmens.

Wenn überhaupt, dann ist es der professionelle Anleger, der dem Spekulanten und dem Amateur ausgeliefert ist – zumindest in dem Sinne, dass die letzteren Kategorien von Aktienkäufern und -verkäufern das Verhaltensmuster auf dem Markt bestimmen.

Der professionelle Anleger kauft Aktien auf einer sozusagen wissenschaftlichen oder zumindest rationalen Basis. Er analysiert Fakten und Zahlen objektiv und mit großer Sorgfalt und tätigt seine Käufe mit dem Ziel einer langfristigen Investition. Er setzt darauf, dass die Aktien, die er kauft, in den nächsten Jahren deutlich im Wert steigen werden.

Es ist der emotionale, amateurhafte Anleger, der den Preis einer Aktie in unvermittelten, sporadischen und mehr oder weniger kurzlebigen Schüben nach oben oder unten treibt. Die Rede eines Politikers, die Äußerungen oder Prophezeiungen eines vermeintlichen Fachgelehrten, dem es aber an Realitätssinn fehlt, ein Zeitungsartikel oder ein kolportiertes Gerücht – solche Dinge reichen aus, um wilde, enthusiastische Kauforgien oder hysterische Panikverkäufe von Tausenden von selbsternannten Kapitalanlegern auszulösen. Dem professionellen Anleger bleibt nichts anderes übrig, als dem Mob stillschweigend zuzusehen, bis der Enthusiasmus oder die Panik der Spekulanten und Amateure verflogen ist.

Der erfahrene Anleger lässt sich von vorübergehenden Kursschwankungen an der Börse kaum in seinen Entscheidungen beeinflussen. In der Regel wartet er ab, bis die Kurse wieder in etwa auf dem Niveau liegen, auf dem er kaufen oder verkaufen möchte. Er ist nicht ungeduldig und hat es auch nicht besonders eilig, denn er ist ein Investor und kein Zocker oder Spekulant.

Ich werde oft gefragt, welche konkreten Ratschläge ich Personen geben würde, die über verschiedene Beträge – 1000, 10 000, 100 000 Dollar oder auch mehr – verfügen, um in Stammaktien zu investieren. Meine Antworten sind immer die gleichen. Unabhängig davon, ob ich 100 Dollar oder 1 Million Dollar zu investieren hätte, würde ich nur solche Stammaktien kaufen, die an einer großen Börse gelistet sind. Ich würde die Regeln und Kriterien, die ich aufgezählt habe, anwenden und die solidesten und vielversprechendsten Wachstumsaktien auswählen. Und, so möchte ich hinzufügen, ich würde mit Sicherheit die Ratschläge von Anbietern und Theoretikern ignorieren, die mit verrückten Formeln oder »geheimen« Methoden hausieren gehen, um große und schnelle Gewinne an der Börse zu machen. In den letzten Jahren hat es eine Flut von Büchern zum Thema »Wie man über Nacht reich wird« gegeben. Erfahrene Finanzexperten und Investoren lachen darüber – oder sie haben nur Mitleid mit den leichtgläubigen Menschen, die den »Ratschlägen« in solchen Büchern folgen.

Der Börsencrash an der Wall Street im Mai 1962 hat viele dieser »blindgläubigen« Spekulanten zu Fall gebracht – tatsächlich ist es durchaus lohnend, einen Blick auf diese Geschichte und die genauen Hintergründe zu werfen.

Um diesen Kurseinsturz überhaupt nachvollziehen zu können, ist es hilfreich, sich zunächst einmal kurz den Verlauf des Marktes in den vorangegangenen 12 Jahren vor Augen zu führen. Am einfachsten geht das, wenn man den Dow-Jones-Index nachzeichnet.

Am Tiefpunkt des Jahres 1950 stand der Dow-Jones-Index bei 161,60. Er stieg bis Ende 1952 auf 293,79, fiel Mitte 1953 auf 255,49 und kletterte dann kontinuierlich bis auf 521,04 im Jahr 1956, von wo aus er bis Ende 1957 dann auf etwa 420 abfiel.

Von 420 im Jahr 1957 stieg der Dow-Jones-Index im Jahr 1959 auf über 650, vollzog einige Auf- und Abwärtsbewegungen und erreichte Ende 1960 ein Tief von 566,05. Von dieser Basis aus schoss er am 13. Dezember 1961 auf ein damaliges Allzeithoch von 734,91.

Während sich der Markt bis 1961 immer weiter nach oben entwickelte, brachten einige Wall-Street-Veteranen den oft zitierten Spruch aus der Zeit vor dem Crash von 1929 wieder ins Spiel, der besagte, dass der Aktienmarkt nicht nur die Zukunft diskontieren würde, sondern auch noch das Jenseits.

Vor vielen Jahren wurde das Verhältnis zwischen dem Preis pro Aktie und dem Gewinn pro Aktie weithin – wenn auch inoffiziell – als verlässlicher Indikator für Aktienwerte angenommen. »Das Zehnfache des Gewinns« galt lange Zeit als der maximal zulässige Preis, für den man eine Aktie kaufen und trotzdem noch einen Gewinn erwarten konnte.

In den späten 1920er-Jahren vertrat der für General Motors und Du Pont tätige Finanzexperte John J. Raskob – dessen Prognosen als ziemlich optimistisch eingeschätzt wurden – die Meinung, dass bestimmte Aktien bis zum 15-Fachen ihres Gewinns pro Aktie wert sein könnten. Nach dem Börsenkrach von 1929 waren die Kurs-Gewinn-Verhältnisse natürlich sehr viel niedriger, und noch 1950 lagen die Quoten der im Dow-Jones-Index gelisteten Aktien im Durchschnitt bei etwa 6 zu 1.

Die Ansichten über das Kurs-Gewinn-Verhältnis wurden in den letzten Jahren erheblich revidiert. Einige erfahrene Anleger räumten ein, dass in einer schnell wachsenden Wirtschaft Aktien besonders gesunder Unternehmen durchaus für das 20-Fache ihres Gewinns pro Aktie verkauft werden könnten. Andere professionelle Anleger argumentierten überzeugend, dass die Bedeutung des Kurs-Gewinn-Verhältnisses naturgemäß abnimmt, wenn gesunde Unternehmen über

Sachwerte verfügen, deren Netto-Wiederbeschaffungs- oder Liquidationswerte pro Aktie über den Preisen pro Aktie liegen.

Aber nur wenige erfahrene Investoren begrüßten solche Situationen, wie sie in den Jahren 1960 bis 1962 auftraten, als fieberhafte Käufe die Preise so hochtrieben, dass einige Emissionen für mehr als das 100-Fache ihres Gewinns pro Aktie verkauft wurden. In nicht wenigen Fällen wurden in der Zeit von 1960 bis 1962 schwindelerregende Preise für Aktien von Unternehmen gezahlt, die nur über ein geringes Vermögen und ein fragwürdiges Potenzial verfügten – und die schon seit geraumer Zeit keine nennenswerten Gewinne mehr vorweisen konnten.

Es gibt die Theorie, dass der Boom, der 1960 begann, dadurch verursacht wurde, dass die Menschen Aktien als Hedging gegen die Inflation kauften. Wenn das stimmt, war die wahnsinnige Inflation bestimmter Stammaktienpreise eine äußerst merkwürdige Art und Weise, dies zu erreichen. Aber die Theorie der Absicherung erscheint noch weniger plausibel, wenn man bedenkt, dass die Käufer viele gute Aktien, die nach allen Maßstäben zu niedrig bewertet waren, konsequent ignorierten und sich stattdessen auf bestimmte Titel konzentrierten, die sie auch dann noch kauften, als die Preise bereits ins Unermessliche gestiegen waren. Alles deutet darauf hin, dass die überwiegende Mehrheit der nichtprofessionellen Käufer einer Art Herdentrieb gehorchte und der Masse folgte, um die beliebten Titel zu kaufen, ohne Rücksicht auf die realen Umstände. Viele Anleger folgten bei ihren Überlegungen – wenn sie überhaupt groß nachdachten – eher ihrem Gefühl als ihrem Verstand. Sie suchten nach blitzschnellem Wachstum in Aktien, die bereits höher bewertet waren als das, was auf Basis eines echten Kursniveaus in absehbarer Zeit zu erwarten gewesen wäre.

An der Wall Street gibt es eine alte Redensart, die besagt, dass die Börse für alles, was sie tut, immer einen Grund findet – nachdem sie es getan hat. Unzählige Theorien wurden aufgestellt, um zu erklären, warum der Markt am 28. Mai 1962 zusammenbrach. Von »Verkaufswellen ausländischer Spekulanten« bis hin zur Reaktion der Kennedy-Regierung auf die fehlgeschlagene Preiserhöhung in der Stahlindustrie wurde alles verantwortlich gemacht – eigentlich alles außer den naheliegenden Gründen.

Die Faktoren, die zu einer Panik an den Finanzmärkten führen, sind vielfältig. Im Jahr 1869 zum Beispiel lag die Ursache in dem vergeblichen Versuch von Spekulanten, den Goldpreis in die Höhe zu treiben. In den Jahren 1873 und 1907 lösten Bankenpleiten die Krise aus. Im Jahr 1929 war der Aktienmarkt maßlos überbewertet, und der allgemeine Zustand der amerikanischen Wirtschaft und das Tempo des amerikanischen Wirtschaftswachstums rechtfertigten kaum oder gar nicht die Aktienkäufe, die die Preise auf die gewaltigen Spitzenwerte trieben, von denen sie unweigerlich fallen mussten.

Ungeachtet aller Bemühungen, eine direkte Parallele zwischen dem Crash von 1929 und dem Kurseinbruch von 1962 zu ziehen, haben die beiden praktisch nichts gemeinsam.

Es stimmt, dass einige Segmente des Aktienmarktes in den Jahren 1960 bis 1962 stark überbewertet waren; viel zu viele Aktien wurden viel zu hoch gehandelt. Aber die Konjunkturaussichten der Nation waren 1962 im Allgemeinen gut, und die Wirtschaft wuchs in einem stetigen Tempo. Es gab keine versteckten, tiefgreifend strukturellen Mängel in der Wirtschaft, wie es sie 1929 gegeben hatte.

Es gab noch andere große Unterschiede. Im Jahr 1929 wurden Aktienspekulationen hauptsächlich mit geliehenem Geld durchgeführt; Aktien wurden mit einer sehr geringen Marge gekauft. Als die Kurse einbrachen, brachen auch die Kredite weg.

Dann gibt es natürlich noch den wichtigsten Unterschied von allen, den die notorischen Schwarzseher gerne zu vergessen pflegten:

Der 28. Mai 1962 stellte keinen Börsencrash dar. Es war eine Anpassung – wenn auch eine durchaus heftige.

Wie ich schon sagte, wurden einige Aktien auf dem Höhepunkt des Booms zwischen 1960 und 1962 für mehr als das 100-Fache ihrer Gewinne verkauft. Nun wäre es für ein Unternehmen ziemlich schwierig, so zu expandieren, dass es Aktienkurse rechtfertigt, die das 100-Fache des Gewinns pro Aktie betragen. Selbst unter der Annahme, dass jeder Penny des Unternehmensgewinns in Form von Dividenden an die Stammaktionäre ausgeschüttet wird, würden die Aktionäre immer noch nur eine Rendite von 1 Prozent auf ihre Investition erhalten. Wenn aber alle Gewinne in Form von Dividenden ausgeschüttet würden, bliebe dem Unternehmen kein Geld mehr für die Expansion. Das würde natürlich jede Möglichkeit des Kapitalwachstums ausschließen. Dennoch kauften die Leute trotz dieser offensichtlichen Tatsachen überteuerte Aktien.

Das waren die schwierigen Bedingungen, die sich entwickelten – und die den Aktienmarkt zu Fall brachten. Erfahrene Anleger hätten in der Lage sein müssen, die Warnsignale klar und deutlich zu erkennen, lange vor dem Kurssturz am 28. Mai.

Wie ich bereits erwähnt habe, schoss der Dow-Jones-Index am 13. Dezember 1961 auf sein Allzeithoch von 734,91. Die Abwärtsbewegung begann unmittelbar danach und setzte sich im Dezember 1961 und im Januar 1962 fort. Es gab eine kurze Erholung, die bis März andauerte, als der Dow-Jones über 720 stieg, aber der Graph zeigt, dass die Erholung ungewiss und unbeständig war. Der Abwärtstrend setzte sich im März wieder fort – und die Kurve zeigt von da an einen steilen Abstieg, der nur durch ein paar sporadische Ausschläge nach oben unterbrochen wird.

Der Kurseinbruch vom 28. Mai 1962 hatte seine Anfänge im Dezember 1961. Die Abwärtskorrektur war offensichtlich notwendig und unvermeidlich. Dass sie in dem heftigen Kurssturz vom 28. Mai gipfelte, lag an der emotionalen Reaktion – bis hin zur Panik – unerfahrener Anleger, die nicht erkennen konnten, dass das, was passierte, passieren musste, und, was noch schlimmer war, die fast nichts von dem verstanden, was um sie herum geschah. Um mit Abraham Lincoln zu sprechen: *Alle* Aktienanleger können sich nicht die *ganze* Zeit selbst täuschen. Das böse Erwachen musste kommen – und es kam.

Die Anatomie einer Berg- und Talfahrt an der Börse, wie sie das Land im Jahr 1962 erlebte, ist nicht allzu schwer zu analysieren. Der Ursprung eines Crashs liegt in jedem Boom, der das Tempo der soliden Faktoren übersteigt, die ihm ursprünglich den Anstoß gaben.

Ein alter und ziemlich abgedroschener Witz besagt, dass der einzige Teil eines Autos, der nicht durch eine Sicherheitsvorrichtung narrensicher gemacht werden kann, die Mutter ist, die das Rad hält. Genauso gibt es keine Sicherheitsvorkehrungen, die den gefühlsduseligen Kapitalanleger vor sich selbst schützen könnten.

Nachdem sie den Markt irrational in die Höhe getrieben hatten, bekamen diese von ihren Gefühlen geleiteten Anleger es mit der Angst zu tun und stießen ihre Anteile auf ebenso irrationale Weise ab. Leider ist eine vom Gefühl geprägte Verkaufswelle ein Schneeballsystem, das die Kurse aller Werte mitreißt, auch derjenigen, die eigentlich steigen sollten.

Ich glaube, dass es für die amerikanische Öffentlichkeit absolut notwendig ist, sich folgende Tatsachen bewusst zu machen:

1. Die Wirtschaftslage der Nation war am Freitagnachmittag, dem 25. Mai 1962, als die New Yorker Börse für das Wochenende schloss, relativ intakt.
2. Die US-Wirtschaft war am folgenden Montagmorgen, als die Börse wieder öffnete, ebenso stabil.

3. Die Wirtschaft war im Grunde nicht weniger intakt, als der Handel an diesem hektischen Montag endete. Nur wenige Industrieaufträge – wenn überhaupt – wurden storniert. Nur wenige Arbeitsplätze – wenn überhaupt – gingen verloren. Nur wenige Geschäftsbetriebe – wenn überhaupt – mussten ihre Türen schließen. Nur wenige Groß- und Kleinanleger – wenn überhaupt – wurden vollständig ruiniert, wie es so vielen im Jahr 1929 ergangen war.

Mir ist klar, dass all dies nur ein schwacher Trost ist für diejenigen, die Geld verloren, als die Aktienkurse am 28. Mai fielen. Man kann nur hoffen, dass sie aus der schmerzhaften Lektion eine Lehre gezogen haben.

Der kluge Anleger wird erkennen, dass viele Aktien, die auf dem Markt angeboten werden, immer noch erheblich *unterbewertet* sind. Zum Beispiel gibt es zahlreiche Wertpapiere, die für weniger als ein Drittel oder sogar ein Viertel des Netto-Liquidationswertes pro Aktie des ausgebenden Unternehmens verkauft werden. Um zu verstehen, was dies für den Aktionär bedeuten kann, sollten wir den Fall der Honolulu Oil Company betrachten.

Vor einigen Jahren beschlossen die Direktoren und Aktionäre der Honolulu Oil Company aus Gründen, die nur sie betreffen, das Unternehmen aufzulösen. Ein Unternehmen, an dem ich eine wesentliche Beteiligung halte, und eine andere Ölgesellschaft erfuhren von dieser Entscheidung und signalisierten gemeinsam den Wunsch, die Vermögenswerte von Honolulu Oil zu kaufen.

Die Aktionäre von Honolulu Oil hatten die Wahl zwischen zwei Möglichkeiten, wie sie die Vermögenswerte ihres Unternehmens verkaufen würden. Erstens konnten sie ihre Aktien an die beiden kaufenden Unternehmen verkaufen. Oder aber sie konnten ihre Aktien behalten, die eigentlichen Vermögenswerte verkaufen und den

Erlös unter sich aufteilen, bevor sie ihr Unternehmen formell auflösten.

Die Aktionäre von Honolulu Oil wählten die letztere Variante. Die Aktien des Unternehmens wurden zu einem Preis von etwa 30 Dollar pro Aktie verkauft – aber die Sachwerte waren so wertvoll, dass der Preis, den die Käufer dafür zahlten, bei etwa 100 Dollar pro Aktie lag. Dies war dementsprechend die Summe, die jeder Honolulu-Aktieninhaber für jede Aktie erhielt, die er zum Zeitpunkt der Auflösung des Unternehmens hielt. Mit anderen Worten: Der Barwert der Vermögenswerte von Honolulu Oil war mehr als dreimal so hoch wie der Gesamtwert der ausgegebenen Aktien.

Natürlich können die Aktionäre diese besondere Art von Marktlagengewinn nur ernten, wenn das betreffende Unternehmen aufgelöst wird. Aber es sollte klar sein, wie viel zusätzliche Sicherheit es gibt, in ein Unternehmen zu investieren, das über materielle Vermögenswerte verfügt, deren Netto-Liquidierungswert größer ist als der Wert seiner Aktien. Wenn zum Beispiel der Netto-Liquidierungswert das Dreifache des Aktienwerts beträgt, dann ist jeder Dollar der Investition des Aktionärs durch 3 Dollar an realisierbaren Vermögenswerten gesichert.

Es gibt mehr solcher Unternehmen, als man sich vorstellen kann. Sie sind in verschiedenen Branchen zu finden, aber ich bin am ehesten mit Unternehmen der Erdölindustrie vertraut, insbesondere mit solchen, die sich mit der Ölförderung beschäftigen.

Mehrere Ölaktien, die von soliden, florierenden Unternehmen ausgegeben werden, werden zu Preisen verkauft, die gut innerhalb der Grenzen eines vernünftigen Kurs-Gewinn-Verhältnisses liegen. Einige dieser Ölgesellschaften verfügen zudem über Sachwerte, die das Drei-, Vier- oder sogar Mehrfache des Gesamtwerts ihrer ausgegebenen Aktien betragen. Es ist vielleicht von Interesse, hier zumindest einen Grund zu betrachten, warum dies so ist. Produzierende Ölgesellschaften weisen ihre Öl- und Gaspachtverträge in der Regel zu Anschaffungskosten in ihren Bilanzen aus. Ein Pachtvertrag, für den ein Unternehmen zum Beispiel 25 000 Dollar bezahlt hat, wird zu diesem Wert bilanziert, auch wenn er ein Grundstück umfasst, auf dem die nachgewiesenen Rohölreserven 50 Millionen Barrel betragen können. In den Büchern wird die Pacht als Vermögenswert im Wert von 25 000 Dollar ausgewiesen, obwohl jede andere Erdölgesellschaft sofort mehrere Millionen Dollar zahlen würde, um sie zu übernehmen. Die Auswirkungen dieser buchhalterischen Logik werden dem aufmerksamen Investor nicht entgehen. Ähnliche Situationen gibt es in vielen anderen Branchen, und ein kluger Investor wird sie finden und daraus Kapital schlagen.

Mein eigenes Vertrauen in den Aktienmarkt ist weder durch den Kurseinbruch vom 28. Mai noch durch spätere Kursverluste erschüttert worden. Ich bin immer noch ein großer Anhänger von Stammaktien. Ich setze immer noch – in der Größenordnung von vielen Millionen Dollar – auf das gesunde Klima der amerikanischen Wirtschaft und die glänzende Zukunft der amerikanischen Unternehmen.

Dies ist im Wesentlichen der einzige Rat, den ein erfolgreicher, erfahrener Kapitalanleger jedem geben kann, der die Vorteile eines Aufschwungs nutzen und die Verluste eines Abschwungs vermeiden möchte.

KAPITEL 15
EINE REALISTISCHE EINSTELLUNG ZU IMMOBILIEN

Fast jede amerikanische Familie kann Geschichten über sagenhafte Gelegenheiten rund um eine Immobilie erzählen, die irgendwann in der Vergangenheit von dem einen oder anderen Familienmitglied verpasst oder ignoriert wurden.

»Vor 40 Jahren lehnte mein Großvater die Chance ab, 1 000 Morgen Land, etwa 4 Quadratkilometer, für 10 Dollar pro Morgen zu kaufen. Heute ist dieses Land 30 000 Dollar pro Morgen wert ...«

»1932 hätte ich ein leeres Grundstück am Südende der Main Street für 750 Dollar kaufen können. Letzte Woche wurde dasselbe Grundstück für 20 000 Dollar verkauft ...«

»Kurz vor dem Zweiten Weltkrieg haben wir unser Haus für 5 000 Dollar verkauft. Jetzt ist allein das Grundstück, auf dem das Haus stand, mehr als das Zehnfache davon wert ...«

Solche Geschichten hört man immer dann, wenn Immobilien zum Thema werden. Ich kann mehr als ein paar über meine eigene Familie erzählen – und über mich selbst.

In den 1880er-Jahren hatte die Stadt Detroit in Michigan eine Einwohnerzahl von etwa 116 000. Der Schwager meiner Mutter, Travers Leach, besaß eine 160 Morgen große Farm außerhalb der damaligen Stadtgrenzen von Detroit. Irgendwann vor der Jahrhundertwende verkaufte Leach die Farm für ein paar Tausend Dollar und machte dabei einen, wie er meinte, ordentlichen Gewinn.

Leider konnte Travers Leach nicht ahnen, dass die Einwohnerzahl von Detroit bis 1920 auf fast 1 000 000 ansteigen würde und dass ein komplettes Stadtgebiet wie ein Pilz aus dem Boden schießen und sein Farmland verschlingen würde. Hätte er an seiner Farm festgehalten, wären er und seine Erben Multimillionäre geworden. Um 1920 war jeder seiner 160 Morgen ein Vielfaches dessen wert, was der gesamte Besitz in den 1890er-Jahren wert gewesen war. Heute würde ein 160-Morgen-Grundstück im Herzen von Detroit natürlich eine astronomische Summe einbringen.

Im Jahr 1906 hätte mein Vater Santa Catalina Island, eine 70 Quadratmeilen große Insel vor der südkalifornischen Küste, für nur 250 000 Dollar kaufen können. Er lehnte das Angebot ab. Catalina Island wurde später vom Wrigley-Konzern gekauft und in eines der bekanntesten und profitabelsten Urlaubsgebiete an der Westküste verwandelt. Seit Jahren wird der Wert von Santa Catalina Island auf einen zweistelligen Millionenbetrag geschätzt.

In den Jahren der Wirtschaftskrise hätte ich in Südkalifornien und anderswo riesige Parzellen mit unbebautem Land für nur wenige Dollar pro Morgen ergattern können. Damals lagen die Grundstücke weit außerhalb der Grenzen von Städten und Gemeinden. Seit 1945 sind die Städte in Windeseile gewachsen und haben sich in alle Richtungen ausgebreitet. Die einst praktisch wertlosen Grundstücke sind zu blühenden Wohn- oder Industriegebieten geworden. Viel Land, das in den Tagen der Wirtschaftskrise für nur 500 Dollar pro

Morgen – und sogar noch weniger – verkauft wurde, bringt heute 50 000 Dollar und mehr pro Morgen ein.

Aber für jede solche Geschichte einer verpassten Chance gibt es eine, die von Chancen erzählt, die erkannt und voll genutzt wurden. Es liegt auf der Hand, dass irgendjemand letztlich riesige Gewinne mit Travers Leachs Farmland in Detroit einfahren konnte. Der Wrigley-Konzern erkannte das Potenzial von Catalina Island, kaufte es und profitierte entsprechend. Andere Leute kauften die Grundstücke, die ich in den 1930er-Jahren ablehnte, und fuhren schließlich gigantische Gewinne ein, indem sie das Land aufteilten und als Bauland erschlossen.

Mein Vater mag seine Chance, Catalina Island zu einem Schnäppchenpreis zu kaufen, verpasst haben, aber er tätigte viele andere schlaue und profitable Immobilieninvestitionen. Im Jahr 1907 kaufte er ein Stück Land am Wilshire Boulevard in Los Angeles für etwa 10 000 Dollar und baute darauf unseren Familiensitz. Das Land lag damals weit außerhalb der bebauten Gebiete der Stadt – so weit außerhalb, dass es auf allen Seiten von Wiesen umgeben und die nächste asphaltierte Straße mehr als eine Meile entfernt war. In den 1920er-Jahren wurden ihm 300 000 Dollar für das Grundstück geboten, doch er lehnte den Verkauf ab. Das Anwesen, das sich immer noch im Besitz von Getty-Firmen befindet, ist heute etwa 2 Millionen Dollar wert.

Ich selbst habe Immobilien zu Tiefstpreisen gekauft und habe gesehen, wie der Wert der Objekte im Laufe meines Lebens gestiegen ist – oft sogar innerhalb weniger Jahre. Bei einer Gelegenheit vor einigen Jahren kaufte ich zum Beispiel mehrere Dutzend Morgen Land in Malibu, Kalifornien, und zahlte etwa 150 000 Dollar für das Grundstück. Heute, so sagen mir Immobilienmakler, könnte ich wahrscheinlich 4 Millionen Dollar mit meiner Investition erzielen, wenn ich das Land aufteilen und verkaufen würde.

Ich bin selten bestrebt, nur um des schnellen Gewinns willen zu verkaufen. Ich erinnere mich immer an die Pacht, die ich für 8 000 Dollar von einem Freund kaufte, der sein Geld damit auf einen Schlag verdoppelte.

Später führte ich auf diesem Grundstück vier Ölbohrungen durch, und in den nächsten zwölf Jahren erbrachten diese vier Bohrungen eine überdurchschnittliche Ausbeute – einen Nettogewinn von 800 000 Dollar.

Ich habe diese Beispiele für meine erfolgreichen Immobiliengeschäfte nicht angeführt, um zu prahlen oder mich zu brüsten. Ich habe sie nur erwähnt, um zu zeigen, dass Immobilien eine hochprofitable Form der Investition sein können.

Auf den ersten Blick mag es so aussehen, als ob ich es für einfach hielte, mit Immobilien Geld zu verdienen. Ich erwecke vielleicht den Anschein, als vertrete ich die Theorie, dass man nur billiges Land weit außerhalb der Expansionsgrenzen einer Stadt kaufen und dann warten muss, bis die Stadt an das Grundstück heranreicht, und dass der Käufer Geld verdienen wird, wenn er sein Grundstück lange genug halten kann.

Leider ist es selten so einfach. Der Immobilieninvestor kann sich nie sicher sein, dass die Städte in eine bestimmte Richtung wachsen, ja nicht einmal, dass sie überhaupt wachsen werden. Wenn er ein Grundstück innerhalb der Stadt kauft, eine sogenannte Renditeimmobilie, hat er keine Gewissheit, dass diese im Wert steigen wird. Sie kann sogar an Wert verlieren, wenn zum Beispiel ein Viertel nicht mehr beliebt ist.

Dann ist der Kauf eines unbebauten Grundstücks, egal, wie niedrig der Preis ist, immer noch mit einem Kapitalaufwand verbunden – und das Kapital muss unter Umständen sehr lange gebunden werden, ohne dass es Erträge abwirft, bevor die Immobilienwerte steigen. Hinzu kommen Grundsteuern, Grundbesitzabgaben und andere Ausgaben, die sich im Laufe der Jahre zu großen Summen addieren können.

Vor einiger Zeit kaufte ein Freund von mir 200 unbebaute Morgen am nördlichen Rand einer Stadt im Mittleren Westen und zahlte 100 000 Dollar für das Land. Er lag mit seiner grundsätzlichen Annahme richtig, dass die Stadt sich ausdehnen und wachsen würde – aber er konnte nicht vorhersehen, dass, wenn dies der Fall sein würde, der öffentliche Geschmack und die Vorlieben dazu führen würden, dass das Wachstum in den südlichen und östlichen Teilen der Stadt stattfinden würde.

Mein Freund ist immer noch Eigentümer des Grundstücks, das heute nicht mehr wert ist als damals, als er es kaufte. Seine Investition von 100 000 Dollar hat ihm seit mehr als einem Jahrzehnt absolut kein Einkommen gebracht, und er musste jährlich Grundsteuern für das Grundstück zahlen. Darüber hinaus hat er beträchtliche Summen ausgegeben, um Käufer für das Grundstück zu finden – alles ohne Erfolg. Er hat bereits erhebliche finanzielle Verluste erlitten. Er wird weiterhin Geld mit seiner Investition verlieren, es sei denn, er kann das Land verkaufen, denn es gibt keine Anzeichen dafür, dass die nördlichen Außenbezirke der Stadt jemals die Gunst von Hausbesitzern oder Industrieunternehmen finden werden.

Kurzum, ein potenzieller Investor muss immer bedenken, dass Immobilien zwar eine hochprofitable Anlageform sein können, sich aber auch als ziemlich riskant erweisen können. Oft gibt es viele unterschiedliche Faktoren, die den Wert einer Immobilie beeinflussen, und diese Faktoren sind selbst für erfahrene Betrachter nicht immer offensichtlich. Es ist manchmal schwierig, den Wert einer bestimmten Immobilie genau einzuschätzen, und Fehler bei der Schätzung können kostspielig sein. Ein weiterer potenzieller Nachteil bei umfangreichen Investitionen in Immobilien ist, dass eine Person, die einen großen Teil ihres Kapitals in Immobilien bindet und dann plötzlich Bargeld benötigt, es möglicherweise nicht leicht hat, schnell zu verkaufen und Bargeld zu realisieren, ohne erhebliche Verluste zu erleiden.

Bei Immobilien, wie auch am Aktienmarkt, ist es der kluge, geduldige Investor, der auf lange Sicht am ehesten Geld verdienen wird. Der Immobilienspekulant kann, wie sein Pendant an der Börse, kurzfristig Gewinne erzielen, aber er geht viel größere Risiken ein, und seine Gewinne werden nie auch nur annähernd so hoch sein wie die des Investors.

Es gibt zwei Arten von Immobilieninvestoren. Zur ersten gehören diejenigen, die zu sehr niedrigen Preisen kaufen, bevor ein Aufwärtstrend einsetzt, und ihre Immobilien viele Jahre lang halten und geduldig darauf warten, dass die Werte auf ein hohes Niveau steigen. Sie kaufen unbebaute Grundstücke, möglicherweise mit der Absicht, sie zu unterteilen, oder sie kaufen Renditeimmobilien, von denen sie hoffen, dass sie irgendwann im Wert steigen, auch wenn sie regelmäßige Renditen auf ihr investiertes Kapital abwerfen. Der zweite Typus des Immobilieninvestors kauft kurz nachdem ein Immobilienboom bereits eingesetzt hat. Er zahlt mehr für eine Immobilie als Investoren der ersten Kategorie, weil die Preise bereits im Steigen begriffen sind, wenn er in den Markt einsteigt. Andererseits bindet er sein Kapital für viel kürzere Zeiträume.

Natürlich würde jeder gerne zur ersten Kategorie von Investoren gehören. Das Problem ist, dass nicht allzu viele Menschen über große Kapitalbeträge verfügen, die sie investieren und über längere Zeit mehr oder weniger brachliegen lassen können. Auch gibt es nicht viele Leute, die einen Boom früh genug vorhersehen oder seine Dauer genau genug abschätzen können, um ihn zu ihren Gunsten zu nutzen.

Ein Bekannter von mir hat die Wohnungsknappheit der Nachkriegszeit richtig vorausgesehen und 1943 mehrere große Mehrfamilienhäuser zu vergleichsweise niedrigen Preisen gekauft. Im Jahr 1950 wurden ihm 80 Prozent mehr geboten, als er für die Immobilien bezahlt hatte.

»Ich will verkaufen«, verkündete er seinem Immobilienmakler. »Ich habe in den letzten sieben Jahren ein ziemlich gutes Geschäft mit meiner Investition gemacht, aber ich denke, ich sollte den Gewinn jetzt einstreichen. Ich glaube nicht, dass die Immobilienwerte noch höher steigen können als derzeit.«

»Ich glaube, Sie begehen einen großen Fehler«, mahnte der Makler. »Wenn ich an Ihrer Stelle wäre, würde ich noch warten. Die Immobilienwerte werden in den nächsten Jahren noch erheblich steigen. Sie werden eine großartige Gelegenheit verpassen, wenn Sie jetzt verkaufen.«

Der Mann ignorierte den weitsichtigen Rat seines Maklers und verkaufte seine Mietshäuser im Jahr 1950. Seitdem hat er seine Entscheidung bereut. Heute sind die Immobilien mindestens das Dreifache dessen wert, was er 1943 für sie bezahlt hat.

Den gleichen Fehler haben viele Investoren während des aktuellen Immobilienbooms gemacht. Sie verkauften vorzeitig, weil sie davon überzeugt waren, dass der Höhepunkt bereits erreicht war oder binnen kürzester Zeit erreicht werden würde. Sie fürchteten sich vor den Folgen des Niedergangs, von dem sie überzeugt waren, dass er jetzt kommen würde. Ihre Überlegungen und Befürchtungen basierten auf Erfahrungen aus der Vergangenheit oder auf der Erinnerung an die Geschichte solch unheilvoller Immobilienbooms wie von jenem, der in den 1920er-Jahren in Florida, Kalifornien und anderswo die Immobilienpreise in den Abgrund trieb.

Ich persönlich glaube nicht, dass es irgendeine Ähnlichkeit zwischen jenem Boom und dem Boom gibt, der am Ende des Zweiten Weltkriegs begann und bis heute anhält. Die großen Immobilienblasen, die in den wilden 1920er-Jahren entstanden – und dann so katastrophal geplatzt sind –, wurden fast ausschließlich durch rein spekulative Käufe und Verkäufe angeheizt. Trotz aller hektischen Aktivität des Immobilienhandels gab es auf Seiten der Spekulanten kaum einen echten Wunsch nach Eigentum. In jenen Tagen konnte ein Grundstück Dutzende Male den Besitzer wechseln – und tat es oft auch –, aber nicht, weil irgendjemand irgendwo tatsächlich ein Grundstück besitzen, ein Haus bauen oder ein Renditeobjekt unterhalten wollte. Jeder momentane »Besitzer« eines Grundstücks hatte nur einen einzigen Gedanken im Kopf – so schnell wie möglich zu verkaufen und einen möglichst großen Gewinn zu machen.

So gab es zum Beispiel 1925 allein in Miami in Florida schätzungsweise 2000 Immobilienunternehmen und 25000 Immobilienmakler. Theoretisch verkauften sie Immobilien – von einzelnen Grundstücken bis hin zu riesigen Landstrichen. In der Praxis war all das, was die meisten von ihnen verkauften, »Verbindlichkeiten«. Der Käufer zahlte einen kleinen Prozentsatz des vereinbarten Kaufpreises eines Grundstücks und erhielt eine Quittung, die eine Verbindlichkeit darstellte; das Grundstück gehörte dann ihm, bis die nächste Zahlung 30 oder 60 Tage später fällig wurde. Die überwältigende Mehrheit der Käufer verkaufte ihre Verbindlichkeiten, sobald sie einen Gewinn damit erzielen konnten. Da die Preise in die Höhe schossen, mussten sie selten länger als ein paar Tage – oder höchstens ein paar Wochen – warten, bis sie einen anderen fieberhaften Spekulanten fanden, der ihnen mehr Geld gab, als sie bezahlt hatten.

In der folgenden Anekdote, die auf dem Höhepunkt des Grundstücksbooms in Florida in den 1920er-Jahren die Runde machte, steckt weit mehr Wahrheit als Humor. Der Erzählung nach hatte ein Immobilienmakler aus Miami einen Kaufinteressenten mitgenommen, um sich ein trostloses und völlig unbrauchbares Sumpfgebiet anzusehen. Der Kunde starrte bestürzt auf die unwirtliche Landschaft.

»Niemand könnte jemals etwas auf diesem Land bauen!«, sagte er. »Es ist wertlos!«

»Na und?«, sagte der Makler achselzuckend. »Das Land hier unten ist nicht zum Besitzen da, sondern zum Handeln ...!«

Der Immobilienboom nach dem Zweiten Weltkrieg ist ein völlig anderer als der in den 1920er-Jahren. Es gibt eine massive Nachfrage nach Baugrundstücken, nach Häusern, Gewerbe- und Industrieflächen und -gebäuden sowie nach Renditeobjekten. Die Menschen und die Firmen, die solche Immobilien auf dem Markt suchen, sind ernsthaft daran interessiert. Sie wollen Häuser, Läden, Fabriken – oder was auch immer – kaufen oder bauen, um sie selbst zu nutzen oder um sie an andere zu vermieten oder zu verpachten, um damit Einkommen zu erzielen. Kurz gesagt, sie wollen die Immobilien, die sie kaufen, wirklich besitzen. Die Zahl der reinen Spekulanten ist heute, soweit ich sehen kann, vernachlässigbar.

Die heutigen Immobilienpreise sind nicht deshalb so hoch, weil sie durch rücksichtslose Spekulation in die Höhe getrieben wurden, wie es in der Vergangenheit so oft der Fall war. Die Preise sind gestiegen, weil eine ständig wachsende Bevölkerungszahl mit Geld zum Investieren eine große Nachfrage nach Immobilien aller Art in fast allen Teilen des Landes geschaffen hat und weiterhin schafft.

Ich für meinen Teil rechne in absehbarer Zeit nicht mit einem großen Einbruch bei den Immobilienwerten. Es kann sein, dass sich hier und da ein paar Schwachstellen ergeben und dass es in manchen Gegenden Tendenzen zum Überangebot oder zur Überbebauung gibt, aber ich glaube, dass sich der positive Trend bei Immobilien noch eine ganze Weile fortsetzen wird.

In letzter Zeit haben die Unternehmen, an denen ich erhebliche Anteile halte, beträchtliche Investitionen in Immobilien getätigt. Das Gebäude der Tidewater Oil Company am Wilshire Boulevard in Los Angeles wurde vor nicht allzu langer Zeit mit einem Kostenaufwand von fast 10 Millionen Dollar fertiggestellt. Dieses Gebäude soll nach Auslaufen der derzeit geltenden restriktiven Bebauungsvorschriften noch weiter ausgebaut werden. In das neue 15-stöckige Skelly Oil Company Building in Tulsa, Oklahoma, wurden ebenfalls 10 Millionen Dollar investiert. Das noch neuere 22-stöckige Getty Oil Company Building in New York City erforderte eine Investition von rund 14 Millionen Dollar.

Ich glaube, dass die von diesen Unternehmen und mir in den letzten Jahren getätigten Immobilieninvestitionen ein überzeugender Beweis für das Vertrauen sind, das meine Geschäftspartner und ich in die tatsächliche Bedeutung von Immobilienwerten haben.

Investoren können heute viele potenziell profitable Möglichkeiten im Bereich Immobilien finden. Sie müssen jedoch wissen, was sie tun, bevor und nachdem sie ihr Geld investieren, wenn sie hoffen, Gewinne zu erzielen. Ich habe bereits darauf hingewiesen, dass Immobilien für Unerfahrene nicht immer die sicherste Form der Investition sind. Das gilt sogar für die häufigste Art der Immobilieninvestition: den Kauf oder Bau eines Hauses.

Der Bauherr oder Käufer sollte bei der Auswahl des Grundstücks oder Hauses, das er kauft, große Sorgfalt walten lassen. Er sollte sich zum Beispiel gründlich mit den Bebauungsvorschriften vertraut machen, die das Bauen und die Nutzung von Grundstücken in der Nachbarschaft oder dem Gebiet regeln, in dem sich das Grundstück befindet, das er kaufen möchte. Es reicht nicht aus, nur den Immobilienverkäufer oder die Nachbarn zu fragen. So manche glückliche Familie ist schon in ihr weinumranktes Traumhäuschen eingezogen, um dann eines schönen Morgens festzustellen, dass nebenan eine Klebstofffabrik oder eine Kläranlage gebaut wurde.

Der Bauherr oder Käufer sollte auch etwas – und je mehr, desto besser – vom Bauen verstehen. Er sollte in der Lage sein zu beurteilen – zumindest in angemessenem Rahmen –, ob ein Haus gut gebaut ist oder nicht. Wenn er selbst nicht über solche Dinge Bescheid weiß, sollte er auf jeden Fall jemanden beauftragen, der sich damit *auskennt*, das Haus vor dem Kauf für ihn zu inspizieren oder den Stand der Bauarbeiten im Auge zu behalten, wenn er selbst baut.

Was den professionellen oder semiprofessionellen Immobilieninvestor anbelangt, so muss er über ein breites Spektrum an Kenntnissen verfügen, die von der Architektur bis zum Baurecht reichen, um überhaupt eine Aussicht auf Erfolg zu haben. Er sollte sich auch einen überdurchschnittlich guten Anwalt nehmen. Wenn es stimmt, dass das Recht auf der Seite des Besitzenden steht, stimmt es ebenso, dass neun Zehntel der Probleme, die mit dem Besitz von Immobilien verbunden sind, rechtlicher Natur sind.

Es ist kaum möglich, spezifische, allgemeingültige Regeln aufzustellen, an denen sich der Immobilieninvestor orientieren kann. Dafür gibt es viel zu viele verschiedene Arten von Immobilien – von einzelnen Grundstücken in unbewohnten Gebieten bis hin zu ganzen Komplexen von Wohn-, Industrie- oder Geschäftsgebäuden. Die Regeln, die Investoren befolgen – oder befolgen sollten –, variieren stark je nach Art der Immobilie, der beabsichtigten Nutzung sowie lokaler und auch individueller Erwägungen. Nichtsdestotrotz gibt es einige allgemeine Regeln und Tipps, ja eine wertvolle Checkliste der Dinge, die man tun und lassen sollte. Sie ist wichtig für jeden, der mit dem Gedanken spielt, in irgendeine Art von Immobilie zu investieren.

1. Informieren Sie sich vor dem Kauf eingehend über den Immobilienmarkt und seine Aussichten in Ihrer Gegend. Natürlich sollten Sie versuchen zu kaufen, wenn die Preise niedrig sind und die Anzeichen dafürsprechen, dass die Werte steigen werden. Berücksichtigen Sie immer Faktoren wie die Wachstumsrate der Bevölkerung und die allgemeinen Geschäftsaussichten in der Gegend. Es gibt im Immobiliengeschäft keinen schnelleren Weg, Geld zu verlieren, als es in Immobilien zu investieren, die sich in strukturschwachen Gebieten befinden.

2. Informieren Sie sich so gut wie möglich über jeden Aspekt der speziellen Nutzung, die Sie mit der Immobilie, die Sie kaufen möchten, beabsichtigen. Mit anderen Worten: Kaufen Sie kein Haus, wenn Sie nicht sicher sind, dass es für die Bedürfnisse Ihrer Familie geeignet und gut gebaut ist. Planen Sie nicht, ein Haus bauen zu lassen, wenn Sie nicht etwas vom Bauen verstehen – oder zumindest, bis Sie einen Architekten und einen Bauunternehmer gefunden haben, zu denen Sie volles Vertrauen haben.
   Ziehen Sie nicht in Erwägung, beispielsweise ein Motel zu kaufen, wenn Sie nicht genug über das Hotelgewerbe wissen, um eine faire Chance zu haben, es gewinnbringend zu betreiben – oder aber, bis Sie genug wissen, um jeden effizient zu beaufsichtigen, den Sie anstellen, um das Motel für Sie zu führen.
3. Arbeiten Sie nur mit lizenzierten und seriösen Immobilienmaklern zusammen. Hüten Sie sich vor dem geschwätzigen, unter hohem Druck stehenden Immobilienverkäufer, der alles verspricht – verbal. Er ist wahrscheinlich ein Luftikus, jemand, der sich nicht viel darum schert, was er Ihnen oder anderen verkauft.
4. Wenn Sie eine Immobilie mit der Absicht kaufen, sie zu sanieren oder zu bebauen, vergewissern Sie sich, dass Sie über ausreichendes Kapital verfügen oder in der Lage sind, eine angemessene Finanzierung zu erhalten, um das Projekt abzuschließen.
5. Holen Sie, wenn möglich, immer mindestens ein unabhängiges Gutachten für eine Immobilie ein, bevor Sie sie kaufen.
6. Wenn Sie ein Gebäude jeglicher Art kaufen – sei es ein Cottage in Cape Cod, ein Hotel mit 1000 Zimmern oder ein riesiges Fabrikgelände –, lassen Sie es sorgfältig von qualifizierten und unabhängigen Architekten oder Bauunternehmern inspizieren, bevor Sie irgendwelche Bauverpflichtungen eingehen. Wenn Sie eine bestehende Ertragsimmobilie wie zum Beispiel ein Apartmenthaus kau-

fen, lassen Sie die Bücher des Eigentümers von einem unabhängigen Wirtschaftsprüfer durchsehen. Wenn der Eigentümer des Gebäudes oder der Renditeimmobilie eine solche Prüfung ablehnt, ist Vorsicht geboten.

7. Egal, ob Sie auf dem Immobilienmarkt ein Ferienhaus oder einen Wolkenkratzer suchen, informieren Sie sich gründlich und mit Bedacht. Wenn Sie nicht gerade auf ein unwiderstehliches Schnäppchen stoßen, bei dem Sie unbedingt sofort zuschlagen müssen, sollten Sie sich Zeit lassen, um sich zu entscheiden. Lassen Sie sich nicht dazu drängen, eine Anzahlung zu leisten, bevor Sie nicht absolut sicher sind, dass Sie die gewünschte Immobilie gefunden haben. Denken Sie daran, dass der Kauf einer Immobilie in der Regel mit einem hohen Kapitaleinsatz verbunden ist; gehen Sie kein unnötiges Risiko mit Ihrem Geld ein.
8. Vergewissern Sie sich, dass Sie die bestmögliche Rechtsberatung hinzuziehen, bevor Sie irgendwelche Vereinbarungen, Verträge oder andere Dokumente unterschreiben. Ich möchte damit nicht andeuten, dass die meisten dieser Dokumente unredlich oder irreführend sind. Aber nur wenige Laien sind in der Lage, der juristischen Terminologie zu folgen, die in diesen Dokumenten verwendet wird. Um Missverständnisse zu vermeiden, ist es immer am besten, einen Anwalt zu beauftragen, die versteckten Klauseln und das »Kleingedruckte« allgemeinverständlich aufzubereiten. Selbst erfahrene Immobilieninvestoren versäumen dies manchmal – und die daraus resultierenden Streitigkeiten zwischen Käufern und Verkäufern enden meist vor Gericht.
9. Achten Sie immer darauf, dass Sie den Eigentumstitel jeder gekauften Immobilie versichern. Selbst die sorgfältigste Recherche nach dem Eigentumsrecht kann nicht alle relevanten Fakten über die Geschichte einer Immobilie zutage fördern. Die Kosten für

eine Rechtsschutzversicherung sind unbedeutend. Die Kosten eines Rechtsstreits über einen unklaren Eigentumsanspruch können schwindelerregend sein – wie viele Immobilieninvestoren, darunter auch ich, zu ihrem Bedauern feststellen mussten.

10. Sobald Sie Ihre Immobilie erworben haben, behandeln Sie sie als langfristige Investition, nicht als kurzfristige Spekulation. Sie werden feststellen, dass Sie auf diese Weise – in 99 von 100 Fällen – viel größere Gewinne erzielen werden. Tatsächlich sollten Sie, wenn Sie mit Immobilien Geld verdienen wollen, immer in Begriffen des Investierens und niemals in Begriffen des Spekulierens denken.

Diese zehn Punkte sind keineswegs ein allumfassender Leitfaden für erfolgreiche Immobilieninvestitionen. Und wer sie befolgt – und sei es noch so gewissenhaft –, hat auch keine Garantie, dass er bei der Anlage seines Geldes in Immobilien einen Gewinn erzielen wird.

Aber ich glaube, dass derjenige, der diese Regeln beachtet, einen großen Teil der häufigsten Gefahren, die bei jeder Transaktion mit Immobilien auftreten, ausschließen kann. Und das allein reicht schon aus, um ihm einen Vorsprung auf dem Weg zu einer erfolgreichen Immobilieninvestition zu verschaffen.

KAPITEL 16

DIE SCHÖNEN KÜNSTE SIND DAS SCHÖNSTE INVESTMENT

Zeitungsredakteure räumen der Kunst nur selten Platz auf der Titelseite ein – und das ist schade. Aber das Thema machte vor Kurzem weltweit Schlagzeilen, als die große Erickson-Sammlung alter Meister in New York City versteigert wurde. Unter den 24 Gemälden, die der verstorbene Werbemagnat Alfred W. Erickson gesammelt hatte und die von den Nachlassverwaltern seiner Witwe zum Verkauf angeboten wurden, befanden sich ein großer und zwei kleinere Rembrandts, ein Fragonard, ein Crivelli und Werke von Holbein dem Jüngeren, Van Dyke, Cranach dem Älteren und Terborch.

Der große Rembrandt, *Aristoteles vor der Büste des Homer,* und Fragonards *Die junge Leserin* sind außergewöhnlich erlesene Stücke, bei denen jedem Sammler oder Museumskurator das Wasser im Mund zusammenläuft. Man war sich einig, dass die Gemälde Rekordpreise erzielen würden, und schon Wochen vor der Auktion spekulierte die gesamte Kunstwelt über die zu erwartenden Summen und die Höchstgebote. Die Schätzungen lagen bei 1800 000 Dollar für den Rembrandt und 350 000 Dollar für den Fragonard.

Tatsächlich waren die bei der Auktion gebotenen und gezahlten Beträge weitaus höher als jene, die selbst die erfahrensten Experten prognostiziert hatten. *Aristoteles vor der Büste des Homer*, der einzige bedeutende Rembrandt, der sich zum Zeitpunkt der Auktion nicht in einem Museum befand, wurde vom New Yorker Metropolitan Museum of Art erworben, das dafür stolze 2300000 Dollar zahlte. Dieser Preis war der mit Abstand höchste, der jemals für ein einzelnes Gemälde gezahlt worden ist, doppelt so hoch wie der bisherige Rekord von 1166400 Dollar, den Andrew Mellon 1931 an die sowjetische Regierung zahlte, um Raffaels *Alba Madonna* aus der Sowjetunion in die National Gallery of Art in Washington zu holen.

Fragonards *Die junge Leserin* brachte 875000 Dollar ein und wurde ebenfalls für die National Gallery erworben. Das war der zweithöchste Preis, der je bei einer Kunstauktion für ein Gemälde gezahlt worden ist, seit 1959, als Rubens' *Anbetung der Könige* für 770000 Dollar verkauft wurde. Ich habe übrigens an dieser Auktion teilgenommen und bin bis auf 560000 Dollar mitgegangen, bevor ich aus dem Bieterrennen ausgestiegen bin.

All das zeigt nur, dass der Kunstmarkt floriert und dass Kunst in mehrfacher Hinsicht eine gute – und möglicherweise die beste – Investition ist. Tatsächlich ist Kunst schon seit langer Zeit eine ausgezeichnete Wertanlage.

Alfred Erickson erwarb *Aristoteles vor der Büste des Homer* im Jahr 1928 von der Kunsthandlung Duveen Brothers. Damals bezahlte er 750000 Dollar dafür. Während der Weltwirtschaftskrise verkaufte er das Werk für 500000 Dollar an die Duveens zurück und 1936 kaufte er es erneut, diesmal für 590000 Dollar. Nach einfacher Rechnung hat er also insgesamt 840000 Dollar für das Bild bezahlt – die Differenz zwischen diesem Gesamtkaufpreis und dem letzten Verkaufspreis beträgt demnach 1460000 Dollar.

Auf den ersten Blick sieht es zwar so aus, dass Erickson zwischen dem ersten Erwerb des Gemäldes und dessen Rückverkauf an die Duveens einen Verlust von einem Drittel erlitten hat. Dies muss jedoch vor dem Hintergrund der allgemeinen wirtschaftlichen Lage zu den jeweiligen Zeitpunkten betrachtet werden. Alfred Erickson kaufte zum ersten Mal im Jahr 1928, einem Jahr des höchsten Wohlstandes. Er verkaufte, als sich die Wirtschaftskrise ihrem dramatischen Tiefpunkt näherte.

Um eine richtige Einschätzung zu gewinnen, muss man sich vergegenwärtigen, was in den entsprechenden Zeiträumen mit der Wirtschaft und allen Formen von Investitionen geschah. Die Aktien stürzten ab, sogar so erstklassige Blue-Chip-Aktien wie U.S. Steel, die von einem Höchststand von 261,75 auf 21,25 fielen. Im Jahr 1932 arbeitete die US-Industrie mit weit weniger als 50 Prozent der Spitzenwerte, die sie vor dem Crash von 1929 erreicht hatte. Die ausgezahlten Löhne lagen 1932 um 60 Prozent unter denen von 1929; die Dividenden der Unternehmen, die noch in der Lage waren, Dividenden zu zahlen, lagen um 57 Prozent niedriger. Vor diesem Hintergrund scheint Ericksons vorübergehender Verlust auf sein Gemälde um ein Drittel ein überzeugender Beleg für meine Behauptung zu sein, dass Kunst eine ausgezeichnete Investition *ist*.

Verstehen Sie mich bitte nicht falsch. Da ich selbst Sammler bin, wäre ich der letzte Mensch auf der Welt, der behaupten würde, dass Alfred W. Erickson – oder jeder andere ernsthafte Sammler – Kunstwerke mit dem Ziel kaufen würde, bei ihrem späteren Verkauf einen finanziellen Gewinn zu erzielen. Ich weiß nur zu gut, dass Kunstsammler eben notorische Sammler und keine Kunsthändler sind.

Die Kunstkritikerin Aline B. Saarinen, die die Motive großer amerikanischer Kunstsammler analysiert, schreibt: »Ihr vorherrschender gemeinsamer Nenner ist dieser: Für jeden von ihnen war das Sammeln von Kunst ein wesentliches Ausdrucksmittel.«

Der Bildhauer Jacques Lipchitz, der eine der weltweit schönsten Sammlungen naiver Kunst besitzt, sagt: »Beim Sammeln geht es darum, etwas über den Menschen und die Art und Weise zu erfahren, wie er sich fühlt und ausdrückt, und über das Material, das er benutzt, um sich auszudrücken, und die Art und Weise, wie er das Material benutzt.«

Ich finde an diesen Meinungen nichts Außergewöhnliches, aber meine eigenen Ansichten gehen ein oder zwei Schritte weiter. Wie die meisten ernsthaften Sammler betrachte ich die Kunstwerke, die ich besitze, keineswegs als leblose dekorative Besitztümer. Für mich sind sie lebendige Verkörperungen ihrer Schöpfer. Sie spiegeln die Hoffnungen und Frustrationen derer wider, die sie geschaffen haben – und die Zeiten und Orte, in denen sie entstanden sind. Auch wenn die Künstler längst tot sein mögen und auch wenn die Kulturen, in denen sie wirkten, längst untergegangen sind, lebt ihre Kunst weiter.

Das Interesse und die Freude, die ein Mensch an seiner Sammlung hat, rührt nicht von dem Geldwert der Kunstwerke her, die er besitzt. Sie ergeben sich aus der bleibenden Schönheit der Kunst und aus der Erkenntnis der Gültigkeit und Dauerhaftigkeit der elementaren Werte, die die Kunst verkörpert. Der Sammler hat Freude an der Schönheit der Kunst, und er hört nie wirklich auf, von ihr inspiriert zu werden.

Der italienische Dichter Federico da Porto aus dem 16. Jahrhundert gab an, dass er »benommen und überwältigt« war von dem, was er sah, als er die prächtige Sammlung des venezianischen Staatsmannes und Historikers Marino Sanudo besuchte. Da Portos Gedicht über den Besuch zeigt, dass sich die Sammler um 1500 nicht von denen von heute unterschieden – und dass auch er selbst von dem Gefühl des Rausches und der Befriedigung angesteckt wurde, das Sanudo offensichtlich in nicht geringerem Maße besaß als die heutigen Kunstsammler. So schrieb da Porto:

Dann führt man uns die Treppe hinauf, und vor
uns breitet sich ein geräumiger Korridor aus,
als wär' er ein anderer Ozean voll seltener
Dinge; die Wand nicht sichtbar ...
von prachtvollen Bildern verdeck — nirgends eine Leerstelle,
sondern verschiedene Figuren, Menschen in jeder Gestalt;
tausend ungewohnte Szenen sehen wir.
Hier Spanien, dort Griechenland, und hier
das schöne Antlitz Frankreichs.

Aus solchem Holz sind Sammlungen – und Sammler – geschnitzt. Der Sammler bewundert die Wunder der Kunst, die er besitzt – und er zeigt seine Besitztümer mit Stolz und teilt ihre Schönheit mit anderen. Sicherlich geht es ihm nicht in erster Linie um den finanziellen Wert seiner Kunstwerke, obwohl Sammler oft ihr Budget überstrapazieren und sogar sprengen, um ein Objekt ihrer Begierde zu erwerben.

Nichtsdestotrotz bleibt es eine unbestreitbare Tatsache, dass Kunst eine gute Investition ist. Die Wertentwicklung von Gemälden, Skulpturen, Wandteppichen, feinen antiken Möbeln und praktisch allen anderen Formen der Kunst weist über die Jahre eine deutliche Tendenz nach oben auf. Ein Großteil davon ist natürlich auf das gestiegene – und immer noch steigende – Bewusstsein zurückzuführen, dass Kunst grundlegende Werte repräsentiert, die nicht nur dauerhaft sind, sondern im Laufe der Zeit auch immer mehr an Gültigkeit gewinnen. So entsteht ein Wettbewerb um Kunstwerke – und damit steigt ihr monetärer Wert, der Preis, den die Menschen bereit sind, für sie zu zahlen.

Der Trend ist nicht auf die Kunst einer bestimmten Schule, eines bestimmten Stils, einer bestimmten Periode oder eines bestimmten Mediums beschränkt. Ein paar willkürliche Beispiele sollen genügen, um die Art und Weise zu illustrieren, in der sich die Preise für Kunst in die Höhe geschraubt haben.

Im Jahr 1885 kaufte das Victoria and Albert Museum in London mehr als 1000 Zeichnungen des italienischen Meisters Giovanni Battista Tiepolo aus dem 18. Jahrhundert. Obwohl Tiepolos atemberaubende Fresken den Labia-Palast in Venedig, den Kaisersaal der fürstbischöflichen Residenz in Würzburg, den Thronsaal von Spaniens König Karl III. und Dutzende andere große Häuser, Kirchen und öffentliche Gebäude schmückten, waren seine Zeichnungen damals nicht sehr gefragt. Das Victoria and Albert Museum zahlte etwa 10 Cent pro Stück für sie. Heute würde *jede einzelne Zeichnung* mindestens 1500 Dollar einbringen – wenn das Museum sie verkaufen wollte, was es natürlich nicht vorhat.

Der englische Meister des 19. Jahrhunderts, Joseph M. W. Turner, schuf während seiner langen und erfolgreichen Karriere viele wundervolle Aquarellgemälde. In den 1940er-Jahren wurden diese für 500 bis 1000 Dollar pro Stück verkauft. Heutzutage erzielt ein großes Turner-Aquarell einen Preis von bis zu 25 000 Dollar.

Paul Gauguins *Te tiai na oe i te rata* (übers.: Ich erwarte den Brief) soll einmal für weniger als 50 Dollar verkauft worden sein. Bei einer Auktion im Jahr 1959 erzielte das Gemälde mehr als 300 000 Dollar. Im selben Jahr wurde ein Frühwerk von Georges Braque, das einst für 15 Dollar versteigert worden war, von der Queensland Art Gallery für 155 000 Dollar ersteigert. Ebenfalls 1959 wurde eine Bilderhandschrift, die unter der Leitung von Matthew Paris in der Abtei von St. Albans um 1250 n. Chr. angefertigt wurde, für 190 000 Dollar verkauft – was man in Relation sehen muss zu den 115 000 Dollar, die kurz zuvor für ein vergleichbares Manuskript bezahlt worden waren.

Eine solche Liste ließe sich nahezu endlos fortsetzen und um praktisch jede Kunstform, jede Epoche und jede Kunstrichtung erweitern, von prähistorischen Figuren bis zu zeitgenössischen Werken von abstrakten Expressionisten, Action Painters und Bildhauern, die ihre Skulpturen mit Schweißbrennern anfertigen – und ganz sicher auch um solche Dinge wie Wandteppiche, Teppiche und edle antike Möbel.

Der Marktwert der von mir erworbenen Kunstwerke hat sich im Laufe der Jahre mehrfach erhöht und sogar vervielfacht.

Im Jahr 1938 erwarb ich den historischen und fast legendären Ardabil-Teppich, einen Perserteppich, der 1535 auf den königlichen Webstühlen von Täbris hergestellt wurde. Die muslimischen Perser hielten diesen fabelhaften, zwei mal vier Meter großen Teppich für so schön, dass sie sagten, er sei »zu kostbar, als dass christliche Augen ihn betrachten dürften«. Aber »christliche Augen« hatten oft auf den Ardabil-Teppich »geblickt« und waren in Schwärmereien geraten über das, was sie sahen.

»Er kann mit allen Bildern mithalten, die je gemalt wurden«, erklärte der amerikanische Künstler James Whistler, nachdem er den Ardabil gesehen hatte. Der Teppich, eine Symphonie leuchtender Farben, ausgeführt mit unübertroffener Kunstfertigkeit und fantastisch im Detail, wird allgemein als einer der zwei schönsten Teppiche der westlichen Welt betrachtet.

Der Ardabil wurde 1910 für 27 000 Dollar verkauft. Neun Jahre später kaufte ihn der berühmte Kunstexperte und Händler Lord Duveen, der 57 000 Dollar dafür bezahlte. Ich kaufte den Teppich 1938 von Lord Duveen und zahlte ihm 68 000 Dollar. In der Folgezeit erhielt ich viele Angebote für den Ardabil, darunter auch ein Angebot in Höhe von 250 000 Dollar von Ägyptens damaligem König Farouk. Ich lehnte sein Angebot ab, ebenso wie alle anderen. Im Jahr 1958 schätzte das Los Angeles County Museum, dem ich den Teppich als Schenkung überlassen hatte, seinen Wert auf 1 000 000 Dollar, fast das 40-Fache des Preises, für den er 1910 verkauft worden war, und fast das 15-Fache dessen, was ich für ihn bezahlt hatte.

Im selben Jahr, in dem ich den Ardabil-Teppich kaufte, erwarb ich auch das wunderbare Rembrandt-Porträt von Marten Looten, das der große niederländische Künstler im Jahr 1632 gemalt hatte. Ich zahlte 65 000 Dollar für das Bild und hielt es für ein Schnäppchen, denn ich war durchaus bereit, bis zu 100 000 Dollar dafür auszugeben. Der Marktwert des Gemäldes ist im Laufe der Jahre unglaublich gestiegen. Wie viel es heute bei einem Verkauf einbringen würde, ist eine rein rhetorische Frage, denn das Porträt habe ich ebenfalls dem Los Angeles County Museum geschenkt. Die Rekordsumme von 2 300 000 Dollar, die für Rembrandts *Aristoteles vor der Büste des Homer* gezahlt wurde, scheint jedoch darauf hinzuweisen, dass *Marten Looten* einen Preis erzielen würde, der ein Vielfaches von dem beträgt, was ich damals dafür bezahlt habe.*

Aber man muss nicht unbedingt die Werke berühmter alter Meister kaufen, um hervorragende Kunstwerke zu erhalten – oder, was das betrifft, um ausgezeichnete Investitionen zu tätigen.

---

* Neben dem millionenschweren Ardabil-Teppich und Rembrandts *Marten Looten* hat J. Paul Getty dem Los Angeles County Museum weitere äußerst wertvolle Kunstwerke geschenkt. Aus den Schenkungen an die Institution hat er übrigens keine Steuervorteile für sich gezogen.
Er besitzt noch immer eine Sammlung im Wert von etlichen Millionen Dollar, aber auch davon ist ein großer Teil an das J. Paul Getty Museum gegangen. Die Sammlung umfasst Boucher-Wandteppiche, seltene Teppiche und eine Sammlung französischer Möbel aus dem 18. Jahrhundert, die Sir James Mann, Direktor der Wallace-Collection und eine herausragende Autorität auf diesem Gebiet, als hochwertiger eingeschätzt hat als diejenige im Besitz des Louvre. Es gibt auch griechische Marmorarbeiten aus dem 4. und 5. Jahrhundert v. Chr. – darunter einige der berühmten Elgin-Marbles –, Terrakotten, Bronzen, römische Porträts und Skulpturen sowie den berühmten Lansdowne-Herkules. Unter den Gemälden befinden sich Werke von Tizian, Lotto, Tintoretto, Rubens, Gainsborough und anderen Meistern. Alle Stücke sind prächtig untergebracht und ausgestellt in Gettys eigenem, überwältigenden Museum, das für die Öffentlichkeit zugänglich ist.
Der Herausgeber

Der spanische Künstler Joaquin Sorolla y Bastida zum Beispiel lebte von 1893 bis 1923. Im Jahr 1933 besuchte ich eine Kunstauktion in New York, sah einige seiner Werke und fand sie ausgezeichnet. Ich kaufte zehn Gemälde von Sorolla y Bastida für insgesamt weit unter 10 000 Dollar. Bis 1938 hatte die Welt begonnen, das Talent des Künstlers zu schätzen, und die zehn Gemälde waren im Wert auf insgesamt 40 000 Dollar gestiegen. Heute zählt Joaquin Sorolla y Bastida zu den 20 besten spanischen Malern aller Zeiten – und ich möchte gar nicht wissen, was die zehn Gemälde, die ich 1933 gekauft habe, einbrächten, wenn sie zum Verkauf angeboten würden.

Es ist nicht einmal notwendig, Tausende – oder auch nur einige Hundert – Dollar auszugeben, um eine Kunstsammlung zu beginnen und aufzubauen, die im Laufe der nächsten Jahre mit ziemlicher Sicherheit an Wert gewinnen wird. Es gibt – und gab schon immer – viele Gelegenheiten, echte Schnäppchen in der Kunst zu machen.

Ich möchte hinzufügen, dass tief im Herzen eines jeden Kunstsammlers immer die geheime Hoffnung lauert, eine Entdeckung zu machen, ein Gemälde zu einem Spottpreis zu ergattern und dann zu erfahren, dass es sich tatsächlich um das lange verschollene Werk eines großen Meisters handelt. Das passiert auch gelegentlich. Ich weiß es, denn es ist mir passiert.

Vor etwa 25 Jahren besuchte ich eine Kunstauktion bei Sotheby's in London. Unter den zum Verkauf stehenden Objekten befand sich ein ziemlich ramponiertes italienisches Madonnengemälde – ein Werk, so erklärten die Sotheby-Experten, das von einem unbekannten Künstler stammte. Obwohl die Madonna stark beschädigt war und sich in einem schlechten Zustand befand, gefiel mir das Bild; es erinnerte, wie ich fand, an Raffael. Ich kaufte es – für 200 Dollar.

Im Jahr 1963 beschloss ich, das Gemälde restaurieren zu lassen. Die Arbeit wurde der berühmten Restauratoren-Firma Thomas Agnew &

Sons anvertraut. Schon nach kurzer Zeit riefen mich Mitarbeiter der Firma aufgeregt an. Das Gemälde sei tatsächlich ein Werk Raffaels, sagten sie – und diese Aussage wurde auch schnell von führenden Kunstexperten wie Alfred Scharf bestätigt. Das Gemälde, das ich für 200 Dollar gekauft hatte, erwies sich als Raffaels *Madonna di Loreto*, gemalt in den Jahren 1508 bis 1509. Sein wirklicher Wert: über 1 Million Dollar.

Ich gebe zu, dass es unwahrscheinlich ist, dass der normale Kunstkäufer einen 300 000 Dollar teuren Gauguin, einen 155 000 Dollar teuren Braque oder selbst einen nur 1500 Dollar teuren Tiepolo für ein paar Cent in einem Trödelladen an der Ecke findet. Andererseits halten solch bemerkenswerte Funde wie die (kürzlich erfolgte) Entdeckung von fünf rußgeschwärzten Leinwänden in einem Dubliner Schuppen durch einen Londoner Kunstkritiker, die sich als wichtige Bildkompositionen von Francesco Guardi herausstellten, die Hoffnungen aller Kunstkäufer hoch.

Sicherlich ist es oft möglich, gute, preisgünstige Werke von weniger bekannten Künstlern zu kaufen, vor allem in abgelegenen Kunsthandlungen, Antiquitätenläden und sogar in Antiquariaten, die oft ausgezeichnete Orte sind, um Drucke und Radierungen zu erwerben. Man kann aber auch sehr vorteilhaft die Werke talentierter junger Künstler einkaufen, die noch nicht groß rausgekommen, aber vielversprechend sind. Es sollte kaum nötig sein, darauf hinzuweisen, dass ein Künstler noch nicht etabliert sein muss, damit seine Arbeit gut und von bleibendem Wert ist.

Auch Menschen mit sehr geringem Budget können Kunstwerke erwerben, die sich als hervorragende Investition in Schönheit und Freude erweisen werden – und die sich auch in finanzieller Hinsicht lohnen. Ich kenne viele Menschen, die bescheidene Preise für Kunstwerke bezahlt haben und dann gesehen haben, wie der Marktwert ihrer Käufe stetig angestiegen ist.

Die Erfahrungen eines befreundeten Journalisten sind ein treffendes Beispiel dafür, was ein Einzelner mit ein wenig gesundem Menschenverstand und Geschmack erreichen kann. Dieser Journalist reist regelmäßig nach New York, London, Paris und Venedig. Er ist keineswegs ein Kunstexperte und bei Weitem nicht reich, aber er stöbert gerne in Kunst-, Antiquitätenläden und Antiquariaten und kauft auch gelegentlich dort ein. Sein Geschmack ist sehr breit gefächert; er kauft Dinge, die ihm gefallen und ihn ästhetisch ansprechen, egal, ob sie antik oder ultramodern sind. Aber er kauft mit Bedacht – und die Sammlung, für die er in den letzten sechs Jahren etwa 2000 Dollar bezahlt hat, hat bereits einen Marktwert von mindestens 8000 Dollar.

Typisch für seine erfolgreichen Investitionen sind diese vier Käufe, die er jeweils in einer anderen der vier Städte tätigte, die er regelmäßig besucht: Vor sechs Jahren kaufte er drei Aquarelle eines jungen Künstlers aus Greenwich Village und zahlte insgesamt 140 Dollar für alle drei. Jetzt haben sie einen Verkaufswert von 125 Dollar pro Stück. Im Jahr 1957 war mein Freund in London, wo er einen Satz von sechs kleinen, sauber gerahmten Gouachen aus dem 19. Jahrhundert fand, die er für 17 Guineen kaufte – umgerechnet 51 Dollar – und für die ihm kürzlich 250 Dollar geboten wurden. Im Jahr 1958 kaufte er bei einem Besuch in Paris acht frühe Drucke des 19. Jahrhunderts für umgerechnet 24 Dollar; zwei Jahre später bot ein amerikanischer Händler 150 Dollar für das Set. Erst letztes Jahr sah mein Journalistenfreund in Venedig zwei Gemälde des jungen italienischen Künstlers Fioravante Seibezzi, fand sie gut und kaufte sie für 30000 Lire, also etwa 50 Dollar pro Stück. Kurz darauf hatte Seibezzi eine Einzelausstellung, die von den Kritikern hoch gelobt wurde, und der Marktwert der Gemälde stieg um 300 Prozent – und er steigt immer noch.

Mein Freund hat alle Angebote für seine Erwerbungen abgelehnt. Obwohl er davon überzeugt ist, dass ihr Marktwert weiter steigen wird, ist das nicht sein Grund, den Verkauf abzulehnen. Er hat den Instinkt des wahren Kunstliebhabers und -sammlers.

»Ich habe sie gekauft, weil ich sie besitzen wollte«, erklärt er. »Ich mag sie alle viel zu sehr, als dass ich sie für irgendeinen Preis verkaufen würde, den mir irgendjemand bieten könnte.«

Die Erfahrungen dieses geschickten Kunstinvestors weisen darauf hin, dass viele Touristen und Geschäftsreisende auf ihren Reisen oft Chancen übersehen, klug in Kunst zu investieren. Sie haben die Angewohnheit, schrille und oft teure Souvenirs zu kaufen, die wenig oder gar keinen Wert haben. Sie erkennen nicht, dass sie Objekte von beträchtlicher Schönheit – und von erheblichem und dauerhaftem Wert – erwerben könnten, ohne mehr Mühe und Geld aufwenden zu müssen, als sie für den Kauf von trivialem Schnickschnack ausgeben.

Ein Bekannter von mir diente in Japan und Korea bei der US-Armee. Da er sich ein wenig für asiatische Kunst interessierte, nutzte er einen Teil seiner dienstfreien Zeit, um nach ein paar guten Stücken zu suchen, die er mit nach Hause nehmen konnte. Er mied die Läden auf den Hauptstraßen und die touristischen Basare und stöberte stattdessen in abgelegenen Geschäften und auf Märkten herum. Er gab insgesamt weniger als 300 Dollar aus und erwarb mehrere Stücke, für die ihm ein Händler in San Francisco später 1500 Dollar bot.

Ein anderer Bekannter von mir fuhr 1956 mit seiner Frau in die Türkei in den Urlaub. Anstatt die kitschigen Waren zu kaufen, die in vielen Mittelmeerländern traditionell an Touristen verhökert werden, kauften sie sorgfältig und abseits der ausgetretenen Pfade ein. Sie kauften einige antike Metallgussstücke, Figuren und Schnitzereien und zahlten dafür insgesamt etwa 650 Dollar. Experten, die die Gegenstände schätzten, als das Paar im selben Jahr in die Vereinigten Staaten zurückkehrte, setzten den unmittelbaren Verkaufswert auf 1400 Dollar fest. In den darauffolgenden fünf Jahren stieg dieser Wert durch verschiedene Faktoren an. Im Jahr 1961 waren die Kunstgegenstände, für die das Ehepaar 650 Dollar bezahlt hatte, 2 000 Dollar wert.

Nun ist keiner dieser Menschen ein Kunstexperte. Ihr Wissen über Kunst beschränkt sich auf das, was sie selbst durch Lesen, den Besuch von Galerien und Ausstellungen und das Stöbern in Galerien und Antiquitätengeschäften aufgeschnappt haben. Für sie ist das Sammeln von Kunst einfach ein sehr angenehmes Freizeitinteresse, ein Hobby, wenn Sie so wollen. Sie genießen es, Objekte um sich zu haben, die sie als ästhetisch ansprechend empfinden. Sie finden, dass es ihr Leben angenehmer macht.

Die Grundlagen des Kunstsammelns sind nicht schwer zu erlernen. Natürlich ist der Durchschnittsbürger finanziell nicht dazu in der Lage, eine Einkaufstour für die Werke Rembrandts, Fragonards, Gauguins oder anderer Künstler zu unternehmen, die – wenn und falls vorhanden – in die Hunderttausende oder sogar Millionen Dollar gehen.

Aber auch jemand, der nur ein paar Hundert Dollar zur Verfügung hat, kann gute Kunstwerke kaufen – Objekte, die von hoher Qualität sind und ihren Wert behalten oder steigern.

Es liegt auf der Hand, dass der sicherste Weg, Kunst zu kaufen, darin besteht, einen Experten mit dem Kauf zu beauftragen – oder nur in den renommiertesten Galerien zu kaufen. Aber auf diese Weise zahlt man die höchsten aktuellen Marktpreise. Außerdem haben die meisten Menschen nicht das Budget, um in dem Umfang zu kaufen, den ein solcher Kauf mit sich bringt – und viele möchten auch lieber das Abenteuer genießen, auf eigene Faust Kunstwerke zu entdecken.

Wie auch immer man es anstellt: Um Kunst klug zu kaufen, muss man sich zuerst darüber klar werden, welche Kunstarten und Epochen einem am besten gefallen. Dann sollte man etwas – je mehr, desto besser – über sie lernen. Es gibt massenhaft Kopien und Fälschungen auf dem Markt – und der einzige Weg, sie von den echten zu unterscheiden, ist zu wissen, was ist was. (Seriöse Händler räumen dem Interessenten natürlich fast immer das Recht ein, ein Stück authentifizieren zu lassen, oder bieten selbst ein verbindliches Echtheitszertifikat an.)

Was soll man kaufen? Das hängt von zwei Faktoren ab. Der erste ist der Geschmack des Einzelnen – und wenn er klug einkaufen will, muss man voraussetzen, dass er einen recht guten Geschmack hat. Der zweite Faktor ist der Geldbeutel des Einzelnen. Unabhängig von der Preisspanne, die ihm zur Verfügung steht, muss der Kunstsammler immer danach streben, das Beste zu kaufen, was er innerhalb dieser Spanne kaufen kann. Ein gutes Objekt ist mehr wert als ein Dutzend – oder gar hundert – schlechte.

Einerseits muss der Sammler immer daran denken, dass der künstlerische Wert nicht notwendigerweise dem Wert folgt, den der Markt vorgibt, oder umgekehrt. Andererseits kann ein Sammler Kunst einfach zu schätzen wissen und sich an ihrer Schönheit erfreuen, aber er hat völlig recht, wenn er sein Geld klug anlegen will. Es ist genauso töricht, gutes Geld für schlechte Kunst auszugeben, wie es töricht ist, gutes Geld für irgendetwas anderes Schlechtes auszugeben – und nur ein Narr würde wissentlich zu viel für etwas bezahlen, das er kauft.

Um festzustellen, ob einem ein Kunstwerk wirklich genug gefällt, um es zu kaufen, gibt es keine bessere Faustregel als die klassische Frage, die man sich stellen sollte: »Kann ich damit leben?« Derjenige, der ein Kunstobjekt besitzt – sei es ein Gemälde, eine Marmorbüste, ein französischer Renaissance-Schreibtisch oder was auch immer –, wird es oft und lange betrachten müssen. Wenn er glaubt, dass ein Objekt, das er zu kaufen gedenkt, ihm über einen längeren Zeitraum hinweg gefallen wird, dann sollte er es – unter sonst gleichen Voraussetzungen – kaufen. Wenn nicht, sollte er sich nach etwas anderem umsehen. »Ich kaufe die Dinge, die ich mag – und ich mag die Dinge, die ich kaufe«, ist die Leitphilosophie des wahren Sammlers.

Wenn er seinen Kauf getätigt hat, ist es an ihm, zu entscheiden, was er damit machen will. Er hat zwei Möglichkeiten: Er kann es aufbewahren, bis sein Marktwert steigt, es dann verkaufen und den Gewinn einstreichen. Oder er kann das, was er gekauft hat, behalten und sich daran erfreuen, indem er es behält, egal, wie hoch der Marktwert steigt. Wenn er dies tut, kann er zufrieden sein, dass er klug investiert hat, denn er besitzt etwas, das einen dauerhaften *künstlerischen* Wert hat und ihm regelmäßig Freude bereitet, auch wenn der Wert des Kunstwerks zudem unmerklich weiter steigt. So oder so kann der Kauf schöner Kunst die schönste und befriedigendste aller Investitionen sein.

TEIL 5
ÜBER GELD UND WERTE

KAPITEL 17
DIE MORAL DES GELDES

Worte wie Millionär, Multimillionär und Milliardär haben einen magischen und unwiderstehlichen Klang. Verständlicherweise sind viele Menschen fasziniert von diesen Worten, von dem, was diese Worte ihrer Meinung nach implizieren – und von dem Gedanken, ein persönliches Vermögen als Selbstzweck anzuhäufen.

Diese Menschen scheinen zu glauben, dass jeder Millionär seine Millionen in bar bereithält, in Geldkassetten unter seinem Bett oder in einem praktischen Wandsafe in seiner Bibliothek, um sie nach Lust und Laune zu horten oder zu verschleudern. Sie glauben offenbar auch, dass man sich mit Geld alles kaufen und alle Probleme lösen kann.

Im Falle eines »arbeitenden« Millionärs – einer wohlhabenden Person, die aktiv im Geschäft tätig ist – könnte nichts weiter von der Wahrheit entfernt sein. Obwohl ein Geschäftsmann viele Millionen Dollar »wert« sein mag, besteht nur ein geringer Teil seines Vermögens aus Bargeld, das er ausgeben kann. Sein Vermögen ist investiert – gebunden – in Grundstücke, Gebäude, Maschinen, Ausrüstungen, Rohmaterialien, Lagerbestände von Fertigprodukten, in all die Dinge, die sein Geschäft ausmachen und es am Laufen halten.

Sicherlich ist nur ein winziger Bruchteil des Vermögens eines aktiven Geschäftsmannes jemals als persönliches Bargeld verfügbar, es sei denn, er entscheidet sich, aus dem Geschäft auszusteigen und seinen Besitz durch Verkauf zu liquidieren. Aber der erfolgreiche Geschäftsmann verkauft nur sehr selten. Er weiß, dass Reichtum, der keinem konstruktiven Zweck dient, keine wirkliche Existenzberechtigung hat. Man könnte sagen, dass er das Geschäft als eine kreative Kunst betrachtet. Er nutzt sein Geld als Kapital, investiert und reinvestiert es, um Unternehmen zu gründen, Arbeitsplätze zu schaffen, Waren zu produzieren und Dienstleistungen zu erbringen.

Der erfolgreiche Geschäftsmann weiß auch, dass Reichtum ihm nicht automatisch eine ganzjährige, unbegrenzte Lizenz für unbeschwertes Vergnügen einräumt. Er ist sich dessen bewusst, dass Geld die Macht hat, viele Dinge *für* Menschen zu tun – aber er weiß auch, dass Geld sich in vielerlei Hinsicht, positiv wie negativ, *auf* Menschen auswirken kann, auf ihr Privatleben, ihre Persönlichkeit und ihre moralischen und intellektuellen Werte.

Glauben Sie mir, Reichtum ist etwas, mit dem man lernen muss, zu leben – und die Aufgabe ist nicht immer so einfach, wie man sich das vorstellt. Ein Mensch, der reich wird, muss sich an den Gedanken gewöhnen, wohlhabend zu sein. Er muss darauf achten, dass er seine Sichtweisen und sein Wertegefühl beibehält. Er muss lernen, mit den besonderen Problemen umzugehen, die sein Reichtum mit sich bringt, mit den Typen von Menschen, die sich um ihn scharen, weil er reich ist. Und auch wenn der erfolgreiche Geschäftsmann sich vielleicht keine Sorgen um seine Miete oder Lebensmittelrechnungen machen muss, auch wenn er vor persönlicher finanzieller Not sicher sein mag, so ist er doch niemals vor finanziellen Sorgen sicher. Der Reichtum des Geschäftsmannes stammt aus den Gewinnen, die er mit seinen Geschäften erzielt – Gewinne, die vom effizienten Betrieb dieser Geschäfte abhängig sind. Folglich hat er immer »Geldsorgen«.

Wenn eine seiner Firmen mit Verlust arbeitet – was nicht selten vorkommt –, muss er sofort Maßnahmen ergreifen, um die Situation zu verbessern. Er muss Geld auftreiben, um den Ausbau und die Modernisierungsmaßnahmen seiner Firmen zu finanzieren. Er muss dafür sorgen, dass seine Firmen ihre Schulden pünktlich bezahlen. Über diese und unzählige andere Finanzfragen muss er sich immer wieder Gedanken machen – und das sind oft auch Sorgen. Glauben Sie mir, die Sorgen eines Geschäftsmannes über die Rückzahlung einer fälligen Anleihe in Höhe von 5 000 000 Dollar sind nicht weniger groß, unmittelbar und persönlich als die eines Angestellten, der wöchentlich 75 Dollar verdient und eine fällige Zahlung über 500 Dollar aufbringen muss!

Sobald jemand finanziellen Erfolg hat und als Millionär angesehen wird, ist er fortan ein gebrandmarkter Mann, und die Dinge werden nur noch schlimmer, je größer sein Reichtum wird. Wenn man ihn bei einem Mittagessen in einem Restaurant mit anderen Geschäftsleuten plaudern sieht, wird er mit Sicherheit ein paar Stunden später ein Dutzend Telefonanrufe von Leuten erhalten, die ihn bitten, irgendwelche Gerüchte über geplante Fusionen, Aktienaufteilungen oder zusätzliche Dividendenzahlungen, die bereits die Runde machen, zu bestätigen oder zu dementieren. Wenn er an einer gesellschaftlichen Veranstaltung teilnimmt und mehr als einmal mit einer jungen Dame tanzt, werden die Gerüchte über eine »brodelnde neue Romanze« nicht nur durch den Saal geistern, sondern sicher ihren Weg in die Klatschspalten finden. Das Gespräch am Mittagstisch mag sich nur um Hobbys oder Pferderennen gedreht haben. Die Tanzpartnerin des Millionärs mag seine Nichte oder seine Cousine gewesen sein. Aber es läuft immer auf dasselbe Ergebnis hinaus.

Nein, trotz all der vielen Vorteile, die er genießt, besteht das Leben des wohlhabenden Geschäftsmannes nicht nur aus Champagner und Kaviar. Er muss die Tatsache akzeptieren, dass es trotz seines Reichtums und seiner gesellschaftlichen Stellung auch *Nachteile* gibt, ein Millionär zu sein. Er mag für seinen Erfolg und Reichtum respektiert oder bewundert werden, aber er muss damit rechnen, dass ein beträchtlicher und auch lautstarker Teil der Bevölkerung ihn darum beneidet und sogar hasst. Es mag Zeiten geben, in denen er für das, was er sagt oder tut, gelobt wird, aber er wird mindestens genauso oft verunglimpft werden.

In gewisser Hinsicht kann ein Millionär einfach nicht gewinnen. Wenn er zu freizügig sein Geld ausgibt, wird er als extravagant und protzig kritisiert. Lebt er dagegen ruhig und sparsam, wird er von denselben Leuten, die ihn als verschwenderisch kritisiert hätten, als Geizhals bezeichnet. Geht er auf Partys und in Nachtklubs, wird er als Playboy abgestempelt und es werden Zweifel an seiner Reife und seinem Verantwortungsbewusstsein laut. Meidet er die Klubs und Salons, wird er prompt als Eigenbrötler oder Misanthrop bezeichnet.

Für die Beobachter und Kritiker der Reichen werden selbst die kleinsten Handlungen zu einem großen Problem. Nehmen Sie zum Beispiel das Trinkgeld. Ich habe festgestellt, dass, wenn ich in einem Restaurant ein großzügiges Trinkgeld gebe, jemand mit Sicherheit daran Anstoß nimmt und sagen wird, ich würde angeben. Wenn ich ein übliches Trinkgeld gebe, ist derselbe Jemand der Erste, der sagt, dass »Paul Getty ein Pfennigfuchser« ist. Wenn ich mit Journalisten spreche, heißt es schnell, ich suche das Rampenlicht. Wenn ich keine Interviews gebe, gelte ich als »unkooperativ« oder feindselig gegenüber der Presse, und irgendein Klatschkolumnist wird sicher etwas schreiben wie: »Paul Getty ist in diesen Tagen seltsam unkommunikativ. Könnte es sein, dass er versucht, die Antwort auf bestimmte hochbrisante Fragen zu vermeiden?«

Beschwere ich mich etwa? Nein, ganz und gar nicht. Ich zähle lediglich einige der Dinge auf, die ein Millionär mit ebenso reuevollem wie resignierendem Humor hinnehmen muss.

Ein reicher Mensch kann sich natürlich eine Fülle von materiellen Dingen im Leben leisten. Er kann eine umfangreiche Garderobe, Autos, ein schönes Haus und Bedienstete haben – kurz, alle *materiellen* Annehmlichkeiten des Luxuslebens. Inwieweit er diese genießen kann, hängt von ihm selbst ab und, wenn er ein engagierter Geschäftsmann ist, in erheblichem Maße von den Anforderungen, die sein Unternehmen an seine Zeit und Energie stellt.

Für mich ist es nach wie vor oft unerlässlich, 16 bis 18 Stunden am Tag zu arbeiten, und manchmal sogar rund um die Uhr. Wenn ich auf Reisen bin, sind die geschäftlichen Probleme nie weiter entfernt als bis zum nächsten Telegrammschalter oder Telefon. Ich kann mich nicht an einen einzigen Urlaubstag in den letzten 45 Jahren erinnern, der nicht irgendwie durch ein Telegramm oder einen Telefonanruf unterbrochen wurde, wodurch ich gezwungen war, mich zumindest für ein paar Stunden um das Geschäftliche zu kümmern. Solche Arbeitszeiten und die Notwendigkeit, den Großteil meiner Zeit dem Auf- und Ausbau meiner Geschäfte zu widmen, haben einen hohen Preis in meinem Privatleben gefordert.

Ich war fünfmal verheiratet und habe mich fünfmal scheiden lassen. Ich bedauere diese gescheiterten Ehen zutiefst, aber ich kann verstehen, warum sie gescheitert sind. Jede meiner früheren Gattinnen ist eine wunderbare Frau, die alles getan hat, um ihre Ehe mit mir erfolgreich zu gestalten. Aber eine Frau fühlt sich nicht sicher, zufrieden oder glücklich – sie hat nicht das Gefühl, dass sie wirklich eine Ehefrau ist oder dass sie wirklich einen Ehemann hat –, wenn sie feststellt, dass ihr Mann in erster Linie an seine geschäftlichen Interessen denkt und sie erst danach kommt, ja, stets die zweite Geige spielen muss. Fünf gescheiterte Ehen haben mich auch gelehrt, dass eine glückliche Ehe eines der unzähligen Dinge im Leben ist, die kein Mann kaufen kann, egal, wie viele Millionen er besitzt.

Freundschaft ist ein weiteres Gut, das man nicht kaufen kann – auch wenn es viele gibt, die sich bemühen, den Anschein von Freundschaft vorzutäuschen. Ich habe oft gesagt, dass Zeit der einzige verlässliche Maßstab ist, an dem ein wohlhabender Mensch Freundschaften messen kann. Ich schätze mich sehr glücklich, dass ich viele echte und gute Freunde gefunden habe, die seit Jahren und sogar Jahrzehnten meine Freunde sind. Sie haben nie versucht, finanziell von unseren Freundschaften zu profitieren. Wenn sie mich um etwas gebeten haben, waren ihre Bitten angebracht – in der Art, die gute Freunde wahrscheinlich voneinander erwarten dürfen.

Das gilt nicht für den bekannten Typus, der sich mit einer wohlhabenden Person anfreundet, in der Absicht, etwas ohne Gegenleistung zu bekommen. Dieses »Etwas« kann ein Job sein, ein Insidertipp an der Börse, Geld, um ein neues Unternehmen zu gründen oder ein marodes altes Unternehmen zu stützen, ein reines Geldgeschenk – oder ein Geldgeschenk, das beschönigend als Kredit bezeichnet wird.

Ich habe zum Beispiel vier erwachsene Söhne. Alle haben sich entschieden, ins Familienunternehmen einzusteigen. Jeder von ihnen durfte sofort beginnen, als er sich dazu entschied – aber er musste ganz unten auf der Leiter anfangen. Meine Söhne absolvierten ihre Ausbildung, indem sie Kunden an Tankstellen bedienten, die Unternehmen gehörten, an denen ich große Beteiligungen hatte. Sie verkauften Benzin und Schmieröl, füllten Batterien auf, wechselten Reifen und trugen ihren Teil dazu bei, die Fettdepots zu säubern und die Räumlichkeiten zu fegen, in denen sie arbeiteten. Dennoch haben mich unzählige Zufallsbekanntschaften ganz unverblümt gebeten, ihnen einen »Gefallen« zu tun und *ihren* Söhnen oder arbeitslosen Verwandten Jobs auf Führungsebene in Firmen zu geben, die von mir geleitet werden. Sie scheinen nie zu verstehen, warum ich sie abweise, und reagieren fast immer höchst beleidigt, wenn ich es tue.

Dann gibt es diejenigen, die mich nach Tipps fragen, weil sie denken, sie könnten über Nacht reich werden – oder innerhalb von ein oder höchstens zwei Wochen. Es ist sinnlos, ihnen zu sagen, dass ich keine solchen Tipps geben kann. Menschen, die vom »schnellen Reichtum« träumen, werden mir nicht glauben.

»Ihr verdammten Millionäre seid alle egoistisch und unfair!« »Ihr habt Geheimnisse, wie man Geld verdient, aber ihr wollt sie nicht verraten.« »Ihr wollt doch nicht, dass andere reich werden!« So gehen einige der Tiraden.

Offenbar glauben solche Menschen, dass moderne Geschäfte bei Neumond von Hexenmeistern und Zauberern geführt werden, die mystische Beschwörungsformeln rezitieren und Pentagramme auf den Boden von Vorstandsetagen malen. Es bringt nichts, mit ihnen zu streiten. Sie wollen nicht glauben, dass harte Arbeit – nicht Tipps oder Geheimnisse – der Schlüssel zum geschäftlichen Erfolg ist. Sie wollen es nicht glauben. Sie wollen Erfolg und Reichtum aufgetischt bekommen. Sie wollen nicht dafür arbeiten.

Die Wirkung, die das Geld eines reichen Mannes auf andere hat, ist oft überraschend, manchmal kaum zu fassen und keineswegs immer erbaulich oder edel. Ich habe schon einmal gesagt, dass ein Millionär ein gezeichneter Mann ist. Es gibt auch viele, die ihn für ein leichtes Ziel halten. Ich bin zum Beispiel schon lange ein begeisterter und ernsthafter Kunstsammler. Im Laufe der Jahre wurden mir massenhaft gefälschte Botticellis, gefälschte Corots und gefälschte Fragonards angeboten.

Ich erinnere mich an einen Mann, der mir einen, wie er sagte, seltenen Wandteppich aus dem 16. Jahrhundert verkaufen wollte, und zwar für »nur 45 000 Dollar«. Als ich ihm sagte, dass ich nicht interessiert sei, geriet er in Rage.

»Aber Sie *müssen* ihn kaufen!«, rief er und drückte mir den Wandteppich in die Hand. »Meine Frau hat Monate daran gearbeitet, ihn anzufertigen!«

Ein anderer findiger Mensch eröffnete mir, dass er seine Gemäldesammlung auflösen wolle, und zeigte mir mehrere rußverschmierte, minderwertige Leinwände in billigen, rissigen Rahmen. Er hatte die Gemälde wohl von Schrotthalden und Trödelläden zusammengetragen.

Ich glaube, nichts verbildlicht die Habgier und finanzielle Blauäugigkeit mancher Menschen besser als die Flut von Briefen, von der alle vermeintlich wohlhabenden Personen ständig geplagt werden. Ich erhalte jeden Monat bis zu 3000 Briefe von Leuten, die mir völlig unbekannt sind. Einige werden von Frauen geschrieben – jeden Alters und aus allen Gesellschaftsschichten, wie ich annehme –, die sagen, sie hätten gelesen oder gehört, dass ich sehr reich und derzeit unverheiratet sei.

»Sie sind genau der Mann, den ich mir immer als Ehemann gewünscht habe …« »Es ist klar, dass Sie eine Frau brauchen, und ich weiß, dass ich diese Rolle perfekt ausfüllen würde …« »Ich werde mich gerne von meinem Mann scheiden lassen und Sie heiraten, wenn Sie mir nur das Geld für die Anwaltskosten schicken …« Das sind typische Zeilen aus einigen der Heiratsanträge, die mir zugeschickt werden. Die Damen fügen oft Schnappschüsse oder Porträtfotos bei, die mehr oder weniger viel von ihren Reizen zeigen. Gelegentlich schicken sie auch ganze Fotoalben mit. Einige dieser liebeshungrigen Hoffnungsträgerinnen, so möchte ich hinzufügen, deuten schüchtern an – oder erklären unverblümt –, dass sie bereit sind, auf die schnöden Formalitäten einer Heirat zu verzichten und mich mit Liebe und Geselligkeit zu überschütten, vorausgesetzt, es werden vorher entsprechende finanzielle Vereinbarungen getroffen.

Aber der Großteil der mir unverlangt zugesandten Post – etwa 70 Prozent, laut einer Schätzung meiner Sekretärin – besteht aus

Briefen von Leuten, die mich bitten, ihnen Geld zu schicken. Ich zweifle nicht einen Moment daran, dass ein kleiner Prozentsatz davon von Menschen kommt, die tatsächlich in Not sind. Leider ist es völlig unmöglich, diese aus den Tausenden herauszufiltern, die von professionellen Bettlern und chronischen Schnorrern verschickt werden. Die Briefe kommen aus praktisch allen Ländern der Welt. Es würde Unsummen kosten, die Stichhaltigkeit der Bitten zu überprüfen. Daher ist es unumgänglich, sie alle abzulehnen.

Wie fast alle vermögenden Männer – auf jeden Fall alle, mit denen ich zu tun habe – spende ich nur an anerkannte, seriöse Wohltätigkeitsorganisationen. Jedes Jahr unterstützen meine Firmen und ich gemeinnützige Institutionen mit Summen in Höhe von mehreren Hunderttausend Dollar. Dies ist die einzige Möglichkeit, Geld mit einem gewissen Grad an Sicherheit letztendlich jenen Menschen zukommen zu lassen, die es wirklich benötigen. Ich habe versucht, dies in Presseinterviews und öffentlichen Stellungnahmen deutlich zu machen, aber ohne Erfolg. Tausende von Menschen, die wollen, dass ich ihnen Geld schicke, schreiben mir weiterhin. »Sie sind reich. Sie werden das Geld bestimmt nicht vermissen«, schreiben die meisten meiner ungebetenen Korrespondenten, als ob das alles erklärt und rechtfertigt. Manche flehen. Andere stellen Forderungen. Ein paar drohen mir sogar. Erstaunlich viele formulieren schlitzohrig, ich solle ihnen »Bargeld – keine Schecks« schicken, weil sie »nicht wollen, dass die Steuerbehörden von dem Geld erfahren«. Es gibt sogar welche, die verlangen, dass die Summe, um die sie bitten, »netto – nach Abzug aller Steuern« sein soll.

Der Leiter einer bundesstaatlichen Ärztekammer bat mich einmal um 250 000 Dollar, damit er sich eine Yacht kaufen könne. »Das ist nicht viel, wenn man bedenkt, was ich über die Größe Ihres Vermögens gehört habe«, schrieb er. Dies war, wohlgemerkt, ein berufstätiger Mann – ein Arzt, der offensichtlich in seiner Gemeinde und seinem Staat hoch angesehen war. Ich nehme an, das war auch der Wirtschaftsprüfer, der das imposante Briefpapier seiner Firma benutzte, um 500 000 Dollar zu erbitten. Er hatte »ein todsicheres System entdeckt, um den Aktienmarkt zu schlagen« – und wollte es mit meinem Geld ausprobieren. »Ich sorge dafür, dass Sie 10 Prozent des Gewinns bekommen«, versprach er großzügig.

Dann war da noch die Highschool-Lehrerin, die 1 Million Dollar steuerfrei haben wollte, um ihren Verwandten zu helfen, und der Banker, der schrieb, er habe 100 000 Dollar veruntreut und sei sicher, dass ich seine Unterschlagungen wieder in Ordnung bringen könne.

Ich könnte fast unendlich viele solcher Beispiele anführen. In einem durchschnittlichen Monat übersteigt die Gesamtsumme, die von diesen Bittstellern in ihren Bettelbriefen gefordert wird, leicht 3 Millionen Dollar. An einem besonders denkwürdigen Tag vor nicht allzu langer Zeit enthielt eine einzige Postsendung Briefe, in denen ich um nicht weniger als 15 Millionen Dollar ersucht wurde!

All dies ist natürlich nur ein relativ unbedeutendes Ärgernis unter den verschiedenen Problemen, die mit Reichtum einhergehen. Ich habe in diesem Abschnitt einige erwähnt, die dazu dienen, das Leben eines reichen Mannes – so angenehm und erfreulich es in vielerlei Hinsicht auch sein mag – nicht zu dem sorglosen Idyll zu machen, für das es so viele Menschen halten. Geld kann Dinge für Menschen tun – und es kann Menschen auch grundlegend verändern. Was Geld für oder mit einem bestimmten Individuum macht, hängt weitgehend von seinen moralischen und intellektuellen Normen, seinen Anschauungen und seiner Einstellung zum Leben ab.

Wenn er ein Geschäftsmann ist, muss er sich genau überlegen, was er mit seinem Geld macht. Wie ich bereits gesagt habe, ist der beste Nutzen, den er daraus ziehen kann, es in Unternehmen zu investieren, die mehr und bessere Waren und Dienstleistungen für mehr Menschen zu geringeren Kosten produzieren. Sein Ziel sollte es sein, Unternehmen zu gründen und zu betreiben, die ihren Teil zur fortschreitenden Weiterentwicklung der Weltwirtschaft leisten und so dazu beitragen, das Leben für alle besser zu machen. Darin liegt die Rechtfertigung für Reichtum, und daraus schöpft der arbeitende Unternehmer die größte Befriedigung.

Das ist es, was ich mit meinem Geld zu tun versucht habe, und das sind die Ziele der Unternehmen, in die ich investiert habe. Das ist – oder sollte – die Moral des Geldes eines erfolgreichen Geschäftsmannes sein.

KAPITEL 18
INDIVIDUALITÄT IST EINE KUNST

Der erfolgreiche Geschäftsführer – der Leader, der Innovator – ist eine Ausnahmeerscheinung. Er oder sie ist *kein* Konformist, außer in seinem Festhalten an den eigenen Idealen und Überzeugungen.

Ein junger Geschäftsführer, dem ich einmal begegnet bin, könnte durchaus als Prototyp für die gesamte Spezies der hartgesottenen, konformistischen »Organisationskünstler« dienen, die man heute in immer größerer Zahl in der Geschäftswelt findet. Seine Kleidung, seine Manieren, seine Sprache, seine Einstellungen – und seine Ideen – waren allesamt einstudierte Stereotypen. Es war offensichtlich, dass er glaubte, Konformität sei wesentlich für den Erfolg in seiner Karriere, aber er beklagte sich, dass er nicht schnell genug vorankomme, und fragte mich, ob ich ihm einen Ratschlag geben könne.

»Wie kann ich in der Geschäftswelt zu Erfolg und Reichtum kommen?«, fragte er mit ernster Miene. »Wie kann ich 1 Million Dollar verdienen?«

»Ich kann Ihnen keine todsicheren Rezepte nennen«, antwortete ich, »aber bei einer Sache bin ich mir sicher: Sie werden viel weiterkommen, wenn Sie aufhören zu versuchen, so auszusehen, so zu handeln und so zu denken wie alle anderen an der Madison Avenue oder am Wacker Drive oder am Wilshire Boulevard. Versuchen Sie, zur Abwechslung mal ein Nonkonformist zu sein. Seien Sie ein Individualist – und zwar ein ganz einzigartiger. Sie werden erstaunt sein, wie viel schneller Sie vorankommen.«

Ich bezweifle, dass das, was ich sagte, den jungen Mann sehr beeindruckt hat. Ich fürchte, er war ein viel zu hingebungsvoller Jünger dieser seltsamen heutigen Glaubenslehre, des Kults der Konformität, um meinen ketzerischen Ratschlag zu beherzigen. Ich bin sicher, dass er den Rest seines Lebens damit verbringen wird, die Dinge nachzuäffen und nachzuplappern, von denen er glaubt, dass sie »richtig« und sicher seien, oder die man ihm nahegelegt hat. Er wird sich kleinlichen, willkürlichen Codes und Konventionen anpassen und verzweifelt versuchen, sich als standfest und zuverlässig zu erweisen – aber er wird damit nur unter Beweis stellen, dass er einfallslos, antriebslos und mittelmäßig ist. Der Erfolg und der Reichtum, nach dem sich solche Männer sehnen, wird ihnen immer verwehrt bleiben. Sie werden ihr ganzes Berufsleben lang unbedeutende Führungskräfte bleiben, die von einer Abteilung eines Unternehmens in die nächste geschoben werden.

Ich maße mir nicht an, ein Weiser oder Gelehrter zu sein. Ich möchte mich auch nicht als Richter über die Lebensweise oder Überzeugungen anderer aufspielen. Aber ich denke, dass ich etwas vom Geschäft und von der Geschäftswelt verstehe. Meiner Meinung nach kann niemand einen wirklichen und dauerhaften Erfolg erzielen oder im Geschäftsleben »reich« werden, wenn er ein Konformist ist. Ein Geschäftsmann, der erfolgreich sein will, kann es sich nicht leisten, andere zu imitieren oder sein Denken und Handeln in banale und abgedroschene Formen zu pressen. Er muss ein ausgesprochener Individualist sein, der unabhängig denken und handeln kann. Er muss ein origineller, fantasievoller, einfallsreicher und völlig selbstständiger Unternehmer sein. Wenn ich mir die Analogie erlauben darf: Er muss ein kreativer Künstler sein und nicht nur ein reiner Handwerker in Geschäftsangelegenheiten.

Die Unangepasstheit des erfolgreichen Geschäftsmannes zeigt sich im Allgemeinen – und am offensichtlichsten – in der Art und Weise und den Methoden seiner geschäftlichen Tätigkeiten und Aktivitäten. Diese sind insofern unorthodox, als sie sich radikal von denen seiner engstirnigen, weniger einfallsreichen – und weniger erfolgreichen – Geschäftspartner oder Mitbewerber unterscheiden. Oft manifestiert sich seine angeborene Ungeduld gegenüber der Sinnlosigkeit von oberflächlichen Konventionen und Dogmen aller Art in unterschiedlichen Abstufungen von Exzentrizität.

Jeder kennt die eigenwillige Angewohnheit des verstorbenen John D. Rockefeller, Sr., überall, wo er auftauchte, glänzende neue 10-Cent-Münzen zu verteilen. Howard Hughes ist bekannt für seine Vorliebe, Turnschuhe und offene Hemden zu tragen. Bernard Baruch hielt seine wichtigsten Geschäftsbesprechungen auf Parkbänken ab. Dies sind nur drei der vielen Multimillionäre, die ihr Vermögen machten, während sie ihrem Individualismus freien Lauf ließen und sich nie darum kümmerten, ob und wie sich ihre Unangepasstheit in ihrem Privatleben zeigte.

Nun würde ich kaum behaupten, dass eine leicht exzentrische Angewohnheit in Bezug auf Kleidung oder Benehmen an sich ausreicht, um einen Mann an die Spitze der Führungspyramide eines Unternehmens zu katapultieren oder ihn über Nacht reich zu machen. Ich behaupte jedoch felsenfest, dass nur wenige Menschen, die darauf bedacht sind, sich stets nur den Stereotypen entsprechend zu verhalten, auf dem Weg zum Erfolg jemals sehr weit kommen werden– wenn sie überhaupt Erfolg verbuchen können.

Ich finde es entmutigend, dass so viele junge Geschäftsleute sich heute blind und starr nach Mustern richten, von denen sie glauben, dass irgendeine nebulöse Mehrheit sie als Voraussetzung für die Anerkennung durch die Gesellschaft und für geschäftlichen Erfolg festgelegt hat. Dabei unterliegen sie einem fundamentalen Irrtum: der Vorstellung, dass die Mehrheit automatisch und ausnahmslos recht hat. Das ist selten der Fall. Die Mehrheit ist keineswegs allwissend, nur weil sie die Mehrheit ist. Tatsächlich habe ich die Erfahrung gemacht, dass die Linie, die die allgemeine öffentliche Meinung von der Massenhysterie trennt, oft so fein ist, dass sie praktisch unsichtbar ist. Das gilt in der Wirtschaft genauso wie in jedem anderen Bereich des menschlichen Lebens. Dass die Mehrheit der Geschäftsleute dieses oder jenes denkt, ist nicht unbedingt eine Garantie für die Gültigkeit ihrer Meinung. Die Mehrheit hat oft die Tendenz, nur sehr langsam voranzukommen oder hilflos auf der Stelle zu treten. Der nonkonformistische Geschäftsmann, der seinem eigenen Ratschlag folgt und die lautstarken Meinungen der Masse ignoriert, erntet oft fantastische Belohnungen. Klassische Beispiele gibt es zuhauf – einige der dramatischsten stammen aus der Zeit der Weltwirtschaftskrise.

Die Rockefellers begannen mit dem Bau des Rockefeller Center, des größten privaten Geschäfts- und Veranstaltungskomplexes in den Vereinigten Staaten – und möglicherweise der ganzen Welt – im Jahr 1931, mitten in der Weltwirtschaftskrise. Die meisten amerikanischen Geschäftsleute hielten das Projekt für reinen Wahnsinn. Sie schlossen sich der vorherrschenden Meinung an, die besagte, dass die Wirtschaft der Nation am Boden liege, und prophezeiten, dass die riesigen Wolkenkratzer jahrzehntelang leerstehende Gebäude bleiben würden. »Das Rockefeller Center wird die größte Fehlinvestition der Welt sein«, prophezeiten sie. »Die Rockefellers werfen ihr Geld zum Fenster hinaus.« Nichtsdestotrotz setzten die Rockefellers ihre Pläne fort und bauten das große Center. Tatsächlich fuhren sie große Gewinne mit dem Projekt ein – und bewiesen, dass sie recht hatten und dass die Mehrheit der Bevölkerung vollkommen falsch gelegen hatte.

Conrad Hilton begann damit, Hotels zu kaufen und zu bauen, als die meisten anderen Hoteliers bereits eifrig alle verfügbaren Möglichkeiten nach potenziellen Käufern ausloteten, bei denen sie ihre Immobilien wieder loswerden konnten. Auf den phänomenalen Erfolg des Nonkonformisten Conrad Hilton braucht man sicherlich nicht weiter einzugehen.

Ich selbst begann während der Wirtschaftskrise mit dem Kauf von Aktien, als diese zu Tiefstpreisen gehandelt wurden und »jeder« glaubte, dass sie noch tiefer fallen würden.

Die Konformisten veräußerten ihre Aktien und verschleuderten sie auf dem Markt zu jedem erdenklichen Preis. Ihr einziger Gedanke war, zu »retten«, was zu retten war, bevor die ultimative wirtschaftliche Katastrophe, die von »der Mehrheit« so leichtfertig vorhergesagt worden war, eintreten würde.

Trotzdem kaufte ich weiterhin Aktien. Das Ergebnis? Viele Aktien, die ich in den 1930er-Jahren gekauft habe, sind heute das Hundertfache und mehr wert als das, was ich für sie bezahlt habe. Eine bestimmte Emission, bei der ich große Aktienpakete kaufte, hat mir im Laufe der Jahre nicht weniger als 4500 Prozent Gewinn eingebracht.

Nein, ich prahle nicht und behaupte auch nicht, dass ich mit einer einzigartigen Gabe der wirtschaftlichen Hellsichtigkeit ausgestattet war. Es gab andere Geschäftsleute und Investoren, die das Gleiche taten und entsprechend profitierten. Aber wir waren die Ausnahmen, die Nonkonformisten, diejenigen, die sich weigerten, von der Welle des düsteren Pessimismus mitgerissen zu werden, der damals bei der Mehrheit vorherrschte.

Der wirklich erfolgreiche Geschäftsmann ist im Grunde ein Querulant, ein Rebell, der sich selten oder nie mit dem Status quo zufriedengibt. Er erzielt seinen Erfolg und Reichtum, indem er ständig neue und bessere Wege sucht – und oft auch findet –, um etwas in die Tat umzusetzen.

Die Liste derer, die sehr erfolgreich waren, weil sie sich weigerten, etablierte Muster zu akzeptieren und ihnen zu folgen, ist lang. Sie umspannt zwei Jahrhunderte amerikanischer Geschichte und reicht in alphabetischer Reihenfolge von John Jacob Astor bis hin zu Adolph Zukor. Diese Männer verließen sich auf die vier bereits erwähnten Qualitäten: Vorstellungskraft, Originalität, Individualismus und Initiative. Sie haben es geschafft – während die unbeweglichen Konformisten auf der Strecke blieben.

Konformisten erkennen einfach nicht, dass nur die weniger Fähigen und Tüchtigen unter ihnen einen Nutzen aus den zweifelhaften Segnungen des Konformismus ziehen können. Die besten Köpfe werden unweigerlich auf das armselige Niveau heruntergezogen, auf dem die Zweitklassigen – die Wichtigtuer, Pedanten, Bedenkenträger und Zauderer – den Takt vorgeben. Der Konformitätswahn wirkt sich auf unsere gesamte Zivilisation aus – und so, wie ich das sehe, ist der Effekt alles andere als gesund. Es ist kein großer Schritt von einer konformistischen Gesellschaft zu einer reglementierten Gesellschaft. Obwohl es länger dauern würde, einen Orwell'schen Albtraum durch freiwillige Aufgabe von Individualität – und damit von Unabhängigkeit – zu schaffen als durch ein totalitäres Edikt, wären die Ergebnisse sehr ähnlich. In gewisser Hinsicht ist eine Gesellschaft, in der die Mitglieder eine universelle Ebene erreichen, in der sie freiwillig anonyme Marionetten sind, sogar noch beängstigender als eine, in der sie gegen ihren Willen dazu gezwungen werden, dies zu sein. Wenn Menschen ihre Individualität und Identität aus freien Stücken aufgeben, geben sie auch ihren Anspruch auf das Menschsein auf.

In der Geschäftswelt zehrt der Mythos der Konformität den dynamischen Individualismus aus, der die wertvollste Eigenschaft ist, die eine Führungskraft oder ein Geschäftsmann überhaupt besitzen kann. Dieser Mythos hat die leblose Marionette des durch und durch organisierten Menschen hervorgebracht, der vergeblich versucht, seine Ängste, sein mangelndes Selbstvertrauen und seine Inkompetenz hinter der stilisierten Fassade der Konformität zu verstecken.

Konformist ist man nicht von Geburt an. Man wird dazu gemacht. Ich glaube, der Prozess der Gehirnwäsche beginnt in den Schulen und Hochschulen. Viele Lehrer und Professoren scheinen wild entschlossen zu sein, ihren Schülern den Wunsch zu vermitteln, vor allem – und um jeden Preis – »Sicherheit« zu erlangen. Darüber hinaus sind die Lehrpläne an Schulen und Universitäten häufig so gestaltet, dass sie nur »Spezialisten« mit bestimmten Kenntnissen und Interessen hervorbringen. Anscheinend sollen Buchhalter nur Buchhalter sein, Verkehrsmanager nur Verkehrsmanager und so weiter und so fort. Es scheint nicht viel Aufwand betrieben zu werden, um junge Menschen hervorzubringen, die ein Verständnis für das Gesamtbild des Unternehmens haben und die bereit sind, die Verantwortung für die Führung zu übernehmen. Unzählige eigentlich intelligente junge Menschen graduieren an den Universitäten, wo sie eine überspezialisierte Ausbildung erhalten haben, und verschwinden dann in einer der administrativen Kaninchenbauten unserer überorganisierten Konzerne.

Sicherlich gibt es viele andere Zwänge, die einen jungen Menschen von heute dazu bringen, ein Konformist zu sein. Sie werden von allen Seiten mit Argumenten bombardiert, die besagen, dass sie sich sowohl buchstäblich als auch im übertragenen Sinne an das gegenwärtige Image eines lupenreinen und facettenlosen Funktionärs anpassen müssen, was bedeutet, dass sie so sein müssen wie alle anderen. Sie übersehen, dass diese Argumente von jenen Menschen vorgebracht werden, die es nur fast zu etwas gebracht haben oder die es nie schaffen werden und die daher die Gesellschaft dieser jungen Menschen suchen, um das Elend ihrer eigenen Frustrationen und Misserfolge zu teilen. Der Himmel helfe demjenigen, der es wagt, anders zu denken oder zu handeln. Jede Abweichung von der mittelmäßigen Norm, so sagt man ihm, wird ihn als Bohemien oder Bolschewik, als Spinner oder Verrückten brandmarken – als jemanden, der unberechenbar und damit unzuverlässig ist.

Das ist natürlich blanker Unsinn. Jeder Mann, der seine Individualität konstruktiv zur Geltung bringt, wird schon bald die Karriereleiter emporsteigen. Er wird derjenige sein, der am ehesten Erfolg haben wird. Aber diese Art der Gehirnwäsche zieht sich durch die gesamte Karriere mancher Männer. Die Frauen in seinem Leben tragen häufig ihren Teil dazu bei, ihn in der Zwangsjacke des Konformisten zu halten. Mütter, Verlobte und Ehefrauen neigen besonders dazu, erzkonservativ zu sein und den wöchentlichen Gehaltsscheck als einen Vogel in der Hand zu betrachten, den es zu bewachen, zu hegen und zu beschützen gilt – ohne einen Gedanken darauf zu verschwenden, welche wertvollen und außergewöhnlichen Vogelarten gleich in den nächsten Büschen nisten. Ehefrauen haben die Angewohnheit, erschreckende Szenarien heraufzubeschwören, um einen Ehemann davon abzuhalten, seinen sicheren Job zu riskieren und durch einfallsreiches und unternehmerisches Handeln nach Erfüllung und Reichtum zu suchen. »Du hast eine glänzende Zukunft bei der Firma Totter & Plod«, mahnen sie. »Riskiere sie nicht, indem du etwas Unüberlegtes tust. Denk an all die Rechnungen und Zahlungen, die wir begleichen müssen – und außerdem brauchen wir dieses Jahr dringend ein neues Auto!« Folglich nimmt der vollkommen konformistische und durch und durch organisierte Mensch jeden Werktagmorgen den Zug um 8:36 Uhr und hofft, dass er in ein paar Jahren weit genug aufgestiegen sein wird, um so wie die anderen mittleren Führungskräfte den Zug um 9:03 Uhr nehmen zu können. Der Geschäftsmann, der sich anpasst, ist der klassische zaudernde und zögernde Mitläufer der heutigen Zeit. Seine Zukunft ist nicht sehr rosig. Sein konformistischer

Trott wird ihn immer tiefer im eigenen Morast versinken lassen, bis sich schließlich vor ihm ein Grab auftut für die Hoffnungen, Ambitionen und Gelegenheiten, die er vielleicht einmal hatte, um Reichtum und Erfolg zu erreichen. Der eingefleischte Konformist verbringt seine geschäftliche Laufbahn in einem Sumpf von Verfahrensregeln, mehrfach kopierten Memoranden und endlosen Ausschusssitzungen, in denen er und seinesgleichen mit abgedroschenen Antworten auf alle Probleme aufwarten, die ihnen vorgelegt werden. Er macht sich Sorgen und Gedanken über Dinge, die trivial und oberflächlich sind – bis hin zu dem, was jemand als »angemessene« Kleidung für eine Führungskraft seiner Gehaltsklasse postuliert, und zum Kauf seines Reihenhauses in einem Gebiet, von dem ihm ein gewiefter Immobilienmakler einredet, es sei eine »Vorstadt für Führungskräfte«.

Ein solcher Mann verfehlt seinen eigentlichen Lebenssinn. Er bleibt ein zweitrangiger Spieler in dem, was er etwas hochtrabend »das Team« nennt, anstatt der Kapitän oder der Star der Mannschaft zu werden. Er verpasst die grenzenlosen Möglichkeiten, die sich heute dem einfallsreichen Individualisten bieten. Aber das ist ihm völlig egal. »Ich will Sicherheit«, erklärt er. »Ich will wissen, dass mein Job sicher ist und dass ich meine regelmäßigen Gehaltserhöhungen, bezahlten Urlaub und eine gute Rente bekomme, wenn ich in den Ruhestand gehe.« Dies beschreibt leider die Ambitionen von zu vielen jungen Menschen. Es ist ein Eingeständnis von Schwäche und Feigheit.

Es mangelt an jungen Führungskräften, die bereit sind, ihren Kopf hinzuhalten, sich durchzusetzen und für das zu kämpfen, was sie für richtig und gut halten, auch wenn sie dafür beim Konzernchef auf den Tisch hauen müssen.

Eine Führungskraft, die sich mit ihren Vorgesetzten anlegt, riskiert zwar manchmal ihren Job, aber eine Firma, die einen Mann entlässt, nur weil er den Mut hat, zu seinen Überzeugungen zu stehen, ist von vornherein keine Firma, für die eine wirklich gute Führungskraft arbeiten möchte. Und wenn er eine gute Führungskraft ist, wird er im Falle seiner Entlassung schnell einen besseren Job bekommen – da können Sie sicher sein. Sie können auch sicher sein, dass der Konformist, der es nie wagt, von der Norm abzuweichen, in jeder Firma, für die er arbeitet, in den unteren oder bestenfalls mittleren Rängen hängen bleiben wird. Er wird nicht an die Spitze gelangen oder reich werden, wenn er lediglich versucht, die gängigen Vorstellungen seiner Vorgesetzten vorwegzunehmen. Der Mann, dessen Erfolg absehbar ist, ist derjenige, der sich deutlich von den anderen um ihn herum unterscheidet. Er hat neue Ideen und kann sich neue Lösungsansätze für Probleme vorstellen. Er hat die Fähigkeit – und den Willen –, eigenständig zu denken und zu handeln, ohne sich darum zu scheren, ob er von »der Mehrheit« für seine nonkonformistischen Ideen und Handlungen verachtet oder verspottet wird.

Die Menschen, die sich im Handel, in der Industrie und im Finanzwesen durchsetzen, sind diejenigen mit befreiter und unbekümmerter Vorstellungskraft und einer starken, sehr individualistischen Persönlichkeit. Solchen Menschen mag es egal sein, ob sie einen Bürstenhaarschnitt oder eine Surfer-Frisur tragen, und sie mögen lieber Schach als Golf spielen – aber sie werden die Gelegenheiten um sich herum sehen und ergreifen. Unbeeindruckt von den lähmenden Mysterien der Konformität eines »Organisationsmenschen«, sind sie diejenigen, die neue Konzepte entwickeln, mit denen die Produktion und der Absatz gesteigert werden können. Sie sind es, die neue Produkte entwickeln und die Kosten senken – um die Gewinne zu steigern und ihr eigenes Vermögen zu vermehren. Diese wirtschaftlichen Freidenker sind diejenigen, die neue Unternehmen gründen und alte wiederbeleben und ausbauen. Sie verlassen sich auf ihr eigenes Urteil und nicht auf Umfragen, Studien und Gremiensitzungen. Sie beziehen sich auf keine Handbücher mit Verfahrensregeln, denn sie wissen, dass jede Geschäftssituation anders ist als die nächste und dass keine tausend Bände jemals genug Regeln enthalten könnten, um alle Eventualitäten abzudecken.

Der erfolgreiche Geschäftsmann ist kein engstirniger Spezialist. Er kennt und versteht alle Aspekte seines Geschäfts. Er kann einen Engpass in der Produktion ebenso schnell erkennen wie einen Fehler in der Buchhaltung, eine Schwäche in einer Verkaufskampagne ebenso leicht beheben wie einen Fehler in den Methoden der Personalbeschaffung. Der erfolgreiche Geschäftsmann ist eine Führungspersönlichkeit – er holt die Meinung und den Rat seiner Untergebenen ein, trifft aber die endgültigen Entscheidungen, gibt die Befehle und übernimmt die Verantwortung für alles, was geschieht. Ich habe es schon einmal gesagt und ich sage es wieder: Es gibt einen unglaublichen Bedarf an solchen Männern in der heutigen Geschäftswelt – sowohl als Topführungskräfte als auch als Eigentümer und Betreiber ihrer eigenen Unternehmen. Es gibt reichlich Platz für sie in allen Bereichen der Geschäftswelt.

Dem einfallsreichen und kämpferischen Mann, der reich werden will, steht das Feld weit offen, vorausgesetzt, er ist bereit, seiner Vorstellungskraft zu vertrauen und nach ihr zu handeln, indem er sich auf seine eigenen Fähigkeiten und sein Urteilsvermögen verlässt, anstatt sich an die von anderen etablierten Verhaltensmuster und Praktiken anzupassen.

Der Nonkonformist – der Anführer und Macher – hat eine ausgezeichnete Chance, in der Geschäftswelt sein Glück zu machen. Er kann anstatt eines grauen Flanellanzugs eine grüne Toga tragen, Yakmilch statt Martinis trinken, eine Kibitka statt eines Cadillacs fahren und sich rein vegetarisch ernähren – nichts davon wird den geringsten Unterschied machen. Fähigkeit und Leistung sind Eigenschaften, die niemand infrage zu stellen wagt, egal, wie unkonventionell der Mensch ist, der sie präsentiert.

KAPITEL 19
EIN BEWUSSTSEIN FÜR WERTE

Um wahrhaftig reich zu sein, unabhängig davon, wie vermögend man tatsächlich ist oder ob es einem an Vermögen mangelt, muss man nach seinen eigenen Werten leben. Wenn diese Werte nicht für einen persönlich bedeutsam sind, dann kann keine Menge an erworbenem Geld über die Leere eines Lebens ohne Werte hinwegtäuschen.

Ich habe schon viel zu viele Menschen kennengelernt, deren Leben sich einzig darum dreht, dass sie versuchen, so zu sein, wie andere sie haben wollen, und das zu tun, was andere von ihnen erwarten. Sie zwingen sich selbst zu Verhaltensmustern, die für – und von – Menschen mit völlig anderen Persönlichkeiten als ihrer eigenen entwickelt wurden. In dem Bemühen, sich diesen Mustern anzupassen, verwandeln sie sich in groteske, konturlose Abziehbilder, während sie ihre Individualität verneinen, um anderen nachzueifern. Entwurzelt und unzufrieden bemühen sie sich verzweifelt – und meist vergeblich –, ihre eigene Identität innerhalb der einengenden Grenzen einer Existenz zu finden, die ihrem Naturell, ihren Instinkten und ihren angeborenen Wünschen fremd ist.

»Ich wollte eigentlich Schriftsteller werden. Mein Vater wollte allerdings nichts davon hören und bestand darauf, dass ich Jura studiere und Anwalt werde. Ich verdiene jetzt gut, aber ich langweile mich und bin rastlos ...«

»Ich würde gerne mein Geschäft veräußern und irgendwo eine Ranch kaufen, aber meine Frau ist dagegen, weil sie Angst hat, dass ich dadurch an Einkommen und Prestige verliere ...«

»Es gibt nichts, was ich mehr hasse als das Leben in der Vorstadt. Ich hätte viel lieber eine Wohnung in der Stadt, aber alle anderen Führungskräfte in meiner Firma haben ein Haus in einem Vorort ...«

»Ich fühle mich gefangen, als ob ich in einem sinnlosen Hamsterrad feststecke. Ich mag meine Arbeit nicht und sie macht mir auch keinen Spaß, aber ich weiß nicht, was ich sonst tun könnte, um so viel Geld zu verdienen, wie ich jetzt verdiene ...«

Aussagen wie diese habe ich in den letzten Jahren immer häufiger gehört. Im Grunde sind sie Ausdruck persönlicher Unzufriedenheit – sie geben einen Einblick in persönliches Scheitern, aber sie spiegeln auch eine stetig zunehmende gesellschaftliche Krankheit unserer Zeit wider.

Die Zeit nach dem Ersten Weltkrieg soll eine verwirrte, verunsicherte und desillusionierte »Lost Generation« hervorgebracht haben. Es gibt leider genügend Beweise dafür, dass die Zeit nach dem Zweiten Weltkrieg eine Generation hervorgebracht hat, der der Sinn für Perspektiven und Ziele größtenteils abhandengekommen ist. Es ist eine Generation, deren Mitglieder dazu neigen, fragwürdige Dollar- und Cent-Preisschilder zu verwenden, wo sie eigentlich innere Werte messen sollten, und die leichtfertig ihre Individualität und sogar ihre Integrität als menschliche Wesen zu opfern bereit sind. Dies zeigt sich besonders deutlich in dem sozialen Phänomen des Statusdenkens, das so weit verbreitet ist, dass es zu einer der wichtigsten Triebfedern für unser heutiges Sozialverhalten geworden ist.

Nun, ich räume ein, dass es ein grundlegender Wunsch des Menschen ist, sich von der Masse abzuheben und den Respekt seiner Mitmenschen zu gewinnen. Innerhalb gewisser, relativ weit gefasster Grenzen und unter gewissen naheliegenden Vorbehalten ist dies eine konstruktive und heilsame Art der Motivation. Der Wunsch, sich und andere zu übertreffen, hat zahllose Menschen dazu gebracht, wichtige Beiträge zum Fortschritt der Zivilisation zu leisten. Aber, wie bereits mehr als ein Beobachter festgestellt hat, sind die Gründe für das heutige Statusstreben und die Richtungen, die es einschlägt, weder konstruktiv noch gesund.

Meiner Meinung nach kann man Status als eine Form der Anerkennung definieren, die einem Individuum von seinesgleichen für überdurchschnittliche Beiträge zum Wohl der Gesellschaft zuerkannt wird. Status ist etwas, das man sich verdienen muss, eine Belohnung für eine Leistung, die in einem Maße vergeben wird, das dem Wert oder der Bedeutung dessen entspricht, was der Einzelne zum Gemeinwohl beiträgt. Heutzutage geht die Tendenz jedoch dahin, Status fast automatisch – und fast ausschließlich – mit finanziellem Erfolg gleichzusetzen. Und es scheint, dass das Erreichen eines Status nicht nur per se als Selbstzweck betrachtet wird, sondern dass es für viele zur einzigen Motivation und zum einzig lohnenden Ziel geworden ist.

Viele Menschen sind offenbar davon überzeugt, dass allein die Anhäufung von Geld und den materiellen Dingen, die man damit kaufen kann, Leistung bedeutet, Erfolg impliziert und Status verleiht. Sie häufen Geld und materielle Besitztümer an, von denen sie glauben, dass sie solide Beweise und keine schwachen Symbole für Können, Leistung und Erfolg seien. Sie betrachten es als ausgemachte Sache, dass sie eine soziale Position und den Respekt anderer nur dadurch erlangen können, dass sie ihre Mitmenschen übertreffen und ausstechen. Sie haben kein Interesse daran, irgendetwas anderes aufzubauen als ihr eigenes Bankguthaben; es geht ihnen nicht um Werte, sondern nur um die Geldsummen, die sie für ihre Besitztümer zahlen.

Ich habe schon mehr Beispiele für diese verzerrte Sichtweise erlebt, als ich aufzählen möchte. Ganz typisch dafür ist meine jüngste Erfahrung mit einem Geschäftsmann, der mich in London besuchte. Er kam mit einem Empfehlungsschreiben von einem gemeinsamen Bekannten aus New York. Nachdem er mehr als zwei Stunden damit verbracht hatte, damit zu prahlen, wie viel Geld er in den letzten Jahren verdient hatte, teilte mir mein Besucher mit, dass er auf dem Weg nach Frankreich sei, wo er einige Gemälde kaufen wolle.

»Ich habe gehört, dass Sie ein großer Kunstsammler sind«, sagte er. »Ich dachte, Sie könnten mir helfen, indem Sie mir die Namen und Adressen einiger zuverlässiger Kunstgalerien oder Kunsthändler nennen, bei denen ich meine Einkäufe vornehmen kann.«

»Interessieren Sie sich für Gemälde aus einer besonderen Epoche oder von einer bestimmten künstlerischen Bewegung?«, erkundigte ich mich. »Oder suchen Sie nach Werken eines bestimmten Künstlers?«

»Das macht für mich keinen Unterschied«, zuckte der Mann ungeduldig mit den Schultern. »Ich würde sowieso einen Künstler nicht vom nächsten unterscheiden können. Ich will nur ein paar Bilder kaufen – und dafür muss ich mindestens 100 000 Dollar ausgeben.«

»Warum können Sie nicht weniger ausgeben?«, fragte ich, verwundert darüber, dass jemand ein willkürliches Minimum und nicht ein Maximum festlegte für das, was er ausgeben wollte.

»Ach, das ist so eine Sache«, lautete die unverblümte Erklärung. »Mein Partner war vor ein paar Monaten hier und hat 75 000 Dollar für ein paar Bilder ausgegeben. Ich dachte mir, wenn ich zu Hause Eindruck machen will, muss ich ihn um mindestens 25 000 Dollar überbieten …«

Es ist klar ersichtlich, was dieser Mann über Werte denkt. Man kann wohl auch mit großer Wahrscheinlichkeit davon ausgehen, dass seine Motive bei früheren Unternehmungen im Leben immer genauso oberflächlich und trivial waren wie seine rein statusorientierten Beweggründe für den Kauf von Gemälden. Leider gibt es viele Menschen wie ihn. Meiner Meinung nach wäre es schwierig, eine Rechtfertigung für ihren Reichtum zu finden; ich glaube nicht, dass sie ihr Geld wirklich verdient haben, ja, ich bezweifle, dass es ihnen – moralisch – zusteht.

Ich bin ein hartnäckiger Verfechter des aufgeklärten freien Kapitalismus und der letzte Mensch auf der Welt, der das grundsätzliche Recht eines jeden infrage stellen würde, finanziellen Erfolg zu erzielen. Ich behaupte, dass einer Person, die die Vorstellungskraft und die Fähigkeit besitzt, »reich zu werden«, und die ihre Geschäfte auf legitime Weise betreibt, jede Möglichkeit gegeben werden sollte, dies zu tun. Andererseits bin ich der festen Überzeugung, dass eine Person, die nach finanziellem Erfolg strebt, durch viel mehr motiviert sein sollte als nur durch den Wunsch, für sich ein Vermögen anzuhäufen.

Mein Vater war, wie gesagt, in seiner Jugend arm – sehr arm –, und obwohl er im Laufe seines Lebens sehr viel Geld verdiente, tat er dies nicht mit der Absicht, es zu seinem eigenen ausschließlichen Nutzen anzuhäufen. Er war sich des Wertes des Geldes bewusst und hatte sehr genaue Vorstellungen davon, wie er es verwenden wollte. Mein Vater betrachtete seinen Reichtum in erster Linie als Kapital, das zum direkten Nutzen seiner Mitarbeiter, Aktionäre, Kunden und deren Familien investiert werden sollte.

Seine Einstellung zu seinem Reichtum wurde von einer Maxime bestimmt, die er von Sir Francis Bacon übernahm: »Der Reichtum eines Menschen kann nicht der Zweck seines Daseins sein.« Er liebte die unternehmerische Herausforderung, aber der Reiz lag nicht darin, Geld anzuhäufen, sondern etwas Bleibendes zu schaffen. Ich bezweifle ernsthaft, dass seine gesamten persönlichen und familiären Ausgaben jemals mehr als 30 000 Dollar pro Jahr betrugen –

dennoch war er wahrscheinlich einer der ersten Geschäftsleute, der Swimmingpools baute und seinen Mitarbeitern weitere Freizeitmöglichkeiten bot.

Ich habe von meinem Vater gelernt, dass der kluge, fortschrittliche und wirklich erfolgreiche Geschäftsmann bei seiner Arbeit nicht in erster Linie an den Gewinn denkt. Der Geldwert meiner Beteiligungen an den Unternehmen, die ich besitze oder kontrolliere, wird auf mehrere Hundert Millionen Dollar geschätzt. Aber das ist ein Vermögen, das lediglich auf dem Papier existiert, und es ist immer noch nur ein Mittel und nicht der Zweck. Ich besitze nur einen verschwindend geringen Teil meines Vermögens in bar. Mein Vermögen steckt in Maschinen, Ölquellen, Pipelines, Tankern, Raffinerien, Fabrik- und Bürogebäuden – es sind all die unzähligen Vermögenswerte der Unternehmen, in die ich mein Kapital investiert habe. Und diese Unternehmen produzieren weiterhin Waren und erbringen Dienstleistungen – und sie wachsen und expandieren. So leistet mein Vermögen weiterhin nützliche, progressive Arbeit. Das sind die lohnenden Ziele, zu denen Reichtum ein Mittel ist und die dem Geld seinen wahren Wert verleihen.

Ich messe meinen Erfolg nicht anhand von Dollars und Cents. Ich messe ihn an den Arbeitsplätzen und der Produktivität, die meine Arbeit und mein Vermögen – investiert und reinvestiert als Kapital in meine verschiedenen Geschäftsunternehmen – ermöglicht haben. Ich bezweifle ernsthaft, dass ich auch nur annähernd das Ausmaß an Erfolg hätte erreichen können, das ich erreicht habe, wenn ich andere Maßstäbe angesetzt hätte, um meinen beruflichen Fortschritt – meine Karriere – zu bewerten.

Ich habe festgestellt, dass ein Mensch, der seine Identität finden und sich als vollwertiges Mitglied der Gesellschaft fühlen will, ein Ziel haben muss und das Gefühl, dass das, was er tut, einen bleibenden Wert hat, der weit über die Grenzen seiner persönlichen Interessen hinausgeht. Um im Leben wirklich glücklich zu sein, muss er aus seiner Arbeit eine echte Zufriedenheit und ein ebenso echtes Gefühl der Erfüllung ziehen. Dies sind Überlegungen, die mindestens genauso wichtig sind wie die Höhe des Einkommens, das er durch seine Arbeit, seinen Beruf oder sein Geschäft erzielt.

Ich will damit keineswegs sagen, dass ein Armutsgelübde – oder irgendetwas, das dem auch nur nahekommt – dem Einzelnen einen Weg zur ekstatischen Glückseligkeit ebnet. In unserer Zivilisation gibt es sehr wenig Platz für den wandernden Bettler und seine Bettelschale. Die Menschen haben sich weit über das Stadium hinaus entwickelt, in dem sie sich mit ihrem Schicksal zufriedengeben konnten, solange sie sich von Schwarzbrot und gekochtem Kohl ernährten. Sie müssen einen anständigen Lebensstandard haben – alles Notwendige und viele Dinge des täglichen Bedarfs –, wenn sie auch nur einigermaßen zufrieden sein wollen. Für diese Dinge müssen sie Geld verdienen.

Das ändert aber nichts an der Tatsache, dass es viele Möglichkeiten gibt, Werte zu bemessen, außer sie auf eine monetäre Skala zu setzen. Ein schlecht geschriebener, banaler zeitgenössischer Roman kann für 5 Dollar pro Exemplar verkauft werden, während ein großer literarischer Klassiker in einer Taschenbuchausgabe für 50 Cent zu haben ist. Sicherlich hat Letzteres einen unendlich größeren realen Wert als Ersteres, ungeachtet des enormen Preisunterschieds. Ebenso gibt es viele Arten von Erfolg, die über den rein finanziellen Erfolg hinausgehen. Ich bin der Meinung, dass die Stellung eines Menschen in der Gesellschaft nach anderen Kriterien beurteilt werden sollte als nur nach seinem Einkommen, seinem akkumulierten Geldvermögen oder der Anzahl und dem Geldwert seiner materiellen Besitztümer.

In der Vergangenheit und in der Gegenwart gibt es unzählige Beispiele von Menschen, die einen unschätzbaren Beitrag zur Zivilisation geleistet haben, aber nur wenig oder gar kein Geld für ihre Arbeit bekamen. Unzählige große Philosophen, Wissenschaftler, Künstler und Musiker waren ihr ganzes Leben lang arme Leute. Mozart, Beethoven, Modigliani und Gauguin – um nur einige der Künstler von vergleichbarem Ansehen zu nennen – starben in Armut. Niemand auf der Welt könnte den Wert der Beiträge ermessen, die Männer wie Dr. Albert Schweitzer oder Dr. Thomas Dooley für die Menschheit geleistet haben; dennoch ist es höchst zweifelhaft, ob einer von ihnen jemals ein persönliches Einkommen genossen hat, das so groß war wie das des durchschnittlichen Kaufhauskunden.

Der Architekt, der ein atemberaubend schönes Gebäude entwirft, ist oft ein armer Mann im Vergleich zu den Mietern, die es später bewohnen werden. Der Ingenieur, der einen Staudamm baut, verdient vielleicht weniger an seiner Arbeit als der Landbesitzer, dessen Äcker durch den Staudamm bewässert werden. Der Architekt und der Ingenieur haben etwas geschaffen und gebaut; ihr Erfolg ist aber nicht weniger groß, nur weil sie kein Vermögen mit ihrer Arbeit verdient haben.

Weitgehend übersehen wird in diesem Zeitalter der ständigen Jagd nach Geld und Status auch die Tatsache, dass es viele andere Formen von Reichtum gibt neben dem finanziellen Reichtum. Einer der wahrlich zufriedensten Männer, die ich je erlebt habe, war mein Cousin, Hal Seymour. Hal und ich wuchsen zusammen auf; wir waren immer eng befreundet und über lange Zeiträume hinweg waren wir ständige Weggefährten. Hal kümmerte sich sehr wenig um Geld. Er war damit zufrieden, genug für seine eigenen Bedürfnisse zu verdienen, und lehnte gutmütig jede Gelegenheit ab, die ich ihm bot, um mehr zu verdienen. Er arbeitete mal hier und mal dort – er war ein hochkarätiger Ölbohrarbeiter, Fotograf, Bergmann, ein Meister in vielen Berufen – und hatte nie viel Geld. Aber er schaffte es, sich seine Wünsche zu erfüllen, viele Orte zu besuchen und viele Dinge zu tun, und er amüsierte sich immer prächtig mit zahlreichen Freundschaften, die er überall, wo er auch hinging, zu knüpfen vermochte. Sein Ziel im Leben war immer, alles, was er anging, gut zu machen. Er verwirklichte dieses Ziel; er gab immer mehr, als er selbst nahm.

Hal betrachtete sich selbst als sehr reich an persönlicher Freiheit. Er war immer in der Lage, die Dinge zu tun, die er tun wollte, und er hatte immer die Zeit, sie zu tun. Er ließ selten eine Gelegenheit aus, mich daran zu erinnern, dass ich in dieser Hinsicht viel ärmer war als er. Vor seinem Tod vor ein paar Jahren schrieb er mir häufig Briefe, die mit der ironisch-humorvollen, aber bedeutungsvollen Anrede begannen: »To the Richest Man in the World from the Wealthiest ...« – ich reich an Geld, er reich an allem anderen.

Ich muss zugeben, dass ich Hal um seinen Überfluss an Zeit beneidet habe. Tatsächlich ist dies eine der Formen von Reichtum, die die Menschen heutzutage eher vernachlässigen. So reich ich aus materieller Sicht auch sein mag, ich hatte lange das Gefühl, dass es mir an Zeit mangelt. Jahrzehntelang haben meine geschäftlichen Angelegenheiten meine Zeit sehr stark in Anspruch genommen, so dass ich nur sehr wenig Zeit zur freien Verfügung hatte. Es gibt Bücher, die ich schon immer mal lesen wollte – und Bücher, die ich schon immer mal schreiben wollte. Ich habe mich immer danach gesehnt, in entlegene Teile der Welt zu reisen, die ich nie gesehen habe; einer meiner größten unerfüllten Wünsche ist es, eine lange, entspannte Safari in Afrika zu machen.

Geld war nie ein Problem bei der Verwirklichung dieser Wünsche; was das Geld betrifft, hätte ich es mir viele Jahre lang problemlos leisten können, jedes dieser Dinge zu tun. Die unverblümte und einfache Wahrheit ist, dass ich nie in der Lage war, sie zu tun, weil ich mir nie die Zeit dazu nehmen konnte. Es ist paradox, aber wahr, dass die sogenannten Wirtschaftskapitäne oft weniger Zeit haben, ihren persönlichen Wünschen nachzugehen, als ihre Untergebenen. Das gilt für die kleinen Dinge ebenso wie für die großen.

Ich will damit nicht sagen, dass ich in irgendeiner Weise unzufrieden mit meinem Leben bin. In der Tat wäre ich angesichts des Glücks und der Vorteile, die ich genossen habe, mehr als undankbar, wenn ich nicht glücklich wäre. Außerdem bin ich sehr dankbar, dass ich die meisten Ziele, die ich mir zu Beginn meiner beruflichen Laufbahn gesetzt habe, erreichen konnte.

Worauf ich hinauswill, ist, dass jedes Individuum seine eigenen Wertmaßstäbe aufstellen muss und dass diese weitgehend subjektiv sind. Sie basieren auf dem, was dem Einzelnen am wichtigsten ist und was er bereit ist, für eine bestimmte Sache oder ein bestimmtes Ziel zu geben.

Eine alte, aber wahre Binsenweisheit besagt, dass man nicht alles haben kann und dass man nichts umsonst bekommt. Ein Mensch muss immer etwas geben – oder aufgeben –, um etwas anderes zu haben oder zu bekommen. Ob er bereit ist, diesen Tausch vorzunehmen oder nicht, hängt ganz von ihm und seinem eigenen Wertebewusstsein ab.

Trotz alledem glaube ich, dass es bestimmte Werte gibt, die, wenn auch nicht absolut im strengen Sinne des Wortes, so doch grundlegend sind und als generell gültig bezeichnet werden können. Ich bin immer wieder erstaunt, wie beiläufig, ja gefühllos diese Grundwerte von großen Teilen unserer Bevölkerung ignoriert werden.

Man schätzt, dass sich jedes Jahr mehr als 120 000 Amerikaner das Leben nehmen. Diese Zahl umfasst sowohl die Fälle, die offiziell als Selbstmord erfasst werden, als auch die Fälle derjenigen, die sich das Leben nehmen, deren Tod aber aus dem einen oder anderen Grund nicht offiziell als solcher erfasst wird. Ein erheblicher Teil dieser 120 000 jährlichen Tragödien wird als »ökonomischer Suizid« eingestuft.

Dr. Thomas P. Malone, Leiter der psychiatrischen Klinik in Atlanta, Georgia, eine anerkannte Autorität auf dem Gebiet dieses makabren Themas, hat festgestellt: »Mindestens 30 bis 40 Prozent der sogenannten wirtschaftlichen Selbstmorde geschehen, wenn ein Mann erfolgreich ist, nicht, wenn er scheitert. Wenn ein Mann den Gipfel des Erfolges erreicht hat, hat er oft nichts mehr, worum er kämpfen kann.«

Ich bin kein Psychiater, aber mir scheint, dass jemand, der sich das Leben nimmt, weil er erfolgreich ist und »nichts mehr hat, wofür er kämpfen kann«, von vornherein keine erstrebenswerten Motive hatte, für die er kämpfte. Die Ziele, die er anstrebte – und erreichte –, waren bedeutungslos. Als er dies erkannte, erkannte er auch, dass das, was er tatsächlich erreicht hatte, kein Erfolg, sondern ein klägliches Scheitern war.

In einem Bericht im *Journal of the American Medical Association* veröffentlichten Dr. Richard E. Gordon und Dr. Katherine K. Gordon die Ergebnisse einer umfassenden Studie, die sie an Familien durchgeführt haben, die in einer typischen modernen Vorstadtsiedlung leben, in der der gesellschaftliche Status eine wichtige Rolle spielt. Sie stellten fest, dass diejenigen Krankheiten, die in erster Linie auf emotionale Belastungen zurückzuführen sind – insbesondere Magengeschwüre, Koronarthrombosen, Bluthochdruck und damit verbundene Herz-Kreislauf-Erkrankungen –, dort deutlich häufiger vorkamen als in Gemeinden, in denen das Streben nach Ansehen kein so dominanter sozialer Faktor war. Wer schon einmal Exemplare der von Geschwüren geplagten, Beruhigungsmittel verschlingenden und nach Status strebenden Männer, die alles im Griff haben wollen, und ihre nervösen, schrillen und stets besorgten Ehefrauen kennengelernt hat, wird von dieser Erkenntnis kaum überrascht sein.

Mich überzeugt der Gedanke nicht, dass das Erreichen eines wie auch immer gearteten gesellschaftlichen Rangs den Preis für das Leben eines Menschen oder die Beeinträchtigung seiner Gesundheit oder der seiner Familie wert ist. Sicherlich ist etwas grundsätzlich falsch, wenn Menschen bereit sind, ihr Leben und ihre Gesundheit so billig aufs Spiel zu setzen. Ich sehe auch nicht ein, dass Geld oder die zweifelhaften Vorteile, die sich aus dem Erlangen von Status ergeben, den Preis für die eigene Individualität und persönliche Integrität wert sind. Doch mit dieser kritischen Sichtweise bin ich offenbar in der Minderheit. Es wird immer deutlicher, dass es nicht mehr in Mode ist, diesen Überlegungen viel Beachtung zu schenken. Ihr Wert ist in der Hektik der Anpassung an die vermeintliche Mehrheitsmeinung untergegangen, die die Anhäufung von Geld und materiellen Dingen und die Erlangung von Prestige zu den anerkannten Zielen erkoren hat und den Preis, der für die Erreichung dieser Ziele gezahlt werden sollte, nicht begrenzt.

Es ist für mich eine der größten Tragödien unserer Zivilisation, dass die Menschen es für geradezu unumgänglich halten, andere zu imitieren, um die soziale Akzeptanz ihrer Mitmenschen zu gewinnen. Das Ergebnis davon kann nur sein, dass selbst die brillantesten Individuen zu einer wertlosen Schablone verkommen.

»Kriecher« und »Speichellecker« sind böse Worte. Der durchschnittliche Mann wäre wahrscheinlich geneigt, seine Fäuste gegen jeden einzusetzen, der ihn so nennt. Dennoch lassen sich zahllose Männer zu so absurden Dingen herab wie dem Tragen von Fliegen, weil ihre Arbeitgeber sie tragen, dem Schneiden ihrer Haare in genau dem Stil, wie es ihre Vorgesetzten tun, oder dem Kauf ihrer Häuser in Siedlungen, wo die anderen Führungskräfte die ihren kaufen. Sie ahmen die Ideen, Ansichten und Handlungen derer nach, die sie zu beeindrucken versuchen, und beweisen damit nichts anderes, als dass sie unterwürfige Speichellecker sind. Nachahmung mag die aufrichtigste Form der Schmeichelei sein – aber es ist Nachahmung, und Schmeichelei ist nichts anderes als ein Schulterklopfen von jemandem, der weiß, dass er eigentlich einen Tritt in den Hintern verdient hat.

Ich habe einmal die Leitung eines Unternehmens übernommen und war sofort betroffen angesichts der kriecherischen Haltung der Mehrheit der Führungskräfte des Unternehmens. Die meisten waren unterwürfige Jasager, die fieberhaft versuchten, es dem neuen Chef recht zu machen, damit sie ihre eigenen, beschränkten Ambitionen fördern konnten. Um zu sehen, wie weit sie zu gehen bereit waren, berief ich ein spezielles Management-Meeting ein. Bei diesem Treffen schlug ich einen völlig unpraktischen und ruinösen Plan vor, der, wenn er umgesetzt worden wäre, die Firma schnell in den Ruin getrieben hätte.

Von den neun anwesenden Führungskräften äußerten sechs sofort ihre Zustimmung zu meinen »Plänen«. Drei dieser Männer gingen sogar so weit, dass sie bescheiden andeuteten, sie hätten »in eine ähnliche Richtung gedacht« – etwas, das gut zu meinem Eindruck passte, da ich mir die Gewinn-und-Verlust-Rechnungen der Firma genauer angesehen hatte. Zwei sehr junge Führungskräfte blieben still, schauten aber mürrisch und missbilligend. Nur ein Mann in der Gruppe hatte den Mut, aufzustehen und auf die Fehler in meinem Vorschlag hinzuweisen.

Ich brauche kaum zu erwähnen, dass das Unternehmen bald einige neue Gesichter in seiner Führungsetage hatte. Die drei Dissidenten blieben; alle sind immer noch in meinen Firmen involviert, und ich möchte hinzufügen, dass sie sich jetzt in den oberen Einkommensgruppen befinden.

Ich war immer davon überzeugt, dass auf einen Menschen, von dem man weiß, dass er sich selbst treu ist und der sich nichts vormacht, auch in jeder anderen Hinsicht Verlass ist. Er legt Wert auf sich und seine Prinzipien – und das völlig unabhängig vom Geldwert. Das ist letztlich das Maß für das Wertebewusstsein eines jeden Menschen – und für seinen wahren Wert.